O Brasil-Colônia nos arquivos históricos de Portugal:

roteiro sumário

O Brasil-Colônia nos arquivos históricos de Portugal:

roteiro sumário

CAIO C. BOSCHI

Copyright © 2011 by Caio C. Boschi

Publishers: Joana Monteleone/ Haroldo Ceravolo Sereza/ Roberto Cosso
Edição: Joana Monteleone
Editor assistente: Vitor Rodrigo Donofrio Arruda
Revisão: Ana Paula Marchi Martini
Projeto gráfico, capa e diagramação: Patrícia Jatobá U. de Oliveira

CIP-BRASIL. CATALOGAÇÃO-NA-FONTE
SINDICATO NACIONAL DOS EDITORES DE LIVROS, RJ

B752b

Boschi, Caio César, 1947
O BRASIL-COLÔNIA NOS ARQUIVOS HISTÓRICOS DE PORTUGAL: ROTEIRO SUMÁRIO
Caio C. Boschi.
São Paulo: Alameda, 2011
254p.

Inclui bibliografia
ISBN 978-85-7939-061-6

1. Arquivos – Portugal – Indicadores. 2. Bibliotecas – Portugal – Indicadores. 3. Brasil – História – Período colonial, 1500-1822 – Fontes. 4. Brasil – História – Recursos Arquivísticos – Portugal. I. Título.

10-5038.   CDD: 027.1469
                                   CDU: 930.25(469)

022025

ALAMEDA CASA EDITORIAL
Rua Conselheiro Ramalho, 694, Bela Vista.
CEP: 01325-000 – São Paulo – SP
Tel. (11) 3012-2400
www.alamedaeditorial.com.br

SUMÁRIO

Nota Prévia 7

Introdução 9

1. Referências bibliográficas sobre arquivos e bibliotecas de Portugal 23

2. Braga 31
2.1 Arquivo Distrital de Braga 31

3. Coimbra 35
3.1 Arquivo da Universidade de Coimbra 35
3.2 Biblioteca Geral da Universidade de Coimbra (Secção de Manuscritos) 38

4. Évora 43
4.1 Biblioteca Pública de Évora (Secção dos Reservados) 43

5. Lisboa 45
5.1 Academia das Ciências de Lisboa (Biblioteca) 45
5.2 Arquivo da Casa Belmonte 48
5.3 Arquivo da Casa de Castelo Melhor 48
5.4 Arquivo da Direcção das Alfândegas de Lisboa 49
5.5 Arquivo da Imprensa Nacional – Casa da Moeda 50
5.6 Arquivo Histórico da Marinha 53
5.7 Arquivo Histórico-Diplomático do Ministério dos Negócios Estrangeiros 58
5.8 Arquivo Histórico do Ministério das Obras Públicas, Transportes e Comunicações 61
5.9 Arquivo Histórico do Tribunal de Contas 65
5.10 Arquivo Histórico Militar 70
5.11 Arquivo Histórico-Parlamentar 74
5.12 Arquivo Histórico Ultramarino 77

5.13 Arquivo Municipal de Lisboa 105
5.14 Arquivo Nacional da Torre do Tombo 108
5.15 Biblioteca da Ajuda 206
5.16 Biblioteca Nacional (Divisão dos Reservados) 209
5.17 Gabinete de Estudos Arqueológicos de Engenharia Militar 217
5.18 Instituto Nacional de Estatística (Biblioteca) 220
5.19 Museu Nacional de História Natural – Arquivo Histórico "Museu Bocage" 222
5.20 Sociedade de Geografia de Lisboa (Biblioteca) 223

6. **Muge (Marinhais – Benfica do Ribatejo)** 227
6.1 Arquivo da Casa de Cadaval 227

7. **Penalva do Castelo** 229
7.1 Arquivo da Casa da Ínsua 229

8. **Porto** 231
8.1 Biblioteca Pública Municipal do Porto (Sala de Reservados) 231

9. **Vila Real** 235
9.1 Arquivo da Casa de Mateus 235

10. **Vila Viçosa** 237
10.1 Arquivo Histórico da Casa de Bragança 237

Anexo – Arquivos Distritais 239

Índice 241

Nota Prévia

O trabalho que ora se apresenta é caudatário de outros que aqui estão parcialmente reproduzidos. Sua origem é uma sugestão que me foi oferecida, em Lisboa, no já distante ano de 1972, pelo professor Jorge Borges de Macedo. A benevolência do professor Eurípedes Simões de Paula fez com que, pouco depois, o resultado fosse publicado na *Revista de História* (v. 51, n° 101, p. 343-400, jan.-mar. 1975). Onze anos após, José Sebastião Witter e Inês Etienne Romeu, com idêntica generosidade, honraram-me com a veiculação do texto pelas Edições do Arquivo do Estado de São Paulo. Em 1995, a Universidade Lusófona de Humanidades e Tecnologias, de Lisboa, estampou a forma com que ficou até agora difundido.

Desde então, o emprego das Novas Tecnologias pelas instituições detentoras de acervos arquivísticos, quer no tratamento técnico das espécies, quer na elaboração e, sobretudo, na divulgação dos instrumentos de recuperação das informações nele contidas arrefeceu a disseminação de trabalhos do gênero difundidos no chamado suporte papel. Por outro lado, auspiciosamente, cresceu, de maneira bastante expressiva, a demanda dos estudiosos brasileiros por melhor conhecimento dos acervos das instituições arquivísticas de Portugal e, por decorrência, a utilidade de instrumento que lhes assegure dar os primeiros passos rumo às fontes documentais para pesquisas históricas naquele país.

É neste contexto que tive muito gosto em preparar a presente forma *do Roteiro-sumário de arquivos portugueses de interesse para o pesquisador da História do Brasil*, a despeito de inerentes lacunas e omissões, bem assim da rápida obsolescência de grande parte das informações aqui registradas.

Na elaboração do novo feitio, mantive a estrutura básica das versões anteriores, atualizando os dados relativos aos fundos documentais, aos instrumentos de pesquisa respeitantes aos arquivos referenciados, às mudanças dos estatutos formais destes e às condições de acesso aos documentos.

Agradecimentos são sempre devidos. No caso, faço-os à puc Minas, à Cátedra Jaime Cortesão e a quantos tiveram a gentileza de distinguirem-me com suas ajudas e estímulo.

Belo Horizonte/Lisboa, janeiro-março de 2010.

Introdução

É plenamente dispensável insistir na importância e na necessidade de roteiros, guias, catálogos e inventários para os historiadores em geral. No Brasil, a publicação desses instrumentos de trabalho tem dado origem a obras hoje consideradas clássicas, como, por exemplo, as de José Honório Rodrigues,[1] de Rubens Borba de Moraes e William Berien,[2] além das bibliografias de Diogo Barbosa Machado,[3] de Inocêncio Francisco da Silva[4] e de Augusto Vitorino A. Sacramento Blake[5] e de

---

1   RODRIGUES, José Honório. *Teoria da História do Brasil*: introdução metodológica. São Paulo: Instituto Progresso Industrial, 1949; 2 ed. São Paulo: Nacional, 1957. 2 vols.; 3 ed. São Paulo: Nacional, 1969.
    _____. *A pesquisa histórica no Brasil*. Rio de Janeiro: Instituto Nacional do Livro, 1952; São Paulo: Nacional, 1969.
    _____. *Historiografia e bibliografia do domínio holandês no Brasil*. Rio de Janeiro: Instituto Nacional do Livro, 1949.

2   MORAES, Rubens Borba de; BERIEN, William, (dir). *Manual bibliográfico de estudos brasileiros*. Rio de Janeiro: Souza, 1950; MORAES, Rubens Borba de. *Bibliografia brasileira do período colonial*. São Paulo: Universidade de São Paulo/Instituto de Estudos Brasileiros, 1969.

3   MACHADO, Diogo Barbosa. *Biblioteca Lusitana*. Lisboa. 1751-1759; 2 ed. Lisboa: (s.n.), 1933. 4 t.

4   SILVA, Inocêncio Francisco da. *Dicionário bibliográfico português*. Lisboa: Imp. Nacional, 1858-1859. 7 v.

5   BLAKE, Augusto V. Sacramento. *Dicionário bibliográfico brasileiro*. Rio de Janeiro: Tip. Nacional, 1883-1902. 7 v.

obras de Américo Jacobina Lacombe[6] e José Roberto do Amaral Lapa.[7] Contudo, ainda há muito para se fazer, em especial no que respeita às fontes da História do Brasil no exterior.

A esse propósito, logo após a Independência não faltaram aqueles que, com clarividência, pugnaram por identificar e reproduzir essas fontes. É suficiente a leitura da proposta de fundação do Instituto Histórico e Geográfico Brasileiro – IHGB, subscrita por Raimundo José da Cunha Matos e pelo cônego Januário da Cunha Barbosa. Na *Base* número três do documento, eles declaravam que "o fim deste Instituto será, além dos que forem marcados pelos seus regulamentos, coligir e metodizar os documentos históricos e geográficos interessantes à História do Brasil".[8]

A ideia não permaneceu apenas como norma regimental. De imediato, tornou-se realidade, pois o Instituto requereu ao governo imperial o credenciamento de um Adido de Legação para a cópia, em Portugal e Espanha, daqueles "escritos que possam dar à luz a nossa História e Geografia, recomendando igualmente aos encarregados de negócios na Europa o facilitar a execução de tão útil empresa". Para tanto, aduzia que "a Assembleia Geral Legislativa, atendendo benignamente às nossas súplicas e convencida da importância da nossa associação, acaba de votar um não pequeno subsídio pecuniário, visto que os fundos, só provenientes de joias e mesadas de seus sócios, não se proporcionavam às despesas de interessantes publicações, compra de livros, mapas e manuscritos que nos são indispensáveis".[9]

---

6   LACOME, Américo Jacobina. *Introdução ao estudo da História do Brasil*. São Paulo: Nacional: Edusp, 1973. (Brasiliana, 349).

7   LAPA, J. R. do Amaral. *A história em questão*: historiografia brasileira contemporânea. Petrópolis: Vozes, 1976; _____. *História e historiografia*: Brasil pós-64. Rio de Janeiro: Paz e Terra, 1985. (Estudos Brasileiros, 87).

8   REVISTA DO INSTITUTO HISTÓRICO E GEOGRÁFICO BRASILEIRO. Rio de Janeiro, nº 1 , p. 6, 1856, (2 ed.).

9   REVISTA DO INSTITUTO HISTÓRICO E GEOGRÁFICO BRASILEIRO. Rio de Janeiro, nº 1, p. 213, 1908, 3 ed.

A partir de então, sempre subsidiado pelos cofres públicos, prestigiado pelo Imperador, que assiduamente participava de suas sessões, pôde o IHGB coletar e publicar importantes repositórios de documentos respeitantes à História Brasileira existentes na Europa.

Porém, é fundamental destacar que o conhecimento daquelas fontes não se deve apenas aos pesquisadores credenciados oficialmente pelo Instituto. José Honório Rodrigues afirma que Rodrigo de Sousa da Silva Pontes, "em relação à pesquisa no estrangeiro propunha que se procurasse a colocação de sábios estrangeiros, se mantivesse a correspondência com sociedades científicas, solicitando o auxílio do Ministério dos Negócios Estrangeiros e aceitando a colocação dos diplomatas".[10] Nessa perspectiva se inserem os levantamentos feitos por Antônio Meneses Vasconcelos de Drummond, dos quais se tem notícia pelas Atas das 67ª e 77ª sessões do Instituto Histórico e Geográfico Brasileiro, de 6 de junho e de 5 de dezembro de 1841, respectivamente.

Em terceiro lugar, encontramos casos como o de Antônio Gonçalves Dias, mais conhecido pela sua obra poética, "o único brasileiro incumbido de realizar pesquisas históricas de colheita e cópia de documentos, com caráter oficial, no Brasil e no estrangeiro".[11]

Desse modo, durante o Império existiram três tipos distintos de pesquisadores de fontes históricas sobre o Brasil na Europa: os subvencionados pelo Instituto, os de iniciativa particular e os de caráter oficial.

E na República, o que se fez neste sentido? A necessidade dessas pesquisas é salientada no início do século passado por Eduardo Prado e por Oliveira Lima. Quando este último organizou o catálogo dos documentos respeitantes ao Brasil existentes no Museu Britânico, de Londres, disse Eduardo Prado, em sessão do Instituto Histórico de São Paulo, em 5 de março de 1901, que "não se limitara a sugerir a Oliveira Lima a elaboração daqueles magníficos instrumentos de pesquisa", como também

---

10 RODRIGUES, José Honório. *A pesquisa histórica no Brasil*. 2 ed. São Paulo: Nacional, 1969. p. 40.

11 *Idem, ibidem*, p. 57.

conclamara-o no sentido de ser satisfeito "o desejo de que se organizassem para os arquivos e bibliotecas da Europa, particularmente de Portugal e Espanha, catálogos no gênero daquele". E, exultante, arrematava: "seria uma glória para o Brasil o ser o primeiro país da América a captar as fontes da sua História.[12]

O repto em nada era original. A rigor, recolocava em pauta tarefa que parecia esquecida. Restava encontrar os seus patrocinadores. Como de hábito, pensou-se logo no Instituto Histórico e Geográfico Brasileiro. Convidado a falar naquele sodalício, Oliveira Lima ali pronunciou conferência, em 1913, sobre "O atual papel do Instituto Histórico",[13] na qual destacou a riqueza documental sobre o Brasil encontrável em Portugal, incentivando a sua pesquisa. Finalizava dizendo que o verdadeiro papel do Instituto era, entre outros, "o de fomentar, dirigir e congregar as pesquisas pelos arquivos da Europa de um pessoal habilitado e ilustrado por uma forma metódica e inteligente".[14]

O certo é que, por indicação de Max Fleiuss, secretário do Instituto, Norival de Freitas seguiu para Portugal "a fim de extrair cópias de documentos valiosos para a nossa História".[15] Seu trabalho, porém, é digno de severas críticas e não se pode compará-lo a vários de seus semelhantes dos tempos do Império.

Em 1912, foi a vez de Pedro Souto Maior que, por influência do Barão do Rio Branco, representou o IHGB perante a Sociedade de Geografia de Lisboa. Sua missão terminou em Haia e o que dela adveio foram resultados rarefeitos.[16]

Portanto, da parte do Instituto Histórico e Geográfico Brasileiro, nos primeiros tempos do período republicano, pouco se operou. Embora

---

12 RODRIGUES, José Honório. *Op. cit.*, p. 84-85, nota 10.

13 ATA da 1ª Secção Ordinária de 1913 (22/04/1913). *Revista do Instituto Histórico e Geográfico Brasileiro*, Rio de Janeiro, t. 76, pt. 2, p. 485-493, 1913.

14 RODRIGUES, José Honório. *Op. cit.*, p. 86, nota 10.

15 *Idem, Ibidem*, p. 86.

16 RODRIGUES, José Honório. *Op. cit.*, p. 91, nota 10.

esporadicamente nele se reafirme o propósito de intensificar as pesquisas nos arquivos portugueses,[17] não se tem notícias de realizações nesta vertente. O Instituto, infelizmente, não deu ou não pode dar prosseguimento sistemático àquilo que seus fundadores haviam estabelecido como seu objetivo básico. Ainda assim, esse grêmio dispõe hoje de rico acervo de reproduções de documentos oriundos de fundos históricos lusitanos, compreendendo, entre outros, 73 volumes manuscritos que constituem a Coleção "Arquivo do Conselho Ultramarino", composta de registros de consultas e de correspondência dirigidas àquele órgão pelos vice-reis e governantes de diversas capitanias brasileiras; de manuscritos da Academia das Ciências de Lisboa; descrições de viagens, registros de cartas, memórias, instruções e regimentos.[18]

No plano das ações privadas, alguma contribuição foi dada, desde o início dos tempos republicanos, quando o Barão do Rio Branco, Joaquim Nabuco e o Barão de Studart pesquisaram e coligiram importante documentação na Europa. Em paralelo, desenvolveu-se a troca de correspondência pessoal como vínculo de conhecimento das fontes existentes naquelas paragens. Exemplo maior desse tipo de acesso é oferecido por Capistrano de Abreu que sempre teve em João Lúcio de Azevedo e em Lino Assunção correspondentes ativos e remetentes de documentação que foi valiosa para o trabalho desenvolvido pelo historiador brasileiro. Sem afastar-se do país, Capistrano pode utilizar excelentes e inéditas fontes que lhe foram enviadas de Portugal junto a cartas pessoais.

---

17 CALMON, Pedro. Arquivos portugueses e história brasileira. *Revista do Instituto Histórico e Geográfico Brasileiro*, Rio de Janeiro, nº 192, p. 136, jul.-set. 1946.

18 Para conhecimento mais detalhado, consulte-se:
a) CATÁLOGO dos documentos mandados copiar pelo Sr. D. Pedro II. *Revista do Instituto Histórico e Geográfico Brasileiro*, Rio de Janeiro, v. 109, t. 67, pt. 1, 1904;
b) A HISTÓRIA DO BRASIL no Arquivo do Instituto Histórico e Geográfico Brasileiro – séc. XVIII: documentos do Conselho Ultramarino. *Revista do Instituto Histórico e Geográfico Brasileiro*, Rio de Janeiro, v. 259, p. 218-364, abr.- jun. 1963. Ressalve-se que se trata de catálogos incompletos, tornando indispensável o contato direto com a documentação.

Em décadas recentes, as pesquisas por iniciativa particular têm-se expandido em muito bom ritmo. Isto se deve basicamente à necessidade de elaboração de textos acadêmico-científicos. Assim, é considerável o número de estudiosos brasileiros que se dirigem aos arquivos europeus, particularmente aos de Portugal.

Quanto às pesquisas de caráter oficial, ao contrário do que acontecera no Império, na República, até bem pouco tempo atrás, nossas autoridades mostravam pouca sensibilidade para a matéria. Episodicamente efetuavam-se viagens, como as realizadas por Manuel Cícero Peregrino da Silva e por José Honório Rodrigues, ambos na qualidade de representantes da Biblioteca Nacional, do Rio de Janeiro. Mesmo essas eram raras e, em geral, pouco produtivas em termos do assunto em pauta.

Como decorrência, sujeitas na maior parte das vezes a vontades individuais, nem sempre de pessoas qualificadas ou inteiramente dedicadas a tão absorvente e cansativa atividade, as pesquisas para o conhecimento das fontes históricas sobre o Brasil depositadas na Europa decaíram. Sem desconsiderar-se que tais empreendimentos estiveram caracterizados por dois fatores: a pesquisa mais para uso pessoal do que para a socialização do acesso e a coleta com quase exclusiva preocupação regionalista ou temática.

De toda forma, apreciável quantidade de trabalhos foi publicada nesse campo prospectivo de investigações, cabendo citar, a par da heterogeneidade de sua natureza e extensão e sem querer apresentar listagem exaustiva:

BOLETIM DE PESQUISA DA CEDEAM. Manaus: Universidade do Amazonas – Comissão de Documentação e Estudos da Amazônia, jul./dez. 1982-_____.

> Um dos objetivos básicos da CEDEAM era o de inventariar e reproduzir a documentação histórica sobre a região amazônica existente nos arquivos portugueses. Várias "missões" foram organizadas nesse sentido, tendo sido microfilmado vasto acervo, divulgado em números do *Boletim*.

BOSCHI, Caio César. *Fontes Primárias para a História de Minas Gerais em Portugal*. Belo Horizonte: Conselho Estadual de Cultura de Minas Gerais. 1979. 193 p. (Mineiriana, 3); 2 ed. Belo Horizonte: Fundação João Pinheiro, 1998. 124 p. (Col. Mineiriana, Obras de Referências)

CALMON, Pedro. Fontes da História do Brasil em Portugal e na Bahia. In: UNIVERSIDADE ESTADUAL PAULISTA JÚLIO DE MESQUITA FILHO (Unesp). *Memória da II Semana de História*. São Paulo: Cairu, 1981, p. 145-148.

CORRÊA FILHO, Virgílio. *Missões brasileiras nos arquivos europeus*. México: Instituto Panamericano de Geografia e História, 1952. 59 p. (Comisión de História, 32. Misiones Americanas en los Archivos Europeos, 4).

Também publicado na *Revista do Instituto Histórico e Geográfico Brasileiro*, Rio de Janeiro, v. 213, p. 133-175, out.-dez. 1951.

DIAS, Manuel Nunes. Alguns arquivos portugueses que importam ao Brasil. *Revista de História*, São Paulo, v. 7, nº 16, p. 455-456, out. -dez. 1953.

_____. Fontes do "sistema colonial" português nos arquivos de Lisboa. In: UNIVERSIDADE ESTADUAL PAULISTA JÚLIO DE MESQUITA FILHO (Unesp). *Memória da III Semana de História*. São Paulo: Congrof, 1981. p. 113-125.

MEDEIROS, Ivoncisio Meira de. *Documentos do Rio Grande do Norte* (catálogo). Natal: Fundação José Augusto, 1976.

Catálogo sumário dos fundos documentais dos principais arquivos de Lisboa e Porto, da Espanha, França e Inglaterra que têm interesse para a História daquela capitania.

PIAZZA, Walter F. Santa Catarina nos arquivos portugueses. *Mensário do Arquivo Nacional*, Rio de Janeiro, v. 11, nº 125, p. 30-33, mai. 1980.

_____. Arquivos de Portugal: seu acervo sobre a capitania de Santa Catarina. In: UNIVERSIDADE ESTADUAL PAULISTA JÚLIO DE MESQUITA FILHO (Unesp). *Memória da II Semana de História*. São Paulo: Cairu, 1981. p. 489-497.

_____. Fontes para a História da Igreja em Santa Catarina. In: UNIVERSIDADE ESTADUAL PAULISTA JÚLIO DE MESQUITA FILHO (Unesp): *Memória da III Semana de História*. São Paulo: Congrof, 1981. p. 315-326.

RODRIGUES, José Honório. *As fontes da História do Brasil na Europa*. Rio de Janeiro: Departamento de Imprensa Nacional, 1950.

SANTOS, Corcino Medeiros dos. O Brasil nos arquivos portugueses. *Mensário do Arquivo Nacional*, Rio de Janeiro, v. 3, nº 1, p.12-17, jan. 1972.

SANTOS, Guilherme Luís dos. *Relatório de pesquisa sobre documentos referentes à História do Piauí em Portugal*. (s.n.t.).

SOUZA JÚNIOR, Antônio. Manuscritos do Brasil nos arquivos de Portugal. *Revista do Instituto Geográfico e de História Militar do Brasil*. Rio de Janeiro, nº 49, p. 55-72, 1965; 2 ed. Rio de Janeiro: Imprensa do Exército, 1969.

Na maioria, são trabalhos genéricos, escritos quase que invariavelmente com a finalidade de chamar a atenção do público especializado para a riqueza dos acervos e para a necessidade de sua reprodução e de seu aproveitamento na produção historiográfica relativa ao passado colonial brasileiro.

Nos últimos anos, o panorama alterou-se substancialmente, em consonância com intenso afluxo de pesquisadores brasileiros em direção aos arquivos históricos portugueses. Assim é que, no âmbito das comemorações do quinto centenário da chegada dos portugueses à América do Sul, os governos de Portugal e do Brasil celebraram, em agosto de 1995, *Protocolo de Colaboração* objetivando, a partir de mais apurado conhecimento recíproco dos acervos arquivísticos dos dois países, promover o intercâmbio de informações e a reprodução microfílmica e/ou digitalizada de documentos de interesse mútuo que estão sob a guarda de cada um deles.

Como instrumento operacional, foi criado um organismo bilateral, a Comissão Luso-Brasileira para Salvaguarda e Divulgação do Patrimônio Documental – COLUSO. Constituíram-se as respectivas seções nacionais, que têm realizado, regular e periodicamente, reuniões conjuntas, com vistas à avaliação dos trabalhos desenvolvidos e à apresentação e aprovação de projetos por cada uma delas elaborados.

O efeito mais concreto e relevante da COLUSO se materializa no *Plano Luso-Brasileiro de Microfilmagem,* expresso nas ações levadas a cabo pelo "Projeto Resgate Barão do Rio Branco", ou seja, no tratamento técnico e, sobretudo, na microfilmagem de fundos e coleções documentais sobre o Brasil existentes em Portugal e de sua contraface portuguesa, o "Projeto Reencontro".[19]

Tais microfilmes, logo digitalizados por iniciativa do Ministério da Cultura do Brasil, estão disponíveis no Arquivo Nacional e na Biblioteca Nacional do Brasil e, sob a forma de CD-ROM, em arquivos públicos estaduais e em instituições de ensino e pesquisa. Importante frisar que,

---

19 BRASIL. Conselho Nacional de Arquivos/Arquivo Nacional. COLUSO: Relatório de Atividades, 1996-2009. Rio de Janeiro: Arquivo Nacional, 2009. 42 p.; BRASIL. Presidência da República. Arquivo Nacional. *Revisitando a História colonial brasileira: balanço das realizações de um programa de cooperação Brasil – Portugal na área de arquivos.* Rio de Janeiro: Arquivo Nacional, 2001. 88 p.

igualmente por iniciativa deste Ministério, a reprodução do vasto acervo do Projeto está franqueada à consulta no site eletrônico do Centro de Memória Digital (CMD) da Universidade de Brasília (UnB) (cf. «www.resgate.unb.br»)

O presente contributo, como reconhece o seu próprio subtítulo, não resulta de pesquisas verticais sobre a matéria. Não se orienta por parâmetros técnicos e metodológicos definidos pela Arquivística. Tem propósito bem menor. Seu objetivo é o de compilar, de maneira resumida e acanhada, dados básicos sobre alguns dos arquivos e bibliotecas de Portugal que importam aos pesquisadores da História do Brasil, mencionando seus endereços, horários de funcionamento, principais núcleos e informações e instrumentos de trabalho que facultam o acesso aos diversos *fundos e coleções* documentais.

Dele não se deve esperar arrolamento de cada acervo, mas tão-somente uma ideia geral a seu respeito, principalmente quanto à sua localização e à indicação de inventários, catálogos, guias, índices e outros trabalhos do gênero que democratizam o conhecimento da riqueza documental depositada naquelas instituições.

Fica patente, ao mesmo tempo, inequívoca desproporcionalidade na apresentação das informações, pois, para certas instituições a menção se restringiu a um ou dois conjuntos de documentos, enquanto para outras as referências são copiosas. Nesse sentido, e por razões óbvias, os textos referentes ao Arquivo Histórico Ultramarino e, principalmente, ao Arquivo Nacional da Torre do Tombo têm dimensão bem discrepante comparativamente aos demais.

Sem considerar, pois, que a natureza deste tipo de trabalho já lhe estabelece restrições, há que se reconhecer, no presente caso, outras lacunas e limitações, como as que se seguem:

- ele abrange poucos arquivos privados, com ênfase para os que estão incorporados aos acervos ou foram confiados à guarda de arquivos públicos, ou outros que permanecem na posse de herdeiros e sucessores seja de famílias nobres e senhoriais, seja de administradores e funcionários que compuseram a burocracia do período colonial brasileiro. A despeito do empenho no sentido de ampliar o rol desse gênero de arquivos para efeito desta nova versão, as tentativas não resultaram exitosas;

- o roteiro compreende apenas determinados tipos de núcleos documentais. A predominância, quase absoluta, é de documentos manuscritos (*stricto sensu*) de natureza administrativa ou de caráter pessoal. Raros são, por exemplo, os núcleos citados compostos por fontes impressas ou por espécies cartográficas e iconográficas;

- haverá massas documentais que aqui não estarão referidas mesmo quando se registra determinada instituição. Ocorre que, por vezes, o universo da documentação depositada ainda não é conhecido, por não estar inventariado ou organizado todo o acervo. Ou seja, há fundos indisponíveis aos pesquisadores no aguardo de identificação e catalogação;

- ressalve-se também que, embora não seja comum, é possível se encontrar incorreções ou imprecisões nas referências consignadas nos inventários e/ou catálogos. Por vezes, há omissões comprometedoras; por outras, informações involuntariamente truncadas. Daí, a conveniência de, tanto quanto possível, o pesquisador reportar-se diretamente à instituição e à documentação desejadas;

- numerosos arquivos que para a História Portuguesa têm fundamental importância, como, dentre outros, arquivos distritais, municipais, notariais e eclesiásticos, não são adiante relacionados, pela exclusiva razão de não conterem núcleos documentais específicos sobre o Brasil. De qualquer das maneiras, ressalve-se que, no concernente aos arquivos *distritais*, a sua listagem completa vem reproduzida no final deste trabalho; quanto aos *notariais*, esclareça-se que bom número deles integra instituições aqui citadas (ex. os de Coimbra e de Braga); no que tange aos *municipais* e aos *eclesiásticos*, sem prejuízo de outras indicações, reporte-se, respectivamente às páginas 222 a 264 e 323 a 355, no primeiro volume, da importante obra de RIBEIRO, Fernanda. *O acesso à informação nos arquivos*. Lisboa: Fundação Calouste Gulbenkian/Fundação para a Ciência e a Tecnologia, 2003;

- quanto às informações gerais relativas a dias e horários de funcionamento, obviamente que estão sujeitas a alterações, prevalecendo aqui a realidade constatada no início de 2010;

- deixou-se de apontar os requisitos exigidos aos consulentes para o acesso e manuseio dos diversos acervos, porquanto eles são bastante variáveis. No entanto, de maneira geral, os arquivos e bibliotecas portugueses não apresentam a menor restrição ao acesso de pesquisadores brasileiros, e seus diretores e funcionários se esforçam em bem atender ao público, independentemente de sua origem e nacionalidade;

- variável também é a política dos arquivos portugueses quanto à reprodução de documentos, quer pela disponibilidade de aparelhagem própria e adequada, quer pela possibilidade de se realizarem tais serviços e atender às solicitações feitas. De algum modo e cada vez mais, a reprodução é proporcionada. Assim, tendo em conta a diversidade nos critérios e o dinamismo desse atendimento, não se apontarão a seguir as condições dos serviços, sugerindo-se remissão direta às instituições ou a consulta aos seus sítios eletrônicos para obtenção de informações atualizadas a tal respeito;

- quando nas referências bibliográficas deste roteiro a fonte é citada como se tratando de *exemplar datilografado* ("ex. datilo") significa dizer que se trata de obra consultada e disponível na Sala de Leitura ou de Consultas da instituição em causa.

No que respeita à forma de estruturação e de disposição do material coletado, optou-se pela seguinte sequência: em primeiro lugar, são referenciadas obras gerais sobre os arquivos e bibliotecas de Portugal tendo estas últimas sido englobadas devido ao fato de que muitas delas, como a Biblioteca Nacional de Portugal, dispõem de seções de Reservados ou de Manuscritos tão valiosas quanto os fundos encontráveis nos arquivos. Nessa primeira parte, esboçou-se rápido levantamento bibliográfico de variada conotação. Determinadas obras simplesmente relacionam fontes de consulta. Outras têm como propósito apresentar notícia informativa daqueles repositórios, historiando e caracterizando sua evolução ao longo do tempo.

Em seguida, vem o trabalho propriamente dito. Aí são nomeados arquivos que têm interesse para a História Brasileira. Certamente, não todos. O critério adotado na apresentação textual foi o de relacioná-los por cidades ou localidades em que se encontram instalados, independentemente da sua condição jurídica de pública ou privada. Aliás, a impossibilidade de, em certos casos, precisar com exatidão a natureza do arquivo, determinou a opção aplicada. Logo, é natural que Lisboa congregue a expressiva maioria das instituições consultadas e visitadas.

Cumpre, ainda, salientar a necessidade de se consultar o índice que se encontra no final deste trabalho, sobretudo pelo fato de, pelos mais diversos motivos, com o passar dos anos, vários fundos terem sido fracionados e confiados à guarda de instituições distintas e/ou por comporem unidades independentes, por vezes com denominações diferentes, dentro de um mesmo arquivo. Para citar um só exemplo, a documentação do Conselho Ultramarino está armazenada em, pelo menos, quatro instituições, a saber: na Torre do Tombo, no Arquivo Histórico Ultramarino, na Biblioteca Nacional (Secção de Reservados) e no Arquivo Histórico da Marinha. Os índices poderão ser úteis também na percepção das chamadas "unidades de descrição relacionadas", isto é, fundos e coleções que têm afinidades entre si ou que possuem documentação complementar àquela que se busca. É o caso, para ilustrar, das companhias de comércio pombalinas, cujos documentos, ademais de pertencerem a três fundos próprios existentes na Torre do Tombo, são ainda encontrados nos acervos da Casa de Suplicação, do Conselho da Fazenda, do Ministério do

Reino, dos Manuscritos da Livraria e do Erário Régio; e, tirante o referido Arquivo Nacional, se situam também no Arquivo do Ministério das Obras Públicas, Transportes e Comunicações, no Arquivo Histórico da Marinha, no Arquivo Histórico-Parlamentar e no Arquivo da Direcção das Alfândegas de Lisboa.

Assim exposto e proposto, o que se pretende é simplesmente entregar aos pesquisadores que se dedicam à busca das fontes históricas relativas ao Brasil depositadas em Portugal um instrumento de trabalho, um guia que, em última análise, compilando outros tantos instrumentos, permita ao consulente abreviar o tempo despendido na implementação de suas atividades. Longe do autor, repita-se, a ingenuidade ou a veleidade de julgá-lo isento de omissões, incorreções e desequilíbrios nas partes. Basta-lhe, porém, que possa ser considerado útil.

1. REFERÊNCIAS BIBLIOGRÁFICAS SOBRE ARQUIVOS E BIBLIOTECAS DE PORTUGAL

ACERVO. Revista do Arquivo Nacional. Rio de Janeiro: Arquivo Nacional, v. 10, n° 1, jan.-jun. 1997. ("O Brasil nos arquivos portugueses").

ANAIS DAS BIBLIOTECAS E ARQUIVOS DE PORTUGAL. Coimbra: Imprensa da Universidade, 1914-1917. 2 v.

ANAIS DAS BIBLIOTECAS E ARQUIVOS. 2ª série. Lisboa: Tip. Biblioteca Nacional, 1920 – 1949. 21v, 3 série, 1950.

ANDRADE, A. A. Banha de. Arquivos municipais. In: ACADEMIA PORTUGUESA DE HISTÓRIA. Papel das áreas regionais na formação histórica de Portugal. *Actas do Colóquio...* Lisboa, 1975. p. 143-184.

ANSELMO, Antônio Joaquim. *Bibliografia das bibliografias portuguesas.* Lisboa: Oficina Gráfica da Biblioteca Nacional, 1923. 158 p.

Lamentavelmente, de tão erudita fonte só veio a público o primeiro volume, que traz bibliografias gerais, especiais e de publicações periódicas.

ATAÍDE, A. P. Bettencourt. Bibliografia portuguesa de Biblioteconomia e Archivologia. *Revista de História*, Lisboa, v. 8, n° 30, p. 87-106, abr.-jun. 1919.

Fonte indispensável embora desatualizada. Divide-se em A – História das bibliotecas (p.95-98); B – Biblioteconomia (p. 98-101); C – Bibliologia (p. 101-102); D – História dos Arquivos (p. 102-105); E – Arquivologia (p. 105-106).

BOLETIM DAS BIBLIOTECAS E ARQUIVOS NACIONAIS. Coimbra: Imprensa da Universidade, 1902-1912. 11 v.

BOLETIM DE BIBLIOGRAFIA PORTUGUESA. Lisboa: Biblioteca Nacional, 1937-_____.

COSTA, Avelino de Jesus da, Pe. *Arquivos eclesiásticos portugueses: origem e evolução.* Lisboa, 1980. (Separata do *Dicionário de História da Igreja em Portugal,* dirigido por BANHA DE ANDRADE, António Alberto. Lisboa: Resistência, 1980, v. 1, p. 515-554.)

CRUZ, Antônio. Os arquivos do Porto: disponibilidades e carências. *Revista de História,* Porto, nº 2, p. 79-90, 1979.

_____. Arquivos portugueses. In: SERRÃO, Joel (dir). *Dicionário de História de Portugal.* Lisboa: Iniciativas Editoriais, 1963, v. 1, p. 201-206.

DANTAS, Júlio. *Bibliotecas e arquivos portugueses.* Lisboa: (s.n.), 1919.

> O autor, na ocasião, era inspetor das Bibliotecas Eruditas e Arquivos de Portugal. Trata-se de um ofício publicado no *Diário do Governo* 2ª série, nº 158, de 10 de julho de 1919, p. 2409-2416, nas quais insere-se um "Quadro Sinóptico das Bibliotecas, Arquivos e Cartórios do País (Continente, com exceção das cidades de Lisboa e Porto). Embora desatualizada, é uma boa fonte de consulta, face à minúcia das informações contidas no "Quadro Sinóptico".

DIFFIE, Bailey W. Bibliography of the principal published guides to Portuguese archives and libraries. In: *Actas do 1 Colóquio Internacional de Estudos Luso-Brasileiros,* Washington: Library of Congress: Vanderbilt University. 1950. p. 181-188.

> Sempre citada, mas pouco conhecida e analisada, essa comunicação do professor norte-americano é básica. Do ponto de vista técnico-nor-

mativo, o autor não se preocupou em apresentar dados completos nas citações. Não especifica as editoras, como também cita incorretamente alguns nomes de autores, o que dificulta a pesquisa e a consulta aos catálogos. Passados sessenta anos sobre a data da edição, não poderia deixar de estar desatualizada. Entretanto, não perde seu valor. Para as publicações anteriores a 1950, é bastante completa.

EÇA, Vicente Almeida de. Bibliotecas, arquivos e cartórios existentes no país. *Boletim de Classe de Letras da Academia das Ciências de Lisboa*. Lisboa, v. 13, p. 849-872, 1919.

ENCONTRO dos Bibliotecários, arquivistas e documentalistas portugueses. *Actas...* Coimbra, 1965.

Consulte-se, com proveito, as Actas dos oito primeiros Encontros. Após o oitavo, realizado em Lisboa, em 1983, as comunicações e debates das aludidas áreas do conhecimento passaram a ser publicadas nos *Cadernos de Biblioteconomia*, Arquivística e Documentação, mais conhecidos como *Cadernos BAD*, sob a égide da Associação Portuguesa de Bibliotecários, Arquivistas e Documentalistas, entidade criada em 1973, que, dentre outras atividades, continua a promover os ditos Encontros Nacionais das três categorias profissionais.

ESTEVENS, Manuel Santos. *Sinopse cronológica da legislação portuguesa sobre bibliotecas e arquivos*, 1796-1948. Coimbra: Bibliotecas da Universidade, 1949.

FERNANDES, A. F. de Almeida; COSTA, M. A. N. Arquivos Portugueses. In: *Enciclopédia Luso-Brasileira de Cultura*. Lisboa: Verbo, 1964, v. 2, p. 1278-1295.

FERRÃO, António. *Os arquivos e bibliotecas em Portugal*. Coimbra: Imprensa da Universidade, 1920. 331 p.

_____. *Bibliografias, bibliotecas e centros de documentação*. Lisboa: Tip. Empresa Nacional de Publicidade, 1951. 44 p. (Separata dos *Anais de Bibliotecas e Arquivos*, nº 21).

_____. Repertório das bibliotecas de Lisboa. *Anais das Bibliotecas e Arquivos*, Lisboa, v. 21, nº 77-78, p. 99-182, 1951.

Trabalho elaborado pela Inspecção Superior das Bibliotecas e Arquivos, com base em questionários enviados a cada uma das entidades. Traz modelos dos formulários, com endereços e dados de cada instituição consultada.

FONSECA, Martinho Augusto da. *Lista de alguns catálogos de bibliotecas públicas e particulares de livreiros e alfarrabistas*. Lisboa: Imprensa Libânio da Silva, 1913. 104 p. (Separata do *Boletim da Sociedade de Bibliófilos Barbosa Machado*. nº 2, p. 89-184.)

FRANCO, Luiz F. Farinha. *Os arquivos paroquiais: considerações acerca do estado em que se encontram (breves exemplos) e urgência de os salvar e de se proceder à sua inventariação*. Braga: (s.n.), 1977. 28 p. (Braga: Gráf. Livr. Cruz) (Separata das *Actas do V Encontro de Bibliotecários, Arquivistas e Documentalistas Portugueses*).

INSTITUTO PORTUGUÊS DO PATRIMÔNIO CULTURAL. *Roteiro das bibliotecas e arquivos dependentes administrativamente do Instituto Português do Património Cultural*. Lisboa: IPPC – Departamento de Bibliotecas, Arquivos e Serviços de Documentação, 1984. 76 p.

LEAL, Maria José da Silva; PEREIRA, Miriam Halpern, (coord). *Arquivo e Historiografia*: Colóquio sobre as fontes de História Contemporânea Portuguesa. Lisboa: Imprensa Nacional – Casa da Moeda, 1988. (Col. Temas Portugueses).

MARTINS, A. Prazeres. *Arquivos paroquiais:* lista completa dos arquivos paroquiais que ainda se encontram em poder dos respectivos párocos. Lisboa: Procuradoria Lisbonense, 1933. 44 p.

MORA, Luis Miguel García. *Fuentes manuscritas para la Historia de Portugal*; Guia de instrumentos de investigación. [Madrid]: Fundación Histórica Tavera, 1998.

NASCIMENTO, Aires do. *Bibliografia de arquivos portugueses.* Lisboa: Instituto Português de Arquivos – IPA, 1991. 42 p.

PEREIRA, Arnaldo António. Arquivos históricos de Lisboa: contribuição para um roteiro. *Clio:* Revista do Centro de História da Universidade de Lisboa. Lisboa, v. 4, p. 95-120, 1982; v. 5, p. 115-148, 1984-1985.

PEREIRA, Gabriel. *Bibliotecas e arquivos nacionais.* Lisboa: Of. Tipográfica da Biblioteca Nacional, 1903.

_____. *Arquivos nacionais.* Coimbra: Impr. da Universidade, 1910. (Tese apresentada ao Congresso Nacional em 23 de maio de 1910).

PINTO, Sérgio da Silva. *Archives municipales du Portugal.* Paris: Conseil Internacional, 1965.

PORTUGAL. Instituto dos Arquivos Nacionais/Torre do Tombo. *Guia das Fontes Portuguesas para a História da América Latina.* Lisboa: Comissão Nacional para as Comemorações dos Descobrimentos Portugueses; Fundação Oriente; Imprensa Nacional – Casa da Moeda, 1997 (v. 1) e 2001 (v. 2). (Guia de Fontes para a História das Nações. América Latina: 1 e 2)

PORTUGAL. Instituto dos Arquivos Nacionais/Torre do Tombo. *Guia das Fontes Portuguesas para a História da Ásia.* Lisboa: Comissão Nacional para as Comemorações dos Descobrimentos Portugueses; Fundação Oriente; Imprensa Nacional – Casa da Moeda, 1998 (v. 1) e 1999 (v. 2). (Guia de Fontes para a História das Nações. Ásia: 1 e 2)

PORTUGAL. Instituto dos Arquivos Nacionais/Torre do Tombo. *Guia das Fontes Portuguesas para a História de África*. Lisboa: Comissão Nacional para as Comemorações dos Descobrimentos Portugueses; Fundação Oriente; Imprensa Nacional – Casa da Moeda, 1991 (v. 1), 1993 (v. 2) e 2000 (v. 3). (Guia de Fontes para a História das Nações. África: 1, 2 e 3).

RAU, Virgínia. Arquivos de Portugal: Lisboa. In: *Actas do I Colóquio Internacional de Estudos Luso-Brasileiros*, Washington: Library of Congress – Vanderbilt University, 1950. p. 183-212.

> Ainda hoje de grande utilidade. Pena que a autora tenha se restrito aos arquivos lisboetas. A considerar, no entanto, os óbvios acréscimos necessários no que se refere a catálogos elaborados posteriormente a 1950.

RIBEIRO, Fernanda. *O acesso à informação nos arquivos*. Lisboa: Fundação Calouste Gulbenkian/Fundação para a Ciência e a Tecnologia, 2003. 2 v. 1458 p. (Col. Textos Universitários de Ciências Sociais e Humanas).

> Obra de consulta incontornável, originariamente publicada como tese de Doutorado. Trata-se de estudo exaustivo dos sistemas de informação arquivística de instituições portuguesa, desde a Idade Média. Para compreender a formação e o desenvolvimento histórico das mais diversificadas categorias de arquivos portugueses, a autora inventaria e analisa, em perspectiva diacrônica e contextualizada, os instrumentos de acesso à informação produzidos até 1996, à luz de textos teórico-metodológicos das Ciências da Informação.

RIBEIRO, Jorge Manuel Martins. Os arquivos do Norte de Portugal. In: LEAL, M. J. da S.; PEREIRA, M.H., (coord). *Arquivo e Historiografia*:

Colóquio sobre as fontes de História Contemporânea Portuguesa. Lisboa: Imprensa Nacional – Casa da Moeda, 1988. p. 150-169.

RIBEIRO, José Silvestre. *Apontamentos históricos sobre bibliotecas portuguesas*. Coimbra: Imprensa da Universidade, 1914.

SOUZA, Fernando de. Relatório dos arquivos a Norte do Douro. *Revista de História Económica e Social*, Lisboa: Sá da Costa Edit., nº 3, p. 109-119, jan.-jun. 1979.

2. BRAGA

2.1. Arquivo Distrital de Braga

Dados institucionais
Endereço: Largo do Paço (Prédio da Reitoria da Universidade do Minho)
4704-553 Braga
Telefone: (351) 253.601.177 – 253.601.178
Fax: (351) 253.601.180
Sítio eletrônico: «www.adb.pt»
E-mail: «sec@adb.uminho.pt»
Horário de funcionamento: De segunda a sexta-feira, das 9:00 às 12:30 horas e das 14:00 às 17:30 horas.

A Instituição: breve descrição
O Arquivo Distrital de Braga, criado em agosto de 1917, foi integrado, em 1976, à Universidade do Minho, juntamente com a Biblioteca Pública local. Grosso modo, compete-lhe não apenas preservar e difundir os fundos documentais nele existentes, como proceder à incorporação dos Cartórios dos Registros Civil e Notarial do Distrito.

Para conhecimento de aspectos importantes da instituição, aluda-se a:

VASCONCELOS, Maria da Assunção Jácome de, (coord). *Arquivo Distrital de Braga*: guia do utilizador; 1998-1999. Braga: Arquivo Distrital de Braga/Universidade do Minho, 1998. 40 p.

VASCONCELOS, Maria da Assunção Jácome de. *O arquivo e a cidade*: páginas de História Bracarense. Org. e Prefácio de Henrique Barreto Nunes. Braga: Universidade do Minho/Arquivo Distrital de Braga, 2008.

Principais fundos documentais:
Notariais (a partir de 1557); *Registro Civil*, inclusive Julgados de Paz (desde 1835); *Registros Paroquiais* (desde 1511); *Administração Central – Delegada* (Fazenda Nacional; Governo Civil de Braga; Assembleia Distrital e Pequenos fundos familiares); *Arquivos familiares e pessoais*; *Fundos Associativos* (com realce para os da Santa Casa de Misericórdia, do Cabido, da Sé e cartórios anexos); *Eclesiásticos*, onde se destaca a documentação da Mitra Primaz de Braga, em especial de sua Câmara Apostólica; *Paróquias, Capelas e Confrarias*; *Fundo Monástico-Conventual*; *Colegiadas e Colecções* (de Manuscritos e Cronológica).

Instrumentos de acesso à informação[1]
O Arquivo Distrital de Braga publica, desde 1984, instrumentos de descrição documental relativos ao seu acervo na *Colecção Inventários*. Até agora, cerca de uma dezena deles foi editada. (cf. site acima citado).

Atinente à História do Brasil, cite-se, dentre os fundos *Familiares e Pessoais*, o arquivo de António de Araújo e Azevedo, primeiro Conde da Barca (1754- 1817), diplomata e estadista português cuja atuação no período joanino no Brasil é de primordial importância.

A respeito deste *fundo* e de sua relação com a História do Brasil, consulte-se:

---

[1] Esta terminologia foi privilegiada por Fernanda Ribeiro em sua citada obra *O acesso à informação nos arquivos* (cf. especialmente p. 634 e seguintes), parecendo-nos a mais pertinente para aqui ser utilizada, tendo em vista a heterogeneidade da natureza dos trabalhos que serão referenciados neste item, para cada uma das instituições a serem mencionadas. A designação *Instrumentos de Pesquisa*, no entanto, foi mantida em um caso específico, qual seja, para os trabalhos do gênero elencados nos diversos fundos e coleções do Arquivo Nacional da Torre do Tombo, por se tratar de nomenclatura interna adotada por aquele organismo.

CAPELA, José Viriato. António Araújo Azevedo e o Brasil: a importância do arquivo de António Araújo Azevedo, 1º Conde da Barca, para a História do Brasil no fim do período colonial. *Bracara Augusta*, Braga, v. 43, n° 94-95 (107-108), p. 13-25, 1991-1992.

CHAGAS, Maria da Assunção Jácome de Vasconcelos e; LAMEGO, Paula Maria Faria; FERNANDES, Paula Sofia da Costa. A contribuição do Arquivo Distrital de Braga para a História do Brasil colonial. *Acervo*, Rio de Janeiro, v. 10, n° 1, p. 71-84, jan.-jun. 1997.

MALAFAIA, Eurico Brandão de Ataíde. *António de Araújo de Azevedo, Conde da Barca. Diplomata e estadista, 1787-1817*: subsídios documentais sobre a época e a personalidade. Braga: Arquivo Distrital/ Universidade do Minho, 2004. (Col. Estudos e Manuscritos).

RODRIGUES, Abel Leandro Freitas. *Entre o público e o privado*: a génese do Arquivo do Conde da Barca (1754-1817). Braga: Universidade do Minho/Instituto de Ciências Sociais, 2007. (Dissertação de Mestrado).

O Arquivo do Conde da Barca, em sua quase totalidade, está descrito catalograficamente em base de dados abrangendo 4899 registros, referentes a 7.400 documentos, datados de 1486 a 1879, com forte incidência para o período situado entre 1787 e 1820. Uma "versão provisória *para uso exclusivo na Sala de Leitura do Arquivo Distrital de Braga*" dos citados registros está cuidadosamente reproduzida em:

RODRIGUES, Abel. *Sistema de Informação da Família Araújo de Azevedo (Arquivo do Conde da Barca), (1486-1879)*: estudo orgânico-funcional e catálogo. Braga: s.n., 2009. 4 v. (na realidade, 2 volumes, em 4 tomos), 995 p.

A parte de impressos do Fundo Conde da Barca, depositada na Biblioteca Pública de Braga, foi catalogada e inventariada, tendo esse trabalho sido publicado entre as páginas 87 e 289 das *Actas* do Colóquio "Portugal: da Revolução Francesa ao Liberalismo" (Braga, Universidade do Minho/Unidade Científico-Pedagógica de Letras e Artes, 1988).

Assinale-se além disso a existência, neste Arquivo, de preciosos acervos documentais respeitantes a inúmeras ordens religiosas estabelecidas em Portugal e extintas em 1834, do que resultou a incorporação de sua documentação a instituições estatais. Para bom conhecimento desses acervos, recorra-se a António de Sousa ARAÚJO e Armando B. MALHEIRO DA SILVA, *Arquivo Distrital de Braga:* inventário do fundo monástico-conventual (Braga: Arquivo Distrital de Braga/Universidade do Minho, 1985. 288 p. (Separata de *Itinerarium,* v. 31, n°ˢ 121-122, p. 49-301, 1985).

Dos mencionados acervos, o núcleo concernente à Congregação de São Bento de Portugal é o maior e o mais completo, conforme atesta José MATTOSO em "Inventário dos fundos dos antigos mosteiros beneditinos existentes no Arquivo Distrital de Braga" (*Bracara Augusta,* n° 20, p. 358-412, 1966). Ali, por exemplo, encontram-se sete volumes de registros, ordenados alfabeticamente, de abades e monges brasileiros (cf. BENEDITINOS série encadernada: Brasil – Nomes de baptismos, em meio às respectivas "inquirições *de genere, vita et moribus*"). Na série *Gavetas,* ainda dos beneditinos, assinalem-se "Documentos relativos à Província do Brasil", que tratam dos *estados dos mosteiros, actas capitulares e sindicações da Província* (cf. o referido *Inventário do fundo monástico-conventual,* p. 79-86).

3. COIMBRA

3.1. Arquivo da Universidade de Coimbra

Dados Institucionais
Endereço: Rua de São Pedro, nº 2 (Pólo I da Universidade)
3000-370 Coimbra
Telefone: (351) 239.859.855
Fax: (351) 239.820.987
Sítio eletrônico: «www.uc.pt/auc»
E-mail: «auc-geral@auc.uc.pt»
Horário de funcionamento: De segunda a sexta-feira, das 9:00 às 12:30 horas, e das 14:00 às 17:30 horas (Requisições para consulta de documentos: até as 11:45 horas, na parte da manhã; e até 16:45 horas, à tarde).

A Instituição: breve descrição
O Arquivo da Universidade de Coimbra é o depositário da documentação produzida e recebida pela Universidade, criada em 1º de março de 1290, como também dos fundos documentais relativos ao Arquivo Distrital, que é a ele agregado.

Principais núcleos documentais
Seção Universitária (Arquivos Pessoais e de Famílias, CAPOPUC, Coleções de Pergaminhos, Coleções Particulares, e, acima de tudo, fundos da Universidade, desde o século XIII); *Seção Distrital* (Administração Central, com destaque para os documentos do Governo Civil de Coimbra, de 1802 a 1965; Administração Local; Associações; Confrarias, Irmandades e Misericórdias; Fundos Diocesanos, com acervos do Cabido da Sé de Coimbra, da Câmara Eclesiástica, do Auditório Eclesiástico e da Mitra

Episcopal de Coimbra, desde o século XV; Monástico-Conventuais, retroagindo ao século XII, Colegiada de Guimarães, com documentação desde o século X; Cartórios dos Colégios da Companhia de Jesus; Judicial, desde 1662, abrangendo todos os tribunais das comarcas do Distrito de Coimbra; Notarial, desde 1563; Paroquial, compreendendo os 17 concelhos abrangidos pelo Distrito de Coimbra, a partir do século XIV e Registro Civil).

Detalhado guia desses núcleos, séries, seções e subfundos está patente no *Boletim do Arquivo da Universidade de Coimbra*, Coimbra, v. 1, p. 83-175, 1973, e, principalmente, nos seguintes sítios eletrônicos: «www.uc.pt/auc/fundos/guia_fundos», «www.uc.pt/auc/fundos/f_universidade e 193.137.201.197/pesquisa/».

Entre as *Colecções Particulares*, dois conjuntos documentais se sobressaem pela sua importância para a História do Brasil: a Coleção Conde de Arcos e a Coleção Condes da Cunha. O primeiro, comprado aos descendentes da família, em 1971, é composto pela documentação pessoal e por aquela compilada pelos 6º e 8º Condes, D. Marcos José de Noronha e Brito, e seu neto, D. Marcos de Noronha e Brito, administradores e estadistas com marcante presença em nossa História, nos séculos XVIII e XIX. Compreende trinta e nove códices, contendo fontes variadas e com destacada riqueza informativa sobre a História Brasileira, sobretudo de cunho administrativo, entre os séculos XVII e XIX, especialmente acerca da Bahia, Pernambuco, Maranhão Pará e Goiás.[1]

A Coleção Condes da Cunha, adquirida pelo Arquivo da Universidade em 1952, totaliza dezenove caixas e seis livros, tendo idêntico valor para o estudo da História Política e Diplomática, em particular a do século XVIII, quer no respeitante ao Brasil quer quanto a Angola, com destaque para aquela advinda do Cartório do 1º Conde da Cunha, D. Antônio Álvares da Cunha (c1700-1791).

---

1 Sobre os Condes dos Arcos, tem-se notícia da existência de relevante documentação na posse do atual titular, no Palácio do Salvador, no bairro lisboeta da Alfama. Seriam fontes respeitantes a D. Marcus de Noronha e Brito (6º Conde) em seu exercício governativo da Capitania de Pernambuco, em meados do século XVII; e ao 8º Conde, nas governanças do Pará e da Bahia, no início do Dezenove.

Instrumentos de acesso à informação
De interesse específico para a História Brasileira, citam-se:

MADAHIL, Antônio Gomes da Rocha. *Documentos do Arquivo da Universidade de Coimbra para a História do Brasil*. Coimbra: Coimbra, 1942. 46 p. (Separata da Revista *Brasília*, v. 1, 1942).

> Trata-se de "três espécies seguintes, pela primeira vez agora recenseadas: 1) "Refutação de dous papéis intitulados: hum Demonstração histórica e analítica em que o A. quis mostrar que era indispensavelmente necessário o restabelecimento do Emprego de Provedor da Fazenda Real na Capitania das Minas Gerais do Ouro Preto: outro, "Tentativa se hé mais conveniente a arrecadação da Fazenda por um só Ministro, ou por hua Junta": 2) "Copiador da Correspondência dirigida ao Governador, e Capitão-General de São Paulo, D. Luis Antônio de Sousa, organizado em 1772 (...:)" 3) "Copiador de correspondência de formato e encadernação muito semelhante ao de D. Luís Antônio de Sousa, tendo escrito, na frente da primeira capa: "Mattogroço/Secretaria do Governo(...)".

MORAIS, Francisco. *Estudantes da Universidade de Coimbra nascidos no Brasil*. Coimbra: Faculdade de Letras – Instituto de Estudos Brasileiros, 1949. 599 p. (Publicação comemorativa do IV Centenário da Cidade de Salvador).

> Contém relação, com dados pessoais, dos mais de 3000 estudantes brasileiros que cursaram dita Universidade, entre os anos de 1577 e 1910, com índice alfabético complementar. Merece alguns reparos.

Quanto à Coleção Conde de Arcos, Raul da Silva Veiga iniciou a elaboração do Catálogo respectivo, agrupando os códices por capitanias abrangidas na documentação. Seu trabalho, porém, ficou incompleto e não foi publicado. Do autor, e sobre a matéria, conhecem-se os *Diplomas régios e outros documentos dados no governo do Brasil (Coleção Conde de Arcos): Catálogo*. Coimbra: Arquivo da Universidade de Coimbra, 1988. (Col. Fundos Especiais).

Para o acervo documental dos Condes da Cunha, recorra-se a:

CASTRO, Maria João Padez de. Inventário da Colecção Condes da Cunha. *Boletim do Arquivo da Universidade de Coimbra*, Coimbra, v. 15-16, p. 85-156, 1995-1996.

VEIGA, Raul da Silva. *Catálogo do Cartório de António Álvares da Cunha*. Coimbra: Arquivo da Universidade de Coimbra, 1978.

_____. *Documentos referentes ao governo da Praça de Mazagão, 1758-1769 (Cartório dos Condes da Cunha)*. Coimbra: Arquivo da Universidade de Coimbra, 1982.

_____. *Catálogo dos documentos do Cartório de D. Luís da Cunha (1709-1749)*. Coimbra: Instituto Nacional de Investigação Científica – Faculdade de Letras/Centro de Estudos de História da Sociedade e da Cultura, 1991.

Ainda sobre o Brasil, especificamente sobre os que nele nasceram e que foram docentes na Universidade, consultem-se os dois volumes da *Memoria Professorum Universitatis Conimbrigensis* (1290-1772) e (1772-1937), ambos publicados pelo Arquivo da Universidade de Coimbra, em 2003 e em 1992, respectivamente.

3.2. Biblioteca Geral da Universidade de Coimbra (Secção de Manuscritos)

Dados Institucionais
Endereço: Largo da Porta Férrea
3000-447 Coimbra
Telefone: (351) 239.859.815
Fax: (351) 239.827.135

Sítio eletrônico: «www.uc.pt/bguc»
E-mail: «manuscritos@bg.uc.pt»
Horário de funcionamento: De segunda a sexta-feira, das 9:00 às 12:15 horas, e das 14:00 às 17:15 horas.

A Instituição: breve descrição
O acervo desta Seção é constituído por obras e documentos pertinentes à sua denominação, ali depositadas desde a transferência definitiva da Universidade para Coimbra, em 1537. No que se refere especificamente a livros, ele se complementa com o da belíssima Biblioteca Joanina, instalada em edifício próprio.

Principais núcleos documentais
Manuscritos, compreendendo cerca de 5.000 volumes, sobre as mais variadas matérias: *Manuscritos e Impressos Musicais*, contendo espécies musicais dos séculos XVI e XVII: *Reservados*, inclusive incunábulos; *Livraria do Colégio de São Pedro*; *Livraria do Visconde da Trindade*.

Instrumentos de acesso à informação
Apesar da diversidade dos fundos documentais acima apontados, a Seção dos Manuscritos é a que merece especial relevo, seja pelo volume, seja pela qualidade das espécies nela armazenadas. Desde 1935, a Biblioteca Geral da Universidade de Coimbra vem publicando inúmeros catálogos dos referidos manuscritos, obedecendo à numeração e à localização desses no acervo. Assim, até o momento, vieram à luz : v. 1 – códices 1 a 250 (1940); v. 2 – códices 251 a 555 (1945) ; v. 3 – códices 556 a 630 (1935); v. 4 – códices 631 a 705 (1935); v. 5 – códices 706 a 821 (1935); v. 6 – códices 822 a 1080 (1935); v. 7 – códices 1081 a 1311 (1935); v. 8 – códices 1312 a 1431(1935); v. 9 – códices 1432 a 1511 (1936); v. 10 – códices 1512 a 1634 (1936); v. 11 – códices 1635 a 1708 (1937); v. 12 – códices 1709 a 1833 (1941); v. 13 – códices 1834 a 1930 (1955); v. 14 – códices 1931 a 2046 (1946); v. 15 – códices 2047 a 2204 (1966); v. 16 – códices 2205 a 2309 (1942); v. 17 – códices 2310 a 2376

(1963); v. 18 – códices 2377 a 2528 (1972); v. 19 – códices 2529 a 2625 (1946); v. 20 – códices 2626 a 2949 (s.d.); v. 21 – códices 2950 a 3000 (1964); v. 22 – códices 3001 a 3050 (1967); v. 23 – códices 3051 a 3160 (1971) e v. 24 – códices 3161 a 3230 (1974).

Recentemente, este trabalho foi retomado, com a digitilização dos códices, podendo os seus resultados ser apreciados no sítio eletrônico da instituição.

Determinados assuntos mereceram tratamento distinto, e, nesse sentido, instrumentos de trabalho próprios foram elaborados, como se indica a seguir:

CRUZ, António. Breve estudo dos manuscritos de João Pedro Ribeiro. *Boletim da Biblioteca da Universidade de Coimbra*, Coimbra, v. 14, p. 1-238, 1938. (Suplemento).

CRUZ, António Augusto Ferreira da. *Catálogo dos Manuscritos da Restauração da Biblioteca da Universidade de Coimbra*. Coimbra: Biblioteca da Universidade, 1936. 769 p.

DONATO, Ernesto, *et al*. Manuscritos de João Pedro Ribeiro. *Boletim da Biblioteca da Universidade de Coimbra*, Coimbra, v. 3, p. 240, 1916; v. 4, p. 61-65, 1917; v. 5, p.1-11, 1920; v. 6, p. 43-49, 1919-1921; v. 7, p. 69-80, 1922-1925; v. 8, p. 89-130 e 299-322, 1926-1927; v. 9, p. 145-180 e p. 440-465, 1928; v. 10, p. 250-308, 1932: v. 11, p. 111-194, 1933.

LIMA, Henrique de Campos Ferreira. *Inventário do Espólio Literário de Garrett*. Coimbra: Biblioteca Geral da Universidade, 1948. 107 p.

MENDES, Maria Teresa Pinto. Biblioteca Geral da Universidade de Coimbra: manuscritos de carácter económico recentemente adquiridos. *Boletim Internacional da Bibliografia Luso-Brasileira*. Lisboa, v. 1, nº 3, p. 407-427, jul.-set. 1960.

PIMENTA, Belisário. Catálogo e sumário dos documentos de carácter militar existente nos manuscritos da Biblioteca da Universidade de Coimbra. *Boletim do Arquivo Histórico Militar*, Lisboa, v. 4, p. 209-241, 1934; v. 5, p. 171-210, 1935; v. 6, p. 157-190, 1936; v. 7, p. 127-151, 1937; v. 11, p. 73-103, 1941; v. 12, p. 163-204, 1942; v. 13, p. 105-127, 1943; v. 14, p. 37-50, 1944; v. 16, p. 67-88, 1946; v. 17, p. 131-146, 1947; v. 18, p. 143-156, 1948; v. 19, p. 113-123, 1949; v. 21, p. 29-47, 1951; v. 22, p. 153-172, 1952; v. 23, p. 245-264, 1953; v. 24, p. 203-228, 1954; v. 25, p. 325-351, 1955; v. 26, p. 87-116, 1956; v. 28, p. 97-126, 1958; v. 29, p. 39-63, 1959; v. 31, p. 7-32, 1961.

RAMALHO, Américo da Costa; NUNES, João de Castro. *Catálogo dos manuscritos da Biblioteca Geral da Universidade de Coimbra relativos à Antiguidade Clássica*. Coimbra: Instituto de Estudos Clássicos, 1945. 116 p.

O fundo de manuscritos e impressos musicais dispõe dos seguintes instrumentos de trabalho:

BIBLIOTECA GERAL DA UNIVERSIDADE DE COIMBRA. *Inventário dos inéditos e impressos musicais*: subsídios para um catálogo. Pref. de Santiago Kastner. Coimbra: Biblioteca da Universidade, 1937. 47 p.

KASTNER, Santiago. *Los manuscritos musicales núms, 48 y 242 de la Biblioteca General de la Universidad de Coimbra*. Barcelona. [Instituto Español de Musicología], 1950. (Separata del Anuário Musical, v. 5, p. 78-96)

RIBEIRO, Mário de Sampaio. *Os manuscritos musicais n°s 6 a 12 da Biblioteca Geral da Universidade de Coimbra*: contribuição para um catálogo definitivo. Coimbra: Biblioteca Geral da Universidade, 1941. 112 p.

O acervo da Colecção Livraria Visconde da Trindade possui os seguintes instrumentos de descrição documental:

FARIA, Maria da Graça Pericão de, (org). *Restauração:* Catálogo da Colecção Visconde de Trindade. Coimbra: Biblioteca Geral da Universidade de Coimbra, 1979. 456 p.

FARIA, Maria Isabel Ribeiro de; FARIA, Maria da Graça Pericão de. *Inquisição:* colectórios, registos, sermões e listas de autos-de-fé existentes na Livraria do Visconde de Trindade (Inventário). Coimbra: Biblioteca Geral da Universidade de Coimbra, 1977. 214 p. (*Separata do Boletim da Biblioteca da Universidade de Coimbra*, v. 33).

Particularmente sobre o Brasil, consulte-se:

MORAIS, Francisco. *Catálogo dos manuscritos da Biblioteca Geral da Universidade de Coimbra relativos ao Brasil.* Coimbra: Faculdade de Letras – Instituto de Estudos Brasileiros, 1941. 127 p.

> Incompleto. Não declara as datas dos documentos relacionados. De toda forma, útil.

VALENTE, José Augusto Vaz. Fontes manuscritas para a História do Brasil existentes na Biblioteca Geral da Universidade de Coimbra. In: UNIVERSIDADE ESTADUAL PAULISTA JÚLIO DE MESQUITA FILHO (Unesp). *Memória da I Semana de História.* Franca: Comgraf. 1979. p. 543-552.

> Trata-se de notícia do trabalho de microfilmagem de parte do acervo deste arquivo feito pelo autor em 1965, às expensas da Fundação de Amparo à Pesquisa do Estado de São Paulo e tendo como obra de referência o catálogo supracitado, de Francisco Morais.

4. ÉVORA

4.1 Biblioteca Pública de Évora (Secção dos Reservados)

Dados Institucionais
Endereço: Largo do Conde de Vila Flor
7000-804 Évora
Telefone: (351) 266.769.330
Fax: (351) 266.769.331
Sítio eletrônico: «www.evora.net/bpe/sobre_bpe.htm»
E-mail: «bpevora@bpe.pt»
Horário de funcionamento: De segunda a quinta-feira, de 9:30 às 13:00 horas e de 14:00 às 17:30 horas; às sextas-feiras, de 11:00 às 13:00 horas e das 14:00 às 17:30 horas.

A Instituição: breve descrição
Esta Biblioteca foi fundada, em 1805, pelo então arcebispo local, D. Frei Manuel do Cenáculo, célebre iluminista português. Para além da função que lhe dá nome, com acervo permanentemente atualizado, é muito demandada pelo rico e diversificado espólio documental de que dispõe, ao qual se somam centenas de incunábulos e mais de 6000 livros impressos no século XVI.

Principais núcleos documentais
Registro civil e paroquial (a partir do século XVI), *Notarial* (a partir do século XVI), *Judicial*, *Municipal de Évora* e o seu anexo chamado "Celeiro Comum", *Misericórdia de Évora* (desde o século XIV), *Monástico*

ou das Corporações Religiosas, *Casa Pia de Évora, Finanças, Governo Civil* e *Junta Distrital.*

Instrumentos de acesso à informação

ARQUIVO DISTRITAL DE ÉVORA. *Cartas Geográficas*: Catálogo Didascálico. (s.n.t.) 308 p. (ex. manuscrito).

_____. *Catálogo da Colecção Manizola;* Manuscritos; Manizola. (s.n.t.) 228 p. (ex. datilo.).

DANTAS, Júlio. Criação do Arquivo Distrital de Évora. *Anais das Bibliotecas e Arquivos de Portugal.* Lisboa, nº 2, p. 216-220, 1916.

RIVARA, Joaquim Heliodoro da Cunha. *Catálogo dos Manuscriptos da Bibliotheca Pública Eborense.* Lisboa: Imprensa Nacional, 1850-1871. 4 v.

Especificamente sobre a documentação respeitante ao Brasil, consulte-se o volume 1 do catálogo elaborado por Cunha Rivara, que, entre as páginas 12 e 208, relaciona detalhadamente os códices e documentos avulsos relativos a diversas capitanias e versando sobre os mais variados assuntos.

A destacar que este importante instrumento de busca pode ser consultado na *Biblioteca Digital* do Alentejo, disponível no sítio eletrônico da instituição.

5. LISBOA

5.1 Academia das Ciências de Lisboa (Biblioteca)

Dados Institucionais
Endereço: Rua da Academia das Ciências, 19
1249-122 Lisboa
Telefone: (351) 213.219.745
Fax: (351) 213.420.395
Sítio eletrônico: «www.acad-ciencias.pt/»
E-mail: «biblioteca.acl@acad-ciencias.pt» ou «geral@acad-ciencias.pt»
Horário de funcionamento: Às segundas, terças, quartas e sextas-feiras, das 9:00 às 17:00 horas; às quintas-feiras, das 9:00 às 12:30 horas.

A Instituição: breve descrição
A Academia foi criada em dezembro de 1779, no âmbito e à semelhança de instituições congêneres que se disseminaram por outros países europeus com vistas à promoção do progresso cultural e econômico e ao estimulo da investigação científica, conferindo aplicabilidade e divulgação a tais estudos.

Principais núcleos documentais
Em termos de documentação propriamente dita, a Academia das Ciências de Lisboa abriga duas grandes coleções ou fundos: a *Série Azul*, composta de mais de 2000 manuscritos, originais e cópias, de extensa gama temática, incorporados ao acervo da instituição desde a sua criação, em 1779, até à atualidade: e a *Série Vermelha,* abrangendo cerca de 1000 manuscritos da biblioteca dos frades franciscanos

anteriormente pertencentes à Livraria do Convento de Nossa Senhora de Jesus, de Lisboa.

Cabe ressalvar que a Academia reune também alguma cartografia, iconografia, monografias e periódicos. A destacar, os manuscritos de *Memórias* que nela foram apresentadas, especialmente no final do século XVIII e no início do XIX, assim como excelente coleção de legislação portuguesa, com documentos desde 870 até 1836, compilada por Francisco Manuel Trigoso de Aragão Morato.

Instrumentos de acesso à informação

ACADEMIA DAS CIÊNCIAS DE LISBOA. *Catálogo de Manuscritos:* Série Vermelha I (nº 1-499). Lisboa, 1978. 357 p. (Publicações do II Centenário da Academia das Ciências de Lisboa).

ACADEMIA DAS CIÊNCIAS DE LISBOA. *Catálogo de Manuscritos:* Série Vermelha II (nºˢ 500-980). Lisboa, 1986. 287 p. (Publicações do II Centenário da Academia das Ciências de Lisboa).

Contém índices onomástico e toponímico dos dois volumes da *Série*, no final do segundo volume.

ALCOCHETE, Nuno Daupiás d'; PINTO, Maria Leonor Cardoso Sérgio. *Catálogo de Manuscritos da Série Azul*: (Até livro-códice n° 1200). Lisboa: Academia das Ciências de Lisboa, 2003. (ex. policopiado).

_____. *Catálogo de Manuscritos da Série Azul:* (do livro-códice 1201 até 2012). Lisboa: Academia das Ciências de Lisboa, 2003. (ex. policopiado).

Contém índices onomástico, toponímico e temático dos dois volumes da referida *Série*.

CATÁLOGO dos manuscritos respeitantes ao Ultramar da Academia das Ciências de Lisboa (Série Azul). *Boletim da Filmoteca Ultramarina Portuguesa*, Lisboa, n° 18, p. 177-261, 1961.

CATÁLOGO dos manuscritos da Livraria do Convento de Nossa Senhora de Jesus, de Lisboa (Pertencentes aos religiosos da Terceira Ordem da Penitência do Nosso Padre São Francisco). *Boletim da Filmoteca Ultramarina Portuguesa*, Lisboa, nº 18, p. 263-325, 1961.

PORTUGAL. Instituto dos Arquivos Nacionais/Torre do Tombo. *Guia de Fontes Portuguesas para a História da América Latina*. Lisboa: Comissão Nacional para as Comemorações dos Descobrimentos Portugueses; Fundação Oriente; Imprensa Nacional – Casa da Moeda, 2001, v. 2, p. 117-119.

PORTUGAL. Instituto Português de Arquivos. Academia das Ciências de Lisboa. In: *Guia de Fontes Portuguesas para a História de África*. Lisboa: Comissão Nacional para as Comemorações dos Descobrimentos Portugueses; Fundação Oriente; Imprensa Nacional – Casa da Moeda, 1991, v. 1, p. 109-110.

Os dois instrumentos de descrição fundamentais, isto é, os catálogos das duas Séries, *Vermelha* e *Azul*, estão disponíveis em sistema digital, em PDF, no sítio da internet desta instituição.

Relativamente ao Brasil, veja-se:

VELLOSO, Júlio Caio. Manuscritos da Academia das Ciências de Lisboa relativos ao Brasil. *ICALP* – Revista. Lisboa, nº 19, p. 26-54, mar. 1990; nº 20-21, p. 71-96, jul.-out. 1990; nº 22-23, p. 29-67, dez. 1990.

BELOTTO, Heloísa L. Presença do Brasil no arquivo da Academia das Ciências de Lisboa: Catálogo seletivo da Série Azul. *Revista do Instituto de Estudos Brasileiros*/USP. São Paulo, nº 33, p. 165-189, 1992.

_____. *Academia das Ciências de Lisboa – Série Azul de Manuscritos: Catálogo seletivo sobre História da Ciência e da Técnica*. Lisboa, 1989. ex. datilo. (inédito).

5.2 Arquivo da Casa Belmonte

Abriga documentos datados desde 1499. Para o caso específico, releve-se a documentação respeitante a Jorge de Figueiredo Correia, primeiro capitão-donatário da Capitania de Ilhéus, na Bahia, e, sobretudo, a seus descendentes, com destaque para o acervo do primeiro conde de Belmonte, D. Vasco Manuel de Figueiredo Cabral da Câmara (1767-1830), que acompanhou a família real portuguesa na sua deslocação para o Brasil.

Para consultas, dirigir-se à Sra. Maria João da Câmara de Andrade e Sousa (cf. «mariajoaodacamara@gmail.com»).

5.3 Arquivo da Casa de Castelo Melhor

Por meio de leilão, a Biblioteca Nacional do Rio de Janeiro adquiriu para o acervo de sua Seção de Manuscritos, onde hoje se encontra, a parte da documentação respeitante ao Brasil da primitiva biblioteca da Casa dos Marqueses de Castelo Melhor.

No estudo sobre o vice-reinado de D. Luís de Vasconcelos e Sousa no Brasil (1778-1790), essa documentação é de consulta imprescindível. Todavia, ainda permanecem de posse dos herdeiros da Casa outros manuscritos de interesse para a História Brasileira, especialmente fração das correspondências de João Rodrigues de Vasconcellos, de Luís de Vasconcelos e Sousa e de José de Vasconcellos e Souza, respectivamente 2°, 3° e 4° Condes de Castelo Melhor. Para sua eventual consulta a estes documentos, o pesquisador deve se dirigir ao Sr. Engenheiro Luís A. Vasconcellos e Souza (cf. «lvasconcelosesousa@sapo.pt»).

Como obra de referência, leia-se: *Catálogo dos preciosos manuscriptos da Biblioteca da Casa dos Marqueses de Castello Melhor*: documentos officiaes, grandes números de autógrafos, obras originais e inéditas. Lisboa: Typ. Universal de Thomaz Quintino Antunes, 1878. A mencionar complementarmente o conjunto documental integrante do fundo *Casa da Várzea de Abrunhais e Castelo Melhor* depositado no Arquivo Nacional da Torre do Tombo (cf. «digitarq.dgarq.gov.pt?ID=4167285» e/ou PORTUGAL. Instituto dos Arquivos Nacionais/ Torre do Tombo. Direcção de Serviços de Arquivística. Casa da Várzea de Abrunhais e Castelo Melhor. In: *Guia Geral dos Fundos da Torre do Tombo*: v. VI – Colecções, Arquivos de Pessoas Singulares, de Famílias, de Empresas, de Associações, de Comissões e de Congressos. Lisboa: Instituto dos Arquivos Nacionais/Torre do Tombo, 2005. p. 223-225).

5.4 Arquivo da Direcção das Alfândegas de Lisboa

Na sequência de negociações que se desenrolaram desde 1982, em setembro de 2008, o acervo documental custodiado pela Direcção-Geral das Alfândegas e dos Impostos Especiais sobre o Consumo, sucessora da Direcção das Alfândegas de Lisboa, foi transferido para o Arquivo Nacional da Torre do Tombo, onde está sendo objeto de atento tratamento técnico antes de ser incorporado ao fundo *Erário Régio*, ou melhor, Casa dos Contos do Reino e Casa/Erário Régio, com o qual guarda afinidades temática e instituicional. (cf. "*Alfândegas de Lisboa*", In: 5.14 – Arquivo Nacional da Torre do Tombo).

5.5 Arquivo da Imprensa Nacional – Casa da Moeda

Dados Institucionais
Endereço: Av. António José de Almeida
1000-042 Lisboa
Telefone: (351) 217.810.700 – Extensão 3006
Fax: (351) 217.810.708
Sítio eletrônico: «www.incm.pt»
E-mail: «mramos@incm.pt»
Horário de funcionamento: De segunda a sexta-feira, das 9:30 às 13:00 horas e das 14:00 às 17:00 horas.

A Instituição: breve descrição
Desde julho de 1972, por força de dispositivo legal, a Imprensa Nacional e a Casa da Moeda de Lisboa se fundiram institucionalmente. Assim, o acervo em pauta reune documentos sobre as atividades que dá nome aos dois órgãos, nelas incluidas a fabricação de medalhas e a de valores selados e postais. Se os conjuntos documentais preservados sobre a Imprensa Nacional remontam ao século XVIII, os da Casa da Moeda recuam aos Quinhentos. Para clareza, separam-se a seguir os acervos dos dois *fundos*.

Fundo: Imprensa Nacional
Herdeira da Impressão Régia, criada em dezembro de 1768, a Imprensa Nacional conserva, com particular relação com a História do Brasil, uma caixa e nove livros de fontes referentes ao comércio de livros, impressos e cartas de jogar, sobretudo de registros de correspondência recebida e enviada pelos administradores da Impressão Régia e da Directoria-Geral dos Estudos aos seus comissários na América Portuguesa.

PORTUGAL. Instituto dos Arquivos Nacionais/Torre do Tombo. *Guia de Fontes Portuguesas para a História da América Latina*. Lisboa: Comissão Nacional para as Comemorações dos Descobrimentos Portugueses; Fundação Oriente; Imprensa Nacional – Casa da Moeda, 2001, v. 2, p. 111-112.

Instrumentos de acesso à informação
O fundo está organizado e informatizado, com instrumento de busca para consulta *in loco*. Brevemente, será disponibilizado *on-line*.

Fundo: Casa da Moeda de Lisboa
Não obstante operar desde os fins da Idade Média, foi a partir de fins do século XVII, com o advento do ouro brasileiro, que as atividades da Casa da Moeda de Lisboa se incrementaram, bem como se alteraram significamente suas estruturas funcionais e administrativas. Livros-códices e maços, a partir de 1686, referentes à conta do tesoureiro (conferências da receita e despesa principal, isto é, registro de toda sorte de movimentação de valores); às compras de cobre, prata e ouro; às entradas e saídas de cobre, prata, ouro e outros metais para a composição de moedas; às entradas de ouro em barra e em pó comprado de particulares; manifestos das naus (com minuciosos e seriados registros dos metais e moedas chegados ao Reino, em embarcações, entre 1725 e 1822); procurações para recebimento de valores; transportes de metais preciosos, dinheiro e pedras preciosas; receitas e despesas da Casa da Moeda; receita com a cobrança do imposto do 1% do ouro, da prata e dos diamantes oriundos do Brasil; dentre outros ricos repertórios.

PORTUGAL. Instituto Português de Arquivos. In: *Guia de Fontes Portuguesas para a História de África*. Lisboa: Comissão Nacional para as Comemorações dos Descobrimentos Portugueses; Fundação Oriente; Imprensa Nacional – Casa da Moeda, 1991, v. 1, p. 35-37.

PORTUGAL. Instituto dos Arquivos Nacionais/Torre do Tombo. *Guia de Fontes Portuguesas para a História da América Latina*. Lisboa: Comissão Nacional para as Comemorações dos Descobrimentos Portugueses; Fundação Oriente; Imprensa Nacional – Casa da Moeda, 2001, v. 2, p. 105-111.

Para a finalidade aqui considerada, leia-se: PAES LEME, Margarida Ortigão Ramos. O Arquivo da Casa da Moeda de Lisboa: seu interesse para a História do Brasil colonial, 1686-1822. *Acervo*, Rio de Janeiro, v. 10, n° 1, p. 47-56, jan.-jun. 1997, onde se estampa o detalhado quadro abaixo:

Séries documentais existentes no Arquivo Histórico da Casa da Moeda de Lisboa de interesse para a História do Brasil Colonial

Série		Datas	Unidade de instalação
CASA DA MOEDA DE LISBOA (1686-1822)			
Registro geral			
	Registro geral	1687-1823	12 livros
Manifestos e visita do ouro			
	Manifestos das naus	1710-1807	1386 livros
	Manifestos da visita do ouro	1725-1822	23 livros
	Acréscimos e faltas	1730-1731	1 livro
	Receita do 1% do ouro	1752-1812	32 livros
	Tomadias e sequestros	1769-1773	2 livros
	Adições do 1% recebido a bordo	1799-1801	1 livro
	Distribuição dos moedeiros	1800-1821	1 livro
	Rendimento do 1% recebido a bordo	1802	1 livro
	Registro dos navios visitados	1812-1816	1 livro
	Documentação avulsa	1686-1822	16 maços
Tesoureiro da Casa da Moeda			
	Receita principal – conferência	1686-1772	42 livros
	Receita principal	1749-1773	17 livros
	Compras de ouro	1749-1822	91 livros
	Receita do 1% dos diamantes	1753-1760	1 livro
	Receita do 1% da prata	1757-1760	1 livro
	Receita dos manifestos da prata	1763-1770	2 livros
	Compras de prata	1765-1822	59 livros
	Entradas e saídas de ouro	1769-1822	54 livros
	Entradas e saídas de ouro – conferência	1769-1822	51 livros
	Entradas e saídas de prata	1769-1822	52 livros
	Entradas e saídas de prata – conferência	1769-1822	57 livros
	Receita e despesa geral	1773-1822	52 livros
	Receita e despesa geral – conferência	1773-1822	52 livros
Tesoureiro do 1%			
	Gastos miúdos	1721-1760	5 livros
	Folhas de assentamento das consignações	1760-1761	3 livros
	Folhas de assentamento dos juros	1762-1771	14 livros
	Folhas de assentamento dos ordenados	1762-1772	14 livros

Fonte: PAES LEME, Margarida Ortigão Ramos. O Arquivo da Casa da Moeda de Lisboa: seu interesse para a história do Brasil colonial, 1686-1822. *Acervo*, Rio de Janeiro, v. 10, n° 1, p. 55, jan/jun 1997.

Instrumentos de acesso à informação

Para a consulta ao *fundo* Casa da Moeda, o instrumento de trabalho básico é um livro-inventário manuscrito elaborado em 1920, que em 130 folhas descreve todo o acervo, especificando as espécies, suas datas-limite e sua localização nas estantes. Este material foi tratado arquivisticamente e informatizado, em EXCEL. Foram organizados fichários de conteúdo (assuntos), a partir das informações contidas no referido inventário e divulgados eletronicamente em PDF. Em seguida, será divulgado pelo Digitarq.

Reporte-se, como texto preliminar, ao trabalho elaborado por Margarida Maria Ortigão Ramos, que dirige o arquivo em tela (cf. IMPRENSA NACIONAL – CASA DA MOEDA, SA/CDI – ARQUIVO. *A Casa da Moeda*, de 1686 a 1750; inventário–Digitarq. Lisboa, 1992. 18 p. (ex. datilo).

5.6 Arquivo Histórico da Marinha

Dados Institucionais
Endereço: Rua da Junqueira
(Edifício da Antiga Fábrica Nacional de Cordoaria)
1300-342 Lisboa
Telefone: (351) 213.627.600
Fax: (351) 213.627.601
Sítio eletrônico: «www.marinha.pt/pt/amarinha/actividade/areacultural/biblioteca/Pages/biblioteca.aspx»
E-mail: «arquivo.historico@marinha.pt»
Horário de funcionamento: De segunda a sexta-feira, das 14:00 às 17:45 horas (Requisição de documentos para consulta: até as 16:30 horas).

A Instituição: breve descrição
O Arquivo Histórico da Marinha integra a estrutura operativa da Biblioteca Central da Marinha, criada em 1994, dela dependendo administrativamente. Conserva matizada tipologia de documentos dos últimos 250 anos, em especial e obviamente relacionados à História

Marítima. Na origem, em 1843, o anterior Arquivo Geral da Marinha reunia a documentação da Secretaria de Estado dos Negócios da Marinha e do Ultramar, confiada, em 1884, à Biblioteca Nacional de Portugal e que, já no século XX, constituiu o acervo original do Arquivo Histórico Ultramarino. Uma fração do acervo primitivo, no entanto, retornou à Marinha, em 1960. O principal espólio do Arquivo Histórico da Marinha é formado por documentos dos séculos XIX e XX, sendo em menor número as espécies do XVI e do XVIII.

Principais núcleos documentais

Em princípio, como o nome indica, o Arquivo Histórico da Marinha teria por objetivo reunir os documentos manuscritos respeitantes à História da Marinha Portuguesa, desde os seus primórdios. Todavia, grande parte dos mais importantes núcleos documentais deste arquivo foi confiada à Biblioteca Nacional e, daí, posteriormente, encaminhada ao Arquivo Histórico Ultramarino, onde ora está custodiada. Em decorrência, de um lado, diminuiu significativamente o acervo do Arquivo Histórico da Marinha; de outro, fez com que a documentação nele hoje existente seja relativamente recente, o que restringe o interesse do pesquisador da História Brasileira.

O acervo considerado "histórico" desta instituição é formado pelas seguintes *secções*: *Documentação Avulsa, Encadernada (Códices), Fotografia, Cartografia, Planos de Navios, Fundos Documentais e Arquivos Particulares*.

Ainda que diversificado quanto às espécies, é preciso não esquecer que se trata de arquivo especializado, voltado exclusivamente para a História marítima e naval.

Sobre o Brasil, não há núcleo específico, diluindo-se a documentação por todo o acervo.

Instrumentos de acesso à informação

Este arquivo histórico pode ser consultado através dos índices informatizados, existentes na sua Sala de Leitura, cabendo destacar, para os horizontes deste trabalho, os volumes de números 30, 31, 32, 33, 34, 35, 36, 38, 39 e 43.

O *índice* nº 30, (volume 1 dos Códices), o de maior interesse para a História do Brasil, abarca códices devolvidos pelo Arquivo Histórico Ultramarino, de documentos provenientes do Comando Geral da Armada e da Direcção-Geral da Marinha. Em sua maioria, são documentos datados do século XVIII (poucos) e, basicamente, do século XIX: registos de correspondência, avisos, ordens, despachos, patentes, instruções, matrículas de pilotos, batalhes navais e diários náuticos. É elaborado com base nos nomes dos navios, que são referenciados por ordem alfabética.

O *índice* nº 31 corresponde ao volume 2 dos Códices. O *32* é o índice relativo à *Documentação Avulsa* (boticários e farmacêuticos, companhias de comércio, consulados e legações, esquadras e navios de guerra e mercantes, passaportes e documentos diplomáticos, dentre outros), complementando-se com o *32-A* no que respeita às fontes posteriores à implantação da República em Portugal (pós-1910).

Os de números *33, 34, 36, 38* e *39* inventariam os livros-mestres. Os *índices* números *40, 41* e *42* compreendem informações documentais sobre oficiais das diferentes *classes* da Marinha e inventário dos oficiais do Exército português que se transferiram para a Marinha, bem como de oficiais estrangeiros. O *43* é o índice da *Cartografia* e dos *Planos de Navios*.

Para conhecimento mais circunstanciado sobre a documentação concernente aos limites do Roteiro, reporte-se a:

BEATO, Isabel. *Catálogo da documentação encadernada existente no Arquivo Histórico da Marinha portuguesa com interesse para o Brasil e sua Marinha até 1825*. Lisboa: Arquivo Histórico da Marinha, 2000. 41 p. (ex. policopiado).

Utilizando-se do *índice nº 30*, a autora faz referência a 208 livros-códices. O trabalho é complementado por índices antroponímico, toponímico, de assuntos e de imagens.

_____.*Catálogo da documentação avulsa existente no Arquivo Histórico da Marinha portuguesa com interesse para o Brasil e sua Marinha até 1825*. Lisboa: Arquivo Histórico da Marinha, 2000. 132 p. (ex. policopiado).

Utilizando-se do *índice nº 30*, a autora faz referência a 319 documentos. O trabalho é complementado por índices antroponímico, toponímico, de assuntos e de imagens.

Quanto aos *Arquivos Particulares*, cabe evidenciar o Espólio da Família Moniz da Maia (s.d.–1706-1855), que abarca documentos relacionados à História do Brasil, sobretudo aqueles relativos ao 1º e 2º Barões de Arruda e Viscondes de Estremoz, Bernardo Ramires Esquivel (1723-1812) e Antônio Ramires Esquivel (1780-1860). Há catálogo (137 p.) para consulta no local, que estará brevemente disponível em sistema digital.

Algumas outras publicações podem ser aqui citadas como auxiliares de pesquisas neste arquivo, a saber:

ALBUQUERQUE, António Luiz Porto de. *Da Companhia de Guardas Marinhas e sua Real Academia à Escola Naval: 1782/1982*. Rio de Janeiro: Xerox do Brasil: Escola Naval, 1982. 449 p. (Biblioteca Reprográfica Xerox).

ALMEIDA, António Lopes da Costa e. *Repertório remissivo da legislação da Marinha e do Ultramar comprehendida nos annos de 1317 até 1856*. Lisboa: Imprensa Nacional, 1856. 689 p.

ARQUIVO HISTÓRICO DA MARINHA. Dir. Raul César Ferreira. Lisboa, nº 1, 1933-1936.

DUNN, Oliver C. The Arquivo Histórico da Marinha. *Terrae Incognitae*, Amsterdam, nº 6, p. 73-76, 1974.

ESTEVENS, Manuel dos Santos. Arquivo Geral e Biblioteca Central da Marinha. *Anais da Marinha*. Lisboa, nº 9, p. 19-70, dez. 1944.

PEREIRA, Gabriel. O Archivo da Marinha. Lisboa: Tip. da Companhia Nacional Editora, 1901. (Separata do *Boletim da Sociedade de Geographia de Lisboa*, Número Especial).

PORTUGAL. Instituto Português de Arquivos. Arquivo Geral da Marinha. In: *Guia de Fontes Portuguesas para a História de África*. Lisboa: Comissão Nacional para as Comemorações dos Descobrimentos Portugueses; Fundação Oriente; Imprensa Nacional – Casa da Moeda, 1991 v. 1, p. 43-48.

PORTUGAL. Instituto dos Arquivos Nacionais/Torre do Tombo. *Guia de Fontes Portuguesas para a História da América Latina*. Lisboa: Comissão Nacional para as Comemorações dos Descobrimentos Portugueses; Fundação Oriente; Imprensa Nacional – Casa da Moeda, 2001 v. 2, p. 13-26.

RIBEIRO, Fernanda. Cartórios incorporados em arquivos especializados e em outras instituições públicas: Arquivo Geral da Marinha. In:_____. *O acesso à informação nos arquivos*. Lisboa: Fundação Calouste Gulbenkian/Fundação para a Ciência e a Tecnologia, 2003 v. 1, p. 166-168.

SANTOS, António Rodrigo Salema e. *A Companhia de Guardas-Marinhas e sua Real Academia*. Lisboa, 1982. (ex. datilo).

SERRÃO, Joel; LEAL, Maria José da Silva; PEREIRA, Miriam Halpern. Arquivo Geral da Marinha. In: *Roteiro de Fontes da História Portuguesa Contemporânea: Arquivos de Lisboa; Arquivos do Estado – Arquivo da Câmara Municipal de Lisboa*. Lisboa: Instituto Nacional de Investigação Científica, 1985. p. 119-173.

VASCONCELOS, Ernesto Júlio de Carvalho e. *Relação de diversos mapas, cartas, plantas e vistas pertencentes a este Ministério.* Lisboa: Tip. da Cia. Nacional Editora, 1892.

> O título da obra não é fidedigno, pois o arquivo em causa não é rico em cartografia. Seu acervo nessa vertente totaliza não mais que 500 espécies, maciçamente datadas de fins do século XIX.

VASCONCELOS, Frazão de. O Arquivo da Marinha. *Anais da Marinha.* Lisboa, n° 9, p. 71-81, dez. 1944.

5.7 Arquivo Histórico-Diplomático do Ministério dos Negócios Estrangeiros

Dados Institucionais
Endereço: Palácio das Necessidades
Largo do Rilvas
1399-030 Lisboa
Telefone: (351) 213.946.305 e/ou 213.946.165
Fax: (351) 213.946.029
Sítio eletrônico: «www.mne.gov.pt/mne/pt/ministerio/id/biblioteca/»
E-mail: «ahd.geral@mne.pt» e/ou «ahd@sg.mne.gov.pt»
Horário de funcionamento: De segunda a sexta-feira, das 9:00 às 12:30 horas, e das 14:00 às 17:30 horas (exceto durante o mês de agosto e na semana após a Páscoa).

A Instituição: breve descrição

Neste órgão está depositada a documentação específica que lhe dá nome, em ações e atos solenes de que Portugal é/foi parte ou que digam respeito à política externa e à diplomacia portuguesas. Encontra-se, desde 1997, integrado à Direcção de Serviços de Biblioteca, Documentação e Arquivo Histórico-Diplomático do referido Ministério, atuando em estreita cooperação com o Instituto Diplomático, igualmente dependente deste.

Principais núcleos documentais

Fundos: Departamento de Estado, com documentos de arquivo dos serviços da rotina administrativa do referido ministério, a partir de 1850; *Legações e Embaixadas*, contendo documentos produzidos pelas missões diplomáticas portuguesas, em diferentes países, a partir de 1819; *Consulados e Vice-Consulados*, desde 1831; e *Missões e Delegações*, abrangendo documentação entre 1949 e 1977, relativa às missões e delegações permanentes de Portugal junto a organismos internacionais. –

Colecções: *Tratados* (1839-1995); *Monografias* (1922-1966), abarcando relatórios, estudos e outras obras elaboradas por diplomatas e demais funcionários do Ministério dos Negócios Estrangeiros em função de sua actividade diplomática.

Além desses dois conjuntos, há uma seção denominada *Arquivos Privados*, com datas extremas entre 1824 e 1953, compreendendo documentos e papéis privados doados por antigos diplomatas e funcionários administrativos do Ministério.

Para o pesquisador da História do Brasil, ressalve-se que a documentação a ela relativa até por volta de 1850 está depositada no Arquivo Nacional da Torre do Tombo (cf. indicações no local próprio). Na instituição em tela, sobre o Brasil, o acervo se concentra no período imediatamente após a Independência até a atualidade.

Instrumentos de acesso à informação

DUHART, Carmen Gloria (coord.). Portugal: Ministério dos Negócios Estrangeiros. *Guía de archivos de los Ministérios de Relaciones Exteriores de los Países Iberoamericanos/Guia de Arquivos dos Ministérios de Relações Externas dos Países Ibero-Americanos.* Madrid: Fundación Mapfre Tavera, 2002. p. 81-84 (Programa "Red de Archivos Diplomáticos Iberoamericanos").

EUROPEAN COMISSION. Secretariat-General. Portugal. In: *Guide to the archives of Member State´s Foreign Ministries and European Union institutions*. 3 ed. Luxembourg: Office for Official Publications of the European Communities, 2005. p. 101-104.

PORTUGAL. Instituto dos Arquivos Nacionais/Torre do Tombo. *Guia de Fontes Portuguesas para a História da Ásia*. Lisboa: Comissão Nacional para as Comemorações dos Descobrimentos Portugueses: Fundação Oriente: Imprensa Nacional Casa da Moeda, 1998, v. 1, p. 15-44.

PORTUGAL. Instituto Português de Arquivos. Arquivo Histórico-Diplomático do Ministério dos Negócios Estrangeiros. In: *Guia de Fontes Portuguesas para a História de África*. Lisboa: Comissão Nacional para as Comemorações dos Descobrimentos Portugueses; Fundação Oriente; Imprensa Nacional – Casa da Moeda, 1993, v. 2, p. 13-54.

SAMPAYO, Luís Teixeira de. *O Arquivo Histórico do Ministério dos Negócios Estrangeiros*; subsídios para o estudo da História da Diplomacia Portuguesa. Coimbra: Imprensa da Universidade, 1926.

Também publicado no volume 2, ano de 1925, do *Arquivo de História e Bibliografia*. Uma nova edição, com prefácio e notas de Eduardo BRAZÃO, foi publicada pelo Ministério, em *Estudos Históricos*, Colecção "Biblioteca Diplomática – Série A" volume 1, 1984, p. 163-256.

SERRÃO, Joel; LEAL, Maria José da Silva; PEREIRA, Miriam Halpern. Arquivo Histórico do Ministério dos Negócios Estrangeiros. In: *Roteiro das Fontes de História Portuguesa Contemporânea*: Arquivos de Lisboa: Arquivos do Estado – Arquivo da Câmara Municipal de Lisboa. Lisboa: Instituto Nacional de Investigação Científica, 1985. p. 205-285.

Para a História do Brasil

PORTUGAL. Instituto dos Arquivos Nacionais/Torre do Tombo. *Guia de Fontes Portuguesas para a História da América Latina.* Lisboa: Comissão Nacional para as Comemorações dos Descobrimentos Portugueses; Fundação Oriente; Imprensa Nacional – Casa da Moeda, 1997, v. 1, p. 21-60.

5.8 Arquivo Histórico do Ministério das Obras Públicas, Transportes e Comunicações

Dados Institucionais

Endereço: Rua do Vale do Pereiro, n° 4
1250-271 Lisboa
Telefone: (351) 213.194.200
Fax: (351) 213.194.218
Sítio eletrônico: «www.sg.moptc.pt» ou «arquivohistorico.moptc.pt/»
E-mail: «arquivo.historico@sg.moptc.pt»
Horário de funcionamento: De segunda a sexta-feira, das 9:30 às 17:00 horas (De meados de julho a meados de setembro, das 9:30 às 14:00 horas).

A Instituição: breve descrição

Os fundos arquivísticos deste organismo remontam a meados do século XIX, mais precisamente a 1852, altura em que foi criado como órgão especializado do então Ministério das Obras Públicas, Comércio e Indústria.

Principais núcleos documentais

Além dos fundos documentais cujos catálogos e/ou inventários são referenciados a seguir, o acervo deste arquivo compreende documentos originados, dentre outras, das seguintes repartições, órgãos ou instituições: *Comissão Central e Inspecção de Pesos e Medidas* (1852-

1869); *Comissão Liquidatária da Extinta Repartição de Pesos e Medidas* (1868-1877); *Companhia Geral do Grão-Pará e Maranhão* (1757-1778); *Companhia Geral de Pernambuco e Paraíba* (1763-1779); *Junta da Administração dos Fundos da Companhia Geral de Pernambuco e Paraíba* (1763-1779); *Conselhos Superiores e Direcção-Geral das Obras Públicas e Minas* (séc. XIX-XX); *Conservatório de Artes e Ofícios* (1836-1854); diversas repartições da *Direcção-Geral do Comércio e Indústria* e da *Direcção-Geral do Comércio, Agricultura e Manufactura* (séc. XIX); *Direcção-Geral dos Correios* (1855-1889); *Direcção-Geral dos Correios, Telégrafos e Faróis* (1880-1889); *Junta do Comércio* (1754-1834); *Junta dos Três Estados* (1695-1883); *Junta do Bem Comum dos Mercadores* (1758-1828); *Ministério do Comércio e Comunicações das Obras Públicas, Comércio e Indústria, Obras Públicas e Comunicações*; *Ministério do Reino* (1755-1852); *Reais Ferrarias da Foz do Alge* (1802-1848); *Subinspecção-Geral dos Correios* (1805-1864); *Superintendência das Ferrarias de Tomar e Figueiró* (1655-1761) e *Superintendência-Geral dos Correios* (1799-1805).

Para uma visão geral do acervo arquivístico da instituição, confira-se:

MINISTÉRIO DA HABITAÇÃO E OBRAS PÚBLICAS. Divisão de Documentação. *Lista dos instrumentos de pesquisa aplicáveis a núcleos do Arquivo Histórico do Ministério.* Lisboa: Secretaria-Geral do Ministério, 1981. 16 p.

PORTUGAL. Instituto Português de Arquivos. *Guia de Fontes Portuguesas para a História de África.* Lisboa: Comissão Nacional para as Comemorações dos Descobrimentos Portugueses; Fundação Oriente; Imprensa Nacional – Casa da Moeda, 1991, v. 1, p. 64-72.

RIBEIRO, Fernanda. Cartórios incorporados em arquivos especializados e em outras instituições públicas: Arquivo Histórico do Ministério do Equipamento, do Planeamento e da Administração do Território. In:_____. *O acesso à informação nos arquivos.* Lisboa: Fundação

Calouste Gulbenkian/Fundação para a Ciência e a Tecnologia, 2003, v. 1, p. 175-190.

SERRÃO, Joel; LEAL, Maria José da Silva; PEREIRA, Miriam Halpern. Arquivo Histórico do Ministério do Equipamento Social. In: *Roteiro de Fontes da História Portuguesa Contemporânea*: Arquivos de Lisboa; Arquivos do Estado – Arquivo da Câmara Municipal de Lisboa. Lisboa: Instituto Nacional de Investigação Científica, 1985. p. 287-338.

Instrumentos de acesso à informação

Pelo menos dezesseis núcleos tiveram o seu "inventário preliminar" elaborado e publicado por um ex-Chefe da Divisão de Documentação do Ministério, como se segue:

COSTA, Mário Alberto Nunes. Núcleos do Arquivo Histórico do Ministério das Obras Públicas. *Boletim Internacional de Bibliografia Luso-Brasileira*, Lisboa, v. 4, nº 1, p. 115-164, jan.-mar. 1963.

Os núcleos relacionados são:

1) Arquivo da Administração dos Reais Pinhais de Leiria (1790-1824);

2) Arquivo da Administração Geral das Matas (1824-1881);

3) Arquivo do Conselho de Guerra (1640-1834);

4) Arquivo do Correio-Mor Manuel José da Maternidade da Mata de Souza Coutinho, 1º Conde de Penafiel (1790-1799);

5) Arquivo do Estribeiro-Mor D. Jaime de Melo, 3º Duque de Cadaval (1713-1749);

6) Arquivo da Inspecção das Obras Públicas da Divisão do Centro (1836-1840);

7) Arquivo da Inspecção-Geral das Obras Públicas (1840-1852);

8) Arquivo da Intendência das Obras Públicas (a1821-1826);

9) Arquivo da Junta Administrativa do Cofre Comum dos Emolumentos das Secretarias de Estado (1822-1867);

10) Arquivo das Juntas dos Juros dos Reais Empréstimos (1797-1834);

11) Arquivo da Junta dos Três Estados (1641-1813);

12) Arquivo da Repartição Fiscal de Obras Públicas (1826-1836?);

13) Arquivo da Superintendência das Lezírias da Reverenda Fábrica da Santa Igreja Patriarcal de Lisboa (1734-1834).

_____. *O Arquivo da Superintendência Geral dos Contrabandos* (1771-1834). Coimbra: Faculdade de Letras – Instituto de Estudos Históricos D. António de Vasconcelos, 1960. 13 p.

Nenhum volume específico sobre o Brasil. Mas, a ele relacionado, cite-se o "Registo da Saída dos Navios com Guias de Despachos. 1821-01-8, cujas guias eram 'dirigidas aos Juízes das Alfândegas do Brasil. Ásia, África e Ilhas'", como também a "Balança Geral do Comércio do Reino de Portugal com os seus domínios e nações estrangeiras, 1776-1822", reunida em oito volumes.

_____. *O Arquivo da Montaria-Mor do Reino* (1583-1833). Coimbra: Faculdade de Letras – Instituto de Estudos Históricos Dr. António de Vasconcelos, 1964, 30 p.

Nada específico sobre o Brasil. No entanto, também aqui, há que se apontar documentos para o estudo da História Brasileira, como as "Ordens Reais e Avisos da Secretaria de Estado. 1596-09-06/172-12-20", que contêm ordens mandando cortar madeiras para as armadas da Índia e do Brasil.

_____. *O Arquivo do Conselho de Minas* (1858-1868). Lisboa, 1961. 8 p.

_____. PEREIRA, Maria Stela Afonso Gonçalves. *Catálogo da Colecção de desenhos avulsos do Arquivo Histórico do Ministério da Habitação e Obras Públicas*. Lisboa: Secretaria-Geral do Ministério, 1980. 76 p. ilustr.

Para a documentação relativa ao Brasil, Mário Alberto Nunes Costa preparou e publicou na *Revista de História*, de São Paulo (v. 24, n° 49, p. 245-249, 1962), as "Notas sobre alguns documentos relacionados com a expansão ultramarina portuguesa existentes no Arquivo do Ministério das Obras Públicas em Lisboa". Neste trabalho, anteriormente apresentado como *comunicação* ao Congresso Internacional da História dos Descobrimentos, o autor destaca alguns documentos dos núcleos do Ministério do Reino; da Junta do Comércio; da Companhia Geral do Grão-Pará e Maranhão; da Companhia Geral de Pernambuco e Paraíba; da Junta de Liquidação dos fundos destes dois empreendimentos; das Balanças Gerais de Comércio de Portugal com suas colônias e de outros manuscritos relativos às relações comerciais de Portugal com o Brasil.

5.9 Arquivo Histórico do Tribunal de Contas

Dados Institucionais

Endereço: Av. da República, 65 (Esquina com Av. Barbosa de Bocage) 1069-045 Lisboa
Telefone: (351) 217.945.561, 217.945.562 e/ou 217.945.236
Fax: (351) 217.936.033
Sítio eletrônico: «www.tcontas.pt/pt/apresenta/arquivo_biblioteca.shtm»
E-mail: «dadi@tcontas.pt»
Horário de funcionamento: De segunda a sexta-feira, das 9:15 às 17:00 horas (Requisições: das 9:15 às 16:00 horas).

A Instituição: breve descrição

"O acervo documental do Arquivo Histórico do Tribunal de Contas é constituído pela documentação das instituições que exerceram ao longo do tempo o controle das contas públicas, incluindo algumas contas remetidas para fiscalização que permitem entender o funcionamento das entidades remetentes (*exemplo*: Teatro de São Carlos, Junta da Inconfidência), bem como pela documentação de outras instituições cujas funções foram sendo cometidas à instituição fiscalizadora (exemplo: Subsídio Literário)" (cf. «www.tcontas.pt/pt/apresenta/arquivobiblioteca/conjuntosdocumentais.shtm»).

Principais núcleos documentais

Contos (47 espécies, entre livros e maços, produzidos pelos "Contos do Reino e Casa e Erário Régio" a partir de 1568 até 1797, sendo, na sua maioria, códices do início da governação pombalina); *Junta da Inconfidência* (367 espécies, basicamente referentes ao sequestro de bens de casas nobres, de "colégios", ordens religiosas – essencialmente, a Companhia de Jesus –, implicadas em devassa por atentado contra a vida de ministros de D. José I ou contrários à execução de ordens régias. Destaques: Companhia de Jesus, Casas de Aveiro, Atouguia e Távora. Documentos datados de 1759 a 1832); *Coleção de Cartas de Padrão e de Tenças, Mercês e Doações. Escrituras e Alvarás* (13 maços, compreendendo 286 espécies, na maioria pergaminhos, e englobando o período de 1561 a 1830); *Décimas* (organizado em dois sub-conjuntos: *Décima da Cidade*, referente a Lisboa e seu Termo, e *Décima da Província*, concernente à Extremadura-Leiria, Santarém, Tomar e Torres Vedras, abrangendo, no total, cerca de 12000 livros, entre 1762 e 1833); *Cartórios Avulsos* (documentos de proveniência variada, na maior parte datados do século passado, referentes a operações financeiras e relacionadas, dentre outros, com o Erário Régio, com o Tesouro Público, com a Junta dos Juros dos Reais Empréstimos, com a Comissão do Tesouro Público do Porto, com a Comissão de Liquidação de Contas do extinto Erário, tendo como datas-limite 1657 e 1908); *Sisas* (composto de 2517 livros manuscritos, registrando a arrecadação do imposto das sisas, relativas às mercadorias em contratros de compra e venda, roca ou escambo, no período de 1829 e 1859); *Tesouro Público e organismos sucessores* (documentação daquele órgão, do Tribunal de Contas e do Tribunal do Conselho Fiscal de Contas, datada do início do século XIX até tempos recentes); *Processos de Contas* (de 1824 a 1997) e *Erário Régio* (o núcleo mais vasto e importante deste arquivo, com documentos que se estendem por todo o período de vida desse órgão, isto é de 1762 a 1833, num total de 5457 volumes, oriundos da Tesouraria-Mor, das Tesourarias Gerais dos Ordenados, Juros e Tenças e das diversas Contadorias Gerais do órgão na Corte, nas províncias, nas ilhas e nos domínios ultramarinos). Vários núcleos têm fontes manuscritas pertinentes ao Brasil, como, por exemplo: o *Cartório da Junta da Inconfidência* (documentos sobre propriedades e balanços contábeis dos jesuítas na Bahia e no Maranhão), os *Cartórios Avulsos* (em suas caixas 74, 75 e 77), *Contos do Reino e Casa*, e, particularmente, o riquíssimo *Erário Régio* (acervo da Contadoria Geral do Tribunal da Relação do Rio de Janeiro, da Contadoria Geral do Maranhão e das Comarcas do Território da Relação da Bahia e da Contadoria Geral do Rio de Janeiro e da Bahia).

Instrumentos de acesso à informação
Uma visão geral da instituição pode ser adquirida em:

PAIXÃO, Judite Cavaleiro. *600 anos do Tribunal de Contas:* 1389-1989. Lisboa: Tribunal de Contas, 1989. 32 p. (Catálogo de exposições).

RIBEIRO, Fernanda. Arquivos que permaneceram no seu habitat de origem: Arquivo Histórico do Tribunal de Contas. In:_____. *O acesso à informação nos arquivos.* Lisboa: Fundação Calouste Gulbenkian/ Fundação para a Ciência e a Tecnologia, 2003, v. 1, p. 209-216.

Guias gerais sobre o seu acervo estão elencadas em:

PORTUGAL. Instituto Português de Arquivos. *Guia de Fontes Portuguesas para a História de África.* Lisboa: Comissão Nacional para as Comemorações dos Descobrimentos Portugueses; Fundação Oriente; Imprensa Nacional – Casa da Moeda, 1991, v. 1, p. 73-80.

SERRÃO, Joel; LEAL, Maria José da Silva; PEREIRA, Miriam Halpern. Arquivo Histórico do Tribunal de Contas. In: *Roteiro de Fontes da História Portuguesa Contemporânea:* Arquivos de Lisboa; Arquivos do Estado – Arquivo da Câmara Municipal de Lisboa. Lisboa: Instituto Nacional de Investigação Científica, 1985. p. 339-393.

Sobre o objeto-título do presente trabalho, é essencial a consulta a:

PAIXÃO, Judite Cavaleiro. Fontes do Tribunal de Contas de Portugal para a História do Brasil Colônia. *Acervo*, Rio de Janeiro, v. 10, n° 1, p. 57-70 , jan.-jun. 1997.

PORTUGAL. Instituto dos Arquivos Nacionais/Torre do Tombo. *Guia de Fontes Portuguesas para a História da América Latina*. Lisboa: Comissão Nacional para as Comemorações dos Descobrimentos Portugueses; Fundação Oriente; Imprensa Nacional – Casa da Moeda, 2001, v. 2, p. 57-78.

Ainda relativamente à temática em pauta, recorra-se, com ressalvas a:

LEITÃO, Ruben Andresen. *A importância do Fundo do Real Erário para a História do Brasil*. Lisboa: Academia Portuguesa de História, 1972 (Subsídios para a História Portuguesa, 11).

Obra insatisfatória, pois, além de indicar os documentos com cotas desatualizadas, referenciou e sumariou apenas quatro maços de documentos relativos a "representações" enviadas àquele órgão por autoridades e moradores nas capitanias de Goiás, Mato Grosso, Minas Gerais e São Pedro do Sul. É mais trabalho de análise documental do que a inventariação ou catalogação das espécies. O inventário que apresenta às p. 33-50 é incompleto e inclui códices que não respeitam ao Brasil.

Para os três primeiros núcleos supra indicados (Casa dos Contos, Junta da Inconfidência e Cartas de Padrão e de Tenças, Mercês e Doações, Escrituras e Alvarás), consulte-se:

GUERRA, Luís de Bivar de Sousa Leão; FERREIRA, Manuel Maria. *Catálogo do Arquivo do Tribunal de Contas:* Casa dos Contos, Junta da Inconfidência e Cartas de Padrão. Lisboa: Tribunal de Contas, 1950. 201 p.

PAIXÃO, Judite Cavaleiro; LOURENÇO, Maria Alexandra. Contos do Reino e Casa. *Revista do Tribunal de Contas*, Lisboa, n° 21-22, p. 401-457, dez. 1994; n° 23, p. 763-830, jan.-set. 1995.

Para conhecimento mais pormenorizado do Cartório da Junta da Inconfidência, recorra-se também a:

GUERRA, Luís de Bivar. *Inventário e sequestro da Casa de Aveiro em 1759.* Lisboa: Arquivo do Tribunal de Contas, 1952. 439 p.

_____. *Inventário e sequestros das Casas de Távora e Atouguia em 1759.* Lisboa: Arquivo do Tribunal de Contas, 1954. 359 p.

Para os demais, consoante os seus próprios títulos, indicam-se:

MOREIRA, Alzira Teixeira Leite. *A Décima da Cidade de Lisboa e seu termo; 1762-1840*: inventário preliminar. Lisboa: Tribunal de Contas-Divisão do Arquivo Geral e Biblioteca, 1981. 7 p. (ex. datilo).

_____. *Cartórios Avulsos:* inventário preliminar. Lisboa: Tribunal de Contas-Divisão do Arquivo Geral e Biblioteca, 1981. 17 p. (ex. datilo).

_____. *Do Tesouro Público ao Tribunal de Contas:* inventário preliminar dos núcleos existentes no Arquivo do Tribunal de Contas, 1779-1933. Lisboa: Tribunal de Contas – Divisão do Arquivo Geral e Biblioteca, 1981. 27 p. (ex. datilo).

_____. *Inventário do Fundo Geral do Erário Régio.* 2 ed. Lisboa: Arquivo do Tribunal de Contas, 1977. 181 p.

Este trabalho é fundamental para a consulta ao referido fundo. Complementam-no dois outros, da mesma autora: 1) Adenda ao *Inventário do Fundo Geral do Erário Régio*. [s.n.t]. 12 p. (ex. datilo.), em que foram inseridos cerca de 50 códices àquele fundo; 2) *Erário Régio: Tesouraria Geral dos Ordenados*. Lisboa, 1982. 9 p. (ex. datilo.), no qual Alzira Moreira apresenta uma "tabela de equivalências entre as antigas e as modernas cotas" de referência da documentação relativa ao citado núcleo.

PAIXÃO, Judite Cavaleiro Paixão; LOURENÇO, Maria Alexandra; SILVA, Ângela Maria da. *Os livros de sisas do Arquivo do Tribunal de Contas*. Lisboa: Tribunal de Contas, 2003. 264 p.

5.10 Arquivo Histórico Militar

Dados Institucionais
Endereço: Largo dos Caminhos de Ferro, n° 2 (Junto ao Museu Militar)
1100-105 Lisboa
Telefone: (351) 218.842.563
Fax: (351) 218.842.514
Sítio eletrônico: «www.exercito.pt»
E-mail: «ahm@mail.exercito.pt»
Horário de funcionamento: De segunda a sexta-feira, das 10:30 às 18 horas.

A Instituição: breve descrição
Considerado o primeiro arquivo militar português, o Arquivo do Conselho de Guerra, instituição consultiva e em parte executiva, foi criado por decreto régio de 11 de dezembro de 1640. Os importantes serviços desse Conselho foram regulamentados por alvará de 22 de dezembro de 1643. Por ele passaram todos os assuntos militares importantes do país até à criação da primeira Secretaria de Estado dos Negócios Estrangeiros e da Guerra, em 1736. Carta de Lei de 12 de junho de 1822

estabeleceu a separação das duas Secretarias de Estado, sendo expressamente mantida por alvará de 30 de setembro de 1828.

A reforma do Exército, decretada em 25 de maio de 1911, criou o *Arquivo Histórico Militar*, na dependência da 1ª Direcção Geral do Estado-Maior do Exército português. Porém, sua organização e atribuições só foram fixadas por portaria de 1º de setembro de 1921. Para ele transitaram documentos dos arquivos das entidades supra citadas.

Principais núcleos documentais

O patrimônio documental do Arquivo Histórico Militar está organizado em cinco grupos de *Fundos*, a saber: *Divisões, Fundos Especiais, Fundos Gerais, Fundos Orgânicos e Fundos Particulares*. "A *1.ª Divisão* agrupa os documentos relativos às campanhas na Metrópole e na Europa e os fatos ocorridos em períodos intermédios", compondo-se de quarenta *secções* que incluem espécies documentais desde o período anterior a 1640 até 1974, com importante acervo do Movimento das Forças Armadas, em 25 de Abril daquele ano (ARQUIVO HISTÓRICO MILITAR: LISBOA. Lisboa, [s.n.t.] 1992, p. 38). "A *2.ª Divisão* (denominada *Colônias/Ultramar*) agrupa os documentos relativos a antigas possessões ultramarinas. Nela foram constituídas nove seções, correspondentes a cada uma das, na altura, designadas 'províncias', e outra que congrega documentos comuns a mais de uma delas", a saber: Brasil, Angola, Cabo Verde, Guiné, Índia, Macau, Moçambique, São Tomé e Príncipe, Timor e "Todas as Províncias – Diversos" *(op. cit.*, p. 39). A 3ª. Divisão compreende os *Assuntos Militares Gerais*, comuns a todas as épocas do Exército, a partir de 1640 (estudos, memórias, reconhecimentos para a defesa geral ou parcial do país, organizações do Exército, legislação e justiça militar, uniformes etc.), e a 4ª. Divisão, o *Arquivo Militar de Lisboa*. Esta última, a mais recente, é composta, principalmente, por documentos do arquivo do Conde de Lippe, levado pela Corte à época de sua transmigração para o Brasil, no início do século XIX, e devolvido a Portugal em 1948.

Quanto ao Brasil, cujo acervo integra a 1.ª Secção da 2.ª Divisão, pode-se afirmar que, sem perder de vista a documentação relativa à sua história militar existente particularmente no Arquivo Histórico Ultramarino, a consulta ao Arquivo Histórico Militar é recomendável, em especial para o período joanino e para o da sua independência política.

Instrumentos de acesso à informação

O instrumento básico para o conhecimento das espécies documentais deste arquivo, para além do opúsculo acima citado, é o *Boletim do Arquivo Histórico Militar*, que vem sendo anual e regularmente publicado desde 1930. Para facilitar a consulta dos números relativos ao período de 1930 a 1992, recorra-se ao: "ÍNDICE onomástico, didascálico, temático e toponímico dos trabalhos publicados nos primeiros 60 volumes", in: *Boletim do Arquivo Histórico Militar*. Lisboa, v. 60, p. 393-460, 1992.

Outros trabalhos idênticos, com informações naturalmente parciais e que ficam prejudicadas pela forma atualizada antes referida são o ÍNDICE de autores dos trabalhos publicados nos primeiros 40 volumes do Boletim do Arquivo Histórico Militar. *Boletim do Arquivo Histórico Militar*, Lisboa, v. 41, p. 299-321, 1971; e o ÍNDICE das matérias dos trabalhos publicados nos primeiros 40 volumes do Boletim do Arquivo Histórico Militar. *Boletim do Arquivo Histórico Militar*. Lisboa, v. 42, p. 169-212, 1972.

Nesses números, o Brasil tem documentos relativos à sua História reproduzidos nos seguintes volumes: 4, 5, 6, 7, 8, 9, 11, 12, 13, 16 e 17. Há que se destacar os números de 43 e 48, que apresentam inúmeros documentos cartográficos e iconográficos de localidades, obras e acidentes geográficos brasileiros. Para o acesso a esses últimos núcleos, reporte-se ao volume 59 do *Boletim*, referente ao ano de 1991, o qual, entre as páginas 179 e 261, publica versão atualizada do *Catálogo de Cartas* deste arquivo.

Registre-se a existência, neste Arquivo, de uma coleção de 60 cartas trocadas entre o Marechal de Campo Luís Paulino de Oliveira Pinto da França (1771-1824) e sua família, em especial, quando da estada daquele militar em Lisboa, entre 1821 e 1824, onde e quando atuou como deputado, em representação da Província da Bahia, nas Cortes Constituintes. Tal correspondência está publicada: cf. *Cartas Baianas (1821-1824):* subsídios para o estudo dos problemas da opção na Independência Brasileira. Estudo, organização e notas de António D' Oliveira Pinto da França. Lisboa: Imprensa Nacional – Casa da Moeda, 1984. 323 p.; 2 ed., 2008. Há edição brasileira, publicada em São Paulo, em 2009, pela Companhia Editora Nacional, como o volume 372 da Coleção Brasiliana. Anote-se também a existência no solar da família – Quinta da Mouta –, em Penafiel, de correspondência complementar a esta, mantida por membros das famílias Pinto da França e Garcez Madureira, abrangendo o período anterior, ou seja, desde as invasões napoleônicas a Portugal até 1821. Tais cartas foram igualmente publicadas: cf. *Cartas luso-brasileiras, 1807-1821;* A Invasão Francesa – A Corte no Brasil – A Revolução Liberal. Org. António Monteiro Cardoso e António Pinto da França. São Paulo: Companhia Editora Nacional, 2009. 272 p. (Col. Brasiliana, 388).

Todas estas referências, porém, não dispensam a consulta dos seguintes trabalhos específicos:

LIMA, Henrique de Campos Ferreira. Documentos manuscritos e cartográficos relativos ao Brasil que existem no Arquivo Histórico Militar. In: *Congresso do mundo português:* memórias e comunicações apresentadas ao VII Congresso Luso-Brasileiro de História. Lisboa, 1940, v. 11, t. 3.

PIMENTA, Teodorico Pereira. Arquivo Histórico Militar, 2ª Divisão – Campanhas e expedições ultramarinas: Catálogo do Fundo Documental do Brasil. *Boletim do Arquivo Histórico.* Lisboa, v. 24, p. 273-302, 1954.

PORTUGAL. Instituto dos Arquivos Nacionais/Torre do Tombo. *Guia de Fontes Portuguesas para a História da América Latina.* Lisboa: Comissão Nacional para as Comemorações dos Descobrimentos

Portugueses; Fundação Oriente; Imprensa Nacional – Casa da Moeda, 2001, v. 2, p. 35-42.

PORTUGAL. Instituto Português de Arquivos. *Guia de Fontes Portuguesas para a História de África.* Lisboa: Comissão Nacional para as Comemorações dos Descobrimentos Portugueses; Fundação Oriente; Imprensa Nacional – Casa da Moeda, 1991, v. 1, p. 81-85.

RIBEIRO, Fernanda. Cartórios incorporados em arquivos especializados e em outras instituições públicas: Arquivo Histórico Militar. In:_____.*O acesso à informação nos arquivos.* Lisboa: Fundação Calouste Gulbenkian/Fundação para a Ciência e a Tecnologia, 2003, v. 1, p. 170-174.

SERRÃO, Joel; LEAL, Maria José da Silva; PEREIRA, Miriam Halpern. Arquivo Histórico Militar. In: *Roteiro de Fontes da História Portuguesa Contemporânea:* Arquivos de Lisboa; Arquivos do Estado – Arquivo da Câmara Municipal de Lisboa. Lisboa: Instituto Nacional de Investigação Científica, 1985. p. 175-202.

5.11 Arquivo Histórico-Parlamentar

Dados Institucionais
Endereço: Palácio de São Bento (Assembleia da República)
1249-068 Lisboa
Telefone: (351) 213.914.475
Fax: (351) 213.917.470
Sítio eletrônico: «www.parlamento.pt»
E-mail: «ahp.correio@ar.parlamento.pt»
Horário de funcionamento: De segunda a sexta-feira, das 9:00 às 18:00 horas.

A Instituição: breve descrição

Reúne documentação produzida e recebida pelo poder legislativo nacional português, desde as Cortes Gerais e Extraordinárias do Reino, em 1821, até a atualidade (Assembleia da República)

Principais núcleos documentais

O acervo deste Arquivo está dividido cronologicamente em três períodos: Monarquia Constitucional, Primeira República e Estado Novo e Assembleia da República. Dentre os principais núcleos documentais, particularmente aqueles atinentes ao primeiro século de atividade do Parlamento português, refiram-se: Câmara dos Deputados (1822-1910); Câmara dos Pares do Reino (1826-1910); Câmara dos Senadores (1838-1842); Cortes Constituintes (1821-1822 e 1837-1838).

Instrumentos de acesso à informação

Para consulta no local, reporte-se ao Catálogo manuscrito desde as Cortes de 1821 até 1910 (Comissões das Cortes, Correspondências, Ministérios, Projectos e Propostas de leis, Representações etc.), dito "Livro Azul".

As Actas das Sessões e debates das Cortes, para além de acessíveis na Sala de Leitura do Arquivo, estão disponibilizadas *on line*, no sítio eletrônico supraindicado, sob o título de "Intervenções e Debates"

Para a História do Brasil e de conformidade com as delimitações propostas para este trabalho, interessam, em particular, os documentos relativos à participação de deputados representantes das províncias brasileiras nas referidas *Cortes Gerais, Extraordinárias e Constituintes da Nação Portuguesa*, convocadas e reunidas na sequência da Revolução Liberal de 1820. Veja-se a tal propósito:

ARQUIVO HISTÓRICO-PARLAMENTAR. *Documentação relativa ao Brasil Colonial existente no Arquivo Histórico-Parlamentar* – Secção I/II (Catálogo). [s.n.t.] 45 p. (ex. digitado). – Cota: AHP – 257.

Tendo como balizas cronológicas os anos de 1821 e 1823, elenca Actas das Cortes Constituintes, Registros de Projetos de Lei, Requerimentos apresentados e participação de deputados provinciais brasileiros nas diversas Comissões daquelas Cortes.

CASTRO, Zília Osório de, (dir). *Dicionário do Vintismo e do Primeiro Cartismo (1821-1823 e 1826-1828)*. Porto: Afrontamento; Lisboa: Assembleia da República, 2002. 2 v. (Col. Parlamento).

MARQUES, A. H. de Oliveira (coord.). *Roteiro de Fontes para a História do Parlamento português:* Arquivo Histórico-Parlamentar (1834-1836). Lisboa: Assembleia da República; Porto: Afrontamento, 2000. 268 p. (Parlamento, 3).

PORTUGAL. Instituto dos Arquivos Nacionais/Torre do Tombo. *Guia de Fontes Portuguesas para a História da América Latina*. Lisboa: Comissão Nacional para as Comemorações dos Descobrimentos Portugueses; Fundação Oriente; Imprensa Nacional – Casa da Moeda, 2001, v. 2, p. 43-55.

PORTUGAL. Instituto Português de Arquivos. *Guia de Fontes Portuguesas para a História de África*. Lisboa: Comissão Nacional para as Comemorações dos Descobrimentos Portugueses; Fundação Oriente; Imprensa Nacional – Casa da Moeda, 1991, v. 1, p. 86-90.

SERRÃO, Joel; LEAL, Maria José da Silva; PEREIRA, Miriam Halpern. Arquivo Histórico-Parlamentar. In: *Roteiro de Fontes da História Portuguesa Contemporânea:* Arquivos de Lisboa; Arquivos do Estado – Arquivo da Câmara Municipal de Lisboa. Lisboa: Instituto Nacional de Investigação Científica, 1985. p. 21-117.

5.12 Arquivo Histórico Ultramarino

Dados Institucionais
Endereço: Calçada da Boa-Hora, n° 30 (À Junqueira)
1300-095 Lisboa
Telefone: (351) 213.616.330
Fax: (351) 213.613.339
Sítio eletrônico: www2.iict.pt (Biblioteca: «www.iict.pt/pacwebahu/»)
E-mail: «ahu@iict.pt»
Horário de funcionamento: De segunda a sexta-feira, das 13:15 às 19:15 horas, e, aos sábados, das 9:15 às 12:15 horas (Requisição de documentos: de segunda a sexta-feira, até as 18:00 horas; aos sábados, até as 11:00 horas).

A Instituição: breve descrição
Embora o Arquivo Nacional da Torre do Tombo seja o mais importante de Portugal, é no Arquivo Histórico Ultramarino – AHU que se concentra a melhor e mais volumosa documentação para a História Político-Administrativa do Brasil Colonial. Criado legalmente em 1931, o *Ultramarino* é o sucessor do Arquivo Histórico Colonial, o qual se originou da Secção Ultramarina da Biblioteca Nacional de Portugal e de fundos documentais do Ministério das Colônias. O seu advento, no Estado Novo português, teve o claro propósito de congregar, em um só local, a dispersa documentação respeitante às possessões portuguesas do ultramar. De qualquer forma, a consulta ao acervo do *Ultramarino* não dispensa que se recorra, concernentemente à administração colonial, a conjuntos documentais existentes sobre a mesma temática, dentre outros, na Torre do Tombo, nos "Reservados" da Biblioteca Nacional, na Biblioteca da Ajuda e no Arquivo Histórico do Tribunal de Contas.

A riqueza documental do AHU, a pouco e pouco, vem sendo divulgada em meio a sistemática política de acessibilidade ao acervo. Sem desdouro pelos ingentes esforços e resultados que se expressaram em outros tempos, enfatizem-se algumas iniciativas levadas a efeito nas últimas duas décadas. Assim, enquanto do ponto de vista do espaço físico e da infraestrutura um moderno e apropriado edifício se construiu e se acoplou ao prédio histórico do AHU, novos e sofisticados equipamentos foram incorporados e importantes empreendimentos se desenvolvem no que respeita à democratização de acesso aos fundos documentais.

Exemplo ilustrativo dessa segunda diretriz é a que se configurou no *Projeto Resgate*, implementado a partir de 1996, pela referida Comissão Luso-Brasileira para Salvaguarda e Divulgação do Património Documental – COLUSO. Trata-se de gigantesca operação que objetivou, no que respeita à documentação manuscrita avulsa sobre o Brasil depositada no AHU, (re)organizar, verbetar e elaborar instrumentos de busca e disponibilizar mais facilitadamente aquela série documental à consulta pública. Este propósito efetivamente tem sido cumprido com a microfilmagem e a digitalização da referida *Série*. Significa dizer, então, que o conteúdo de mais de 2000 *caixas* de documentos foi organizado, lido, sumariado e catalogado, permitindo que os verbetes-sumários servissem de sinaléticas para os cerca de três milhões de fotogramas dos microfilmes. Ainda como parte do Projeto, microfilmaram-se os 759 *Códices* do Fundo da Secretaria do Conselho Ultramarino relativos ao Brasil.

O produto mais patente e utilitário desses esforços, afora evidentemente a reprodução microfílmica, é uma coleção de 279 CD-ROMS que, produzidos entre 1996 e 2002, foram ofertados a instituições universitárias e centros de investigação. No Arquivo Nacional e na Biblioteca Nacional do Brasil, no Rio de Janeiro, bem como nos arquivos públicos estaduais correspondentes às capitanias, também podem ser encontradas cópias de microfilmes deste empreendimento.[1]

---

1 Cf. também no *web site* do Centro de Memória Digital (CMD) da Universidade de Brasil (UnB) – «www.resgate.unb.br». Informe-se, por outro lado, que, brevemente, a Direção do AHU disponibilizará, *online*, em PDF, os verbetes-sumários dos vários catálogos de descrição documental do *Projeto Resgate*. Além dessa, outra importante decisão merece registro a proposta de desenvolvimento de

Cumpre salientar, ao mesmo tempo, um efeito colateral desta iniciativa: o desejável intuito de estender as atividades do *Resgate* à documentação concernente às outras partes do império colonial português que também se encontra custodiada no AHU. Ou mesmo de se efetuar a identificação definitiva e o tratamento arquivístico do *Reino*, núcleo composto por 500 *caixas* de documentos avulsos também provenientes do Conselho Ultramarino e da Secretaria de Estado da Marinha e Ultramar, tratando de matérias político-administrativas sobre o Reino, com as autoridades deste. A organicidade do amplo conjunto documental vem sendo detetada e trabalhada criticamente por equipe liderada pela Profa. Dra. Heloísa L. Bellotto. Em meio às atividades de tratamento arquivístico deste acervo, apurou-se a existência de elevado volume de documentos respeitantes à História do Brasil.[2]

Principais núcleos documentais

O acervo do Arquivo Histórico Ultramarino está constituído por três fundos principais, a partir da organização administrativa e documental das instituições que geriram o império colonial português, a saber: o *Conselho Ultramarino* (1590-1833), a *Secretaria de Estado da Marinha e Ultramar* (1562-1911) e o *Ministério do Ultramar* (1911-1975).

As espécies documentais encontráveis no Arquivo Histórico Ultramarino são bastante diversificadas e se compõem de códices e livros de registros, documentos avulsos (com a mais diversa tipologia), mapas, plantas, desenhos e fotografias. Segundo Virgínia Rau, neste

---

projeto conjunto, do Arquivo Histórico Ultramarino e do Arquivo Nacional do Brasil, para elaboração de indexação única dos verbetes-sumários constantes dos catálogos e inventários da documentação avulsa das "capitanias" brasileiras abrangidas pelo Projeto Resgate no acervo do AHU.

2 Sobre este conjunto documental, confira-se: MIRANDA, Tiago C. P. dos Reis. O núcleo do *Reino* no Arquivo Histórico Ultramarino: entre a história administrativa e a história custodial. *Nova Cidadania*. Lisboa, ano VIII, n° 30, p. 60-62, out./nov. 2006.

arquivo "se encontra guardada a mais variada documentação relativa à história política, administrativa, econômica e financeira das colônias portuguesas. Basta recordar que de Portugal se remetiam para os domínios ultramarinos regimentos, leis, cartas régias, provisões e consultas sobre todos os assuntos; instruções referentes à administração política, econômica e eclesiástica; à boa inteligência ou guerra com os naturais; à descoberta, troca e cultivo de plantas úteis e medicinais; projectos de construções e fortificação; normas e planos de explorações, missões e embaixadas; providências e preceitos sobre colonização de portugueses e estrangeiros, sobre guerras e delimitações, comércio e navegação, minas, escravos, etc. Enquanto dos domínios ultramarinos vinham à Metrópole as mais variadas informações de caráter social, administrativo, econômico, político e religioso; ao lado de lista de produtos e culturas exóticas, de animais e plantas; vinham as memórias sobre os povoadores, os bandeirantes e pombeiros, os índios, os palmares, os piratas, e os engenhos; queixas, requerimentos, representações ou petições dos moradores eram ladeados por pedidos de socorro de armas e munições, relatórios das lutas e guerras com o gentio e os estrangeiros; autos de vassalagem acompanhavam os tratados de paz, relações de donativos e tributos etc."[3]

Relativamente ao Brasil, o acervo do AHU abarca as mais variadas espécies documentais, tendo como datas-limite os anos de 1548 e 1837. São exatas 2079 "caixas", divididas por 20 capitanias e contendo mais de 182.000 documentos avulsos, além de cerca de 600 peças iconográficas e 560 códices apenas respeitantes à História daquele País, conforme se observa nos quadros abaixo.

As peças iconográficas e cartográficas, bem como os códices relativos à História Brasileira foram objeto de inventários publicados por Eduardo de CASTRO E ALMEIDA, por Alberto IRIA, pela ex-Junta de Investigações Científicas do Ultramar e pelo Instituto de

---

[3] RAU, Virgínia. Arquivos de Portugal: Lisboa. In: *Actas do I Colóquio Internacional de Estudos Luso-Brasileiros*. Washington: Library of Congress/Vanderbilt University, 1950. p. 195.

Investigação Científica Tropical (cf. referências abaixo) e, através deles, o acesso a esses fica bastante facilitado.

Documentos avulsos sobre o Brasil: identificação e universo documental[4]

\multicolumn{4}{c}{AHU – *Fundo:* CONSELHO ULTRAMARINO}
\multicolumn{4}{c}{Documentos Avulsos}
Série	Título	Datas-Limite	Total de Unid. de Instalação/ Caixas
SR:003	Brasil – Geral	1610-1832	46
SR:004	Brasil – Alagoas	1680-1826	7
SR:005	Brasil – Bahia	1599-1828	281
SSR:001	Bahia – Castro e Almeida	1613-1807	151
SSR:002	Bahia – Luisa da Fonseca	1599-1700	34
SR:006	Brasil – Ceará	1618-1832	24
SR:007	Brasil – Espírito Santo	1585-1822	8
SR:008	Brasil – Goiás	1731-1822	56
SR:009	Brasil – Maranhão	1614-1833	180
SR:010	Brasil – Mato Grosso	1720-1827	44
SR:011	Brasil – Minas Gerais	1680-1832	189
SR:012	Brasil – Nova Colônia do Sacramento	1682-1826	8
SR:013	Brasil – Pará	1616-1826	165
SR:014	Brasil– Paraíba	1593-1826	50
SR:015	Brasil – Pernambuco	1590-1826	290
SR:016	Brasil – Piauí	1684-1828	32
SR:017	Brasil – Rio de Janeiro	1614-1830	295
SSR:001	Rio de Janeiro – Castro e Almeida	1617-1757	88
SR:018	Brasil – Rio Grande do Norte	1623-1823	10
SR:019	Brasil – Rio Grande do Sul	1732-1825	13
SR:020	Brasil – Rio Negro	1723-1825	18
SR:021	Brasil – Santa Catarina	1717-1827	10

---

4   Ainda no âmbito do *Projeto Resgate*, foi elaborado pelo AHU e se encontra em vias de publicação catálogo identificando documentação avulsa pertencente a outras *séries*, denominadas em seu conjunto por *Conselho Ultramarino – Diversos*, e que guardam direto interesse para a História do Brasil, a saber: Série CU 003 – *Brasil – Geral* (46 caixas de documentos, datados entre 1610 e 1832); Série CU 030 – *Serviço de Partes* (5 caixas de documentos, datados de 1618 a 1807); Série CU 035 – *Ultramar* (35 caixas de documentos sem especificações, datados de 1581 a 1834); Série CU 050 – *Contratos do Sal* (2 caixas de documentos, datados de 1700 a 1801); e Série CU 084 – *Visita do Ouro* (1 caixa de documentos, entre 1771 e 1788).

SR:022	Brasil – Sergipe D'El Rei	1619-1822	6
SSR:001	Brasil – São Paulo	1618-1830	30
SSR:001	São Paulo – Mendes Gouveia	1618-1805	66

Fonte: ARQUIVO HISTÓRICO ULTRAMARINO – Documentação – Quadro de Classificação – CU/Conselho Ultramarino, 1590/1833 – Disponível na Sala de Leitura do AHU (Brevemente estará também no sítio eletrônico do AHU)

Documentos avulsos sobre o Brasil: instrumentos de acesso à informação

Alagoas

SANTOS, Lourival Santana. *Catálogo de documentos manuscritos avulsos da Capitania de Alagoas* (1680-1826). Maceió: Edufal, 2000.

Bahia[5]

ALMEIDA, Eduardo de Castro e. Inventário dos documentos relativos ao Brasil existentes no Arquivo da Marinha e Ultramar de Lisboa. *Anais da Biblioteca Nacional*. Rio de Janeiro, v. 31, p. 1-653; v. 32, p. 1-745; v. 34, p. 1-644; v. 36, p. 1-665; v. 37, p. 1-668; v. 71, p. 337-55, 1913-1951.

FONSECA, Luísa da. Bahia: índice abreviado dos documentos do século XVII: do Arquivo Histórico Colonial de Lisboa. In: CONGRESSO DE HISTÓRIA DA BAHIA. 1. 1950. Salvador. *Anais...* Salvador, 1950. t. 2, p. 7-353.

Ceará

JUCÁ, Josafran Nazareno Mota (coord). *Catálogo de documentos manuscritos avulsos da Capitania do Ceará*. Fortaleza: Universidade Federal do Ceará/Fundação Demócrito Rocha, 1999.

Espírito Santo

---

5 Por ora, o pleno conhecimento do acervo relativo à Bahia somente pode ser realizado com a consulta *in loco*, pois, para as 281 caixas de documentos da Série SR-005, acima consignadas, ainda não foi divulgado instrumento de descrição documental próprio.

LEAL, João Eurípedes Franklin (coord). *Catálogo de documentos manuscritos avulsos da Capitania do Espírito Santo (1585-1822)*. Vitória: Edit. do Arquivo Público do Estado/Secretaria de Estado da Cultura e Esportes, 1998.

Goiás
TELES, José Mendonça (coord). *Catálogo de verbetes dos documentos manuscritos avulsos da Capitania de Goiás existentes no Arquivo Histórico Ultramarino, Lisboa-Portugal (1731-1822)*. Brasília: Ministério da Cultura; Goiânia: Sociedade Goiana de Cultura/ Instituto de Pesquisa e Estudos Históricos do Brasil Central, 2001.

Maranhão
BOSCHI, Caio C. (coord). *Catálogo dos manuscritos avulsos relativos ao Maranhão existentes no Arquivo Histórico Ultramarino*. São Luís: Fundação Cultural do Maranhão/Academia Maranhense de Letras, 2002.

Mato Grosso
RIBEIRO, Lélia Rita Euterpe de Figueiredo (coord). *Catálogo de verbetes de documentos manuscritos avulsos da Capitania de Matto Grosso existentes no Arquivo Histórico Ultramarino – Lisboa (1720-1827)*. Campo Grande: Casa da Memória Arnaldo Estévão de Figueiredo, 1999.

Minas Gerais
BOSCHI, Caio C. (coord). *Inventário dos manuscritos avulsos relativos a Minas Gerais existentes no Arquivo Histórico Ultramarino (Lisboa)*. Belo Horizonte: Fundação João Pinheiro/Centro de Estudos Históricos e Culturais, 1998. 3 v.

Nova Colônia do Sacramento
OSÓRIO, Helen (org). *Catálogo de documentos da Colônia do Sacramento e Rio da Prata existentes no Arquivo Histórico Ultramarino, Instituto*

de Investigação Científica Tropical. Rio de Janeiro: Nórdica; UFRGS/ IFCH/CORAG, 2002.

Este instrumento de descrição engloba cinco séries distintas do acervo do AHU, a saber: Série CU 012 – *Nova Colônia do Sacramento* (8 caixas de documentos, datados de 1682 a 1826); Série CU 059 – *Brasil-Limites* (4 caixas de documentos, entre 1699 e 1843); Série CU 065 – *Montevidéu* (4 caixas de documentos, entre 1778 e 1824); Série CU 066 – *Buenos Aires* (1 caixa de documentos, entre 1753 e 1823) e Série CU 071 – *Paraguai* (1 caixa de documentos, entre 1618 e 1762).

Pará

BOSCHI, Caio C. (coord). *Catálogo de documentos manuscritos avulsos da Capitania do Pará existentes no Arquivo Histórico Ultramarino de Lisboa*. Belém: Secult/Arquivo Público do Pará, 2002. 3 v.

Paraíba

OLIVEIRA, Elza Régis; MENEZES, Mozart Vergetti de; LIMA, Maria da Vitória Barbosa. *Catálogo dos documentos manuscritos avulsos referentes à Capitania da Paraíba, existentes no Arquivo Histórico Ultramarino de Lisboa*. João Pessoa: Edit. Universitária da UFPB, 2002.

Pernambuco

BARBOSA, Maria do Socorro Ferraz (coord). *Documentos manuscritos avulsos da Capitania de Pernambuco*. Recife: Edit. Universitária da UFPE, 2006. 3 v.

BARBOSA, Maria do Socorro Ferraz; ACIOLI, Vera Lúcia Costa; ASSIS, Virgínia Maria Almoêdo de. *Fontes repatriadas:* anotações de História Colonial, referenciais para pesquisa, índices do Catálogo da Capitania de Pernambuco. Recife: Edit. Universitária da UFPE, 2006.

Piauí

TELES, José Mendonça (ed). *Catálogo de verbetes dos documentos manuscritos avulsos da Capitania do Piauí existentes no Arquivo Histórico Ultramarino Lisboa-Portugal (1684-1828)*. Brasília: Ministério da Cultura; Goiânia: Sociedade Goiana de Cultura/Instituto de Pesquisas e Estudos Históricos do Brasil-Central, 2002.

Rio de Janeiro[6]

ALMEIDA, Eduardo de Castro e. Inventário dos documentos relativos ao Brasil existentes no Arquivo da Marinha e Ultramar de Lisboa. *Anais da Biblioteca Nacional*. Rio de Janeiro: v. 39, p. 1-653; v. 46, p. 1-672; v. 50, p. 5-658; v. 71, p. 337-55, 1913-1951.

Rio Grande do Norte

LOPES, Maria de Fátima (org). *Catálogo de documentos manuscritos avulsos da Capitania do Rio Grande do Norte (1623-1823)*. Natal: Edit. da Universidade Federal do Rio Grande do Norte, 2000.

Rio Grande do Sul

BERWANGER, Ana Regina; OSÓRIO, Helen; SOUZA, Susana Bleil de. *Catálogo de documentos manuscritos avulsos referentes à Capitania do Rio Grande do Sul existentes no Arquivo Histórico Ultramarino, Lisboa (1732-1825)*. Porto Alegre: Universidade Federal do Rio Grande do Sul/ Instituto de Filosofia e Ciências Humanas; CORAG, 2001.

Rio Negro

SANTOS, Francisco Jorge dos (org). *Catálogo do Rio Negro*: documentos manuscritos avulsos existentes no Arquivo Histórico Ultramarino

---

6 Por ora, o pleno conhecimento do acervo relativo ao Rio de Janeiro somente pode ser realizado com a consulta *in loco*, pois, para as 295 caixas de documentos da Série SR-017, acima consignadas, ainda não foi divulgado instrumento de descrição documental próprio.

(1723-1825). Manaus: Edit. da Universidade do Amazonas/Museu Amazônico, 2000.

Santa Catarina

SERPA, Élio; FLORES, Maria Bernadete Ramos. *Catálogo de documentos avulsos manuscritos da Capitania de Santa Catarina (1717-1827)*. Florianópolis: Edit. da Universidade Federal de Santa Catarina, 2000.

São Paulo

ARRUDA, José Jobson de Andrade (coord). *Documentos manuscritos avulsos da Capitania de São Paulo:* Catálogo 1 (1644-1830). São Paulo: Fapesp/Imesp; Bauru, Edusc, 2000. 340 p.

Compreende as 30 *caixas* de documentos da Série SR-023

ARRUDA, José Jobson de Andrade (coord). *Documentos manuscritos avulsos da Capitania de São Paulo:* Catálogo 2 (1618-1823) – Mendes Gouveia. São Paulo: Fapesp/Imesp; Bauru, Edusc, 2002. 804 p.

Compreende as 66 *caixas* da Série SR-001. Como o subtítulo indica, este catálogo reproduz o que foi elaborado, na década de 1950, pelo pesquisador e arquivista português Alfredo Mendes de Gouveia, referenciado a seguir.

GOUVEIA, Alfredo Mendes de. *Catálogo dos documentos sobre a História de São Paulo existentes no Arquivo Histórico Ultramarino de Lisboa*. Rio de Janeiro: Departamento de Imprensa Nacional/Instituto Histórico e Geográfico Brasileiro, 1956-1959. 15 t.

Sergipe D'El Rei

NUNES, Maria Thetis; SANTOS, Lourival Santana. *Inventário de documentos manuscritos avulsos referentes à Capitania de Sergipe existentes no Arquivo Histórico Ultramarino de Lisboa (1619-1822)*. São Cristóvão: Edit. da Universidade Federal de Sergipe, 1999.

Códices de interesse para a História do Brasil: identificação e universo documental

AHU – Fundo: CONSELHO ULTRAMARINO		
CÓDICES DO CONSELHO ULTRAMARINO		
1 – Relativos a todas as partes ultramarinas		
TÍTULO	DATAS-LIMITE	TOTAL DE CÓDICES
Arrematação dos Contratos Reais	1744-1792	2
Assento e Fianças dos Contratos Reais	1671-1793	5
Lista de Consultas que sobem pelas Secretarias de Estado	1765-1833	4
Lista dos Papéis com vista aos Procuradores Régios	1799-1807	1
Livros de Porta	1731-1832	25
Mapas dos Contratos Reais	1641-1758	1
Registro das Cargas dos Navios	1744-1810	3
Registro de Cartas de Sesmarias Confirmadas	1795-1823	5
Registro de Cartas Régias	1644-1833	3
Registro de Consultas de Mercês Gerais	1643-1824	13
Registro de Consultas de Partes	1620-1833	45
Registro de Consultas do Serviço Real	1617-1643	8
Registro de Consultas Mistas	1643-1833	17
Registro de Decretos	1702-1833	8
Registro de Decretos e Avisos	1793-1804	4
Registro de Mandados	1618-1833	17
Registro de Ofícios	1548-1833	52
Registro de Ofícios das Câmaras	1801-1807	1
Registro de Ordens de Partes	1736-1833	13
Registro de Patentes dos Governadores e Capitães-Generais	1800-1833	1
Registro de Provisões	1619-1833	21
Registro de Regimentos	1642-1807	2
Registro do Despacho de Navios	1728-1735	1
Relação dos Contratos Reais	1748-1790	1

2 – Relativos ao Brasil		
TÍTULO	DATAS-LIMITES	TOTAL DE CÓDICES
Registro de Cartas Régias, Provisões e outras ordens para a Bahia	167-1822	7

Registro de Cartas Régias, Provisões e outras ordens para Minas Gerais	1726-1807	3
Registro de Cartas Régias, Provisões e outras ordens para o Maranhão e Grão-Pará	1673-1823	6
Registro de Cartas Régias, Provisões e outras ordens para o Rio de Janeiro	1673-1807	9
Registro de Cartas Régias, Provisões e outras ordens para Pernambuco	1673-1822	8
Registro de Cartas Régias, Provisões e outras ordens para São Paulo	1726-1806	2
Registro de Consultas da Bahia	1675-1807	4
Registro de Consultas de Minas Gerais	1726-1807	1
Registro de Consultas de Pernambuco	1673-1807	3
Registro de Consultas de São Paulo	1726-1809	2
Registro de Consultas do Maranhão e Grão-Pará	1673-1807	3
Registro de Consultas do Rio de Janeiro	1674-1807	4
Registro de Consultas do Rio Grande do Sul	1807	1
Registro de Contas do Serviço Real da Bahia	1757-1808	2
Registro de Contas do Serviço Real de Pernambuco	1759-1807	2
Registro de Contas do Serviço Real do Maranhão e Grão-Pará	1759-1811	2
Registro de Contas do Serviço Real do Rio de Janeiro	1758-1807	2

Fontes: 1) MARTINHEIRA, José Sintra. *Catálogo dos códices do Fundo do Conselho Ultramarino relativos ao Brasil existentes no Arquivo Histórico Ultramarino.* Rio de Janeiro: Real Gabinete Português de Leitura; Lisboa: Fundação Calouste Gulbenkian, 2000. p. 40-41; 2) ARQUIVO HISTÓRICO ULTRAMARINO – Documentação – Quadro de Classificação – CU/Conselho Ultramarino, 1590/1833 – Disponível na Sala de Leitura do AHU (Brevemente estará também no sítio eletrônico do AHU).

Códices de interesse para a História do Brasil: Instrumentos de acesso à informação:

ALMEIDA, Eduardo de Castro e. *Catálogo de mapas, plantas, desenhos, gravuras e aquarelas.* Coimbra: [s.n.], 1908.

FITZLER, M. A.; ENNES, Ernesto. *A Secção Ultramarina de Biblioteca Nacional:* Inventário. Lisboa: Oficinas Gráficas da Biblioteca Nacional, 1928.

IRIA, Alberto. *Inventário da iconografia brasileira existente no Arquivo Histórico Ultramarino*: subsídios para o Dicionário de Iconografia do Brasil. Lisboa: Centro de Estudos Históricos Ultramarinos. (Separata de *Studia*, n° 16, nov. 1965).

_____. *Inventário geral da cartografia brasileira existente no Arquivo Histórico Ultramarino:* elementos para a publicação da Brasilae Monumenta Cartographica. Lisboa: Centro de Estudos Históricos Ultramarinos. (Separata de *Studia*, n° 17, abr. 1966.)

_____. *Inventário geral dos códices do Arquivo Histórico Ultramarino apenas referentes ao Brasil.* Lisboa: Centro de Estudos Históricos Ultramarinos. (Separata de *Studia*, n° 28, ago. 1966).

MARTINHEIRA, José Sintra. *Catálogo dos códices do Fundo do Conselho Ultramarino relativos ao Brasil existentes no Arquivo Histórico*

Ultramarino. Rio de Janeiro: Real Gabinete Português de Leitura; Lisboa: Fundação Calouste Gulbenkian, 2000.[7]

AHU – Fundo: CONSELHO ULTRAMARINO		
Códices da Secretaria de Estado da Marinha e Ultramar		
1 – Relativos a todas as partes ultramarinas		
TÍTULO	DATAS-LIMITE	TOTAL DE CÓDICES
Registro da Correspondência da Corte no Rio de Janeiro para os Governadores do Reino	1820-1821	1
Registro de Cartas Régias, Decretos e Ofícios da Corte no Rio de Janeiro para os Governadores do Reino, Chanceler da Relação e Índia	1808 – 1815	1
Registro de Cartas Régias e Ofícios da Corte no Rio de Janeiro para a Índia e Macau	1808 – 1814	1
Registro de Correspondências dos Governadores do Reino para a Corte no Rio de Janeiro	1808-1826	5
Registro de Decretos	1750-1804	11
2 – Relativos ao Brasil		
TÍTULO	DATAS-LIMITE	TOTAL DE CÓDICES
Registro de Ordens Régias e Avisos para a Bahia	1750-1824	8
Registro de Ordens Régias e Avisos para Alagoas	1821-1822	1

---

[7] Este indispensável instrumento de trabalho contém inventários das séries arquivísticas e catálogo dos códices, com distinção entre os que foram produzidos pelo Conselho Ultramarino e pela sua correlata Secretaria de Estado dos Negócios da Marinha e Domínios Ultramarinos, bem como outros que, não tendo sido produzidos por estes dois órgãos, a eles dizem respeito integrando, assim, o referido Fundo. No Capítulo 3 – p. 45-155 se encontra a identificação pormenorizada de cada um dos 759 códices.

O Brasil-Colônia nos arquivos históricos de Portugal 91

Registro de Ordens Régias e Avisos para a Nova Colônia do Sacramento e Santa Catarina	1757-1761	1
Registro de Ordens Régias e Avisos para a Paraíba	1821	1
Registro de Ordens Régias e Avisos para Goiás	1750-1821	3
Registro de Ordens Régias e Avisos para Minas Gerais	1764-1822	3
Registro de Ordens Régias e Avisos para Pernambuco	1752-1822	6
Registro de Ordens Régias e Avisos para São Paulo	1765-1821	3
Registro de Ordens Régias e Avisos para o Ceará	1821-1822	1
Registro de Ordens Régias e Avisos para o Espírito Santo	1821-1822	1
Registro de Ordens Régias e Avisos para o Maranhão	1821-1823	1
Registro de Ordens Régias e Avisos para o Maranhão e Piauí	1774-1807	2
Registro de Ordens Régias e Avisos para o Maranhão, Pará e Piauí	1751-1790	7
Registro de Ordens Régias e Avisos para o Mato Grosso	1757-1821	3
Registro de Ordens Régias e Avisos para o Pará	1821-1824	1
Registro de Ordens Régias e Avisos para o Pará e o Rio Negro	1790-1807	2
Registro de Ordens Régias e Avisos para o Piauí	1821-1822	1
Registro de Ordens Régias e Avisos para o Rio de Janeiro	1750-1805	12
Registro de Ordens Régias e Avisos para o Rio de Janeiro sobre o tratado de limites da América Meridional	1772-1788	3
Registro de Ordens Régias e Avisos para o Rio Grande do Sul	1807-1821	2

Fontes: 1) MARTINHEIRA, José Sintra. *Catálogo dos códices do Fundo do Conselho Ultramarino relativos ao Brasil existentes no Arquivo Histórico Ultramarino.* Rio de Janeiro: Real Gabinete Português de Leitura; Lisboa: Fundação Calouste Gulbenkian, 2000. p.

41-42; 2) ARQUIVO HISTÓRICO ULTRAMARINO – Documentação – Quadro de Classificação – CU/Conselho Ultramarino, 1590/1833 – Disponível na Sala de Leitura do AHU (Brevemente estará também no sítio eletrônico do AHU).

| AHU – Fundo: CONSELHO ULTRAMARINO ||||
| Códices do Conselho Ultramarino ou da Secretaria de Estado da Marinha e Ultramar relativos ao Brasil ||||
TÍTULO	DATAS-LIMITE	TOTAL DE CÓDICES
Brasil		
Compromissos de Irmandades e Confrarias	1639-1807	108
Figurinos Militares	1771-1807	17
Livros do Brasil	1605-1804	15
Bahia		
Livros da Bahia	1681-1821	15
Goiás		
Livros de Goiás	1647-1806	8
Maranhão e Grão-Pará		
Companhia Geral do Grão-Pará e Maranhão	1755-1779	2
Famílias de Vila Nova de Mazagão	1769-1784	4
Livros do Maranhão e Grão-Pará	1625-1807	17
Manifestos do Ouro do Pará	1739-1782	22
Minas Gerais		
Livros de Minas Gerais	1735-1803	9
Paraíba		
Balanços da Receita e Despesa da Provedoria da Fazenda Real da cidade da Paraíba	1773-1774	2
Contratos da Paraíba	1736-1793	3
Relação das Dívidas à Provedoria da Fazenda Real da cidade da Paraíba	1773-1774	2
Pernambuco		
Balanço da Receita e Despesa da Tesouraria Geral da Junta da Fazenda Real de Pernambuco	1770-1805	30
Balanço Geral da Receita e Despesa dos Bens Confiscados aos jesuítas em Pernambuco	1770-1783	13
Balanços da Companhia Geral de Pernambuco e Paraíba	1764-1776	13
Conta Corrente do Subsídio Literário de Pernambuco	1777-1778	2
Contratos de Pernambuco	1760-1777	3
Instituição da Companhia Geral de Pernambuco e Paraíba	1750-1760	1

Inventário dos Bens Confiscados aos jesuítas em Pernambuco	1759-1761	1
Livros de Pernambuco	1760-1778	8
Relação das Dívidas à Junta da Fazenda Real de Pernambuco	1770-1794	22
Relação das dívidas aos bens confiscados aos jesuítas em Pernambuco	1772-1783	13
Relação de Devedores à Companhia Geral de Pernambuco e Paraíba	1782-1793	6
Piauí		
Livros do Piauí	1761-1808	3
Rio de Janeiro		
Livros do Rio de Janeiro	1719-1800	12
São Paulo		
Listas de Moradores de São Paulo	1772	11
Livros de São Paulo	1755-1803	2

Fontes: 1) MARTINHEIRA, José Sintra. *Catálogo dos códices do Fundo do Conselho Ultramarino relativos ao Brasil existentes no Arquivo Histórico Ultramarino.* Rio de Janeiro: Real Gabinete Português de Leitura; Lisboa: Fundação Calouste Gulbenkian, 2000. p.43-44. 2) ARQUIVO HISTÓRICO ULTRAMARINO – Documentação – Quadro de Classificação – CU/Conselho Ultramarino, 1590/1833 – Disponível na Sala de Leitura do AHU (Brevemente estará também no sítio eletrônico do AHU).

A consulta aos códices acima referenciados deve ser complementada com os *avulsos* pertencentes ao mesmo fundo, igualmente já inventariados, como se constata em:

REIS, Gilson Sérgio Matos; MELO, Josemar Henrique de; CARLOS, Érika Simone de Almeida. *Catálogo de documentos manuscritos avulsos da Secretaria do Conselho Ultramarino (1642-1833).* Rio de Janeiro: Nórdica/ Real Gabinete Português de Leitura; Lisboa: Fundação Calouste Gulbenkian, 2002.

Outras referências e instrumentos de acesso à informação
1. *Obras gerais sobre o* AHU:

PORTUGAL. Instituto dos Arquivos Nacionais/Torre do Tombo. *Guia de Fontes Portuguesas para a História da América Latina*. Lisboa: Comissão Nacional para as Comemorações dos Descobrimentos Portugueses; Fundação Oriente; Imprensa Nacional – Casa da Moeda, 2001, v. 2, p. 79-103.

PORTUGAL. Instituto Português de Arquivos. *Guia de Fontes Portuguesas para a História de África*. Lisboa: Comissão Nacional para as Comemorações dos Descobrimentos Portugueses; Fundação Oriente; Imprensa Nacional – Casa da Moeda, 1991, v. 1, p. 91-108.

2. *Informações sobre o* AHU, *fontes históricas nele depositadas, inclusive catálogos de exposições de seu acervo:*

ABRANTES, Maria Luísa Meneses. Fontes para a História do Brasil colonial existentes no Arquivo Histórico Ultramarino. *Acervo*, Rio de Janeiro, v. 10, nº 1, p. 17-28, jan.-jun. 1997.

BOLETIM DO ARQUIVO HISTÓRICO COLONIAL. Lisboa: Arquivo Histórico Colonial, 1950. 521 p.

Infelizmente, só foi publicado o primeiro volume (1950), embora este seja ainda um bom guia para se conhecer a "Organização dos serviços do Arquivo Histórico Colonial" (p. 19-83), bem como para um contato inicial com exemplares de documentos pertencentes a este arquivo. O *Boletim* é complementado por índices antroponímico, toponímico, ideográfico e cronológico organizados por Alberto Iria.

IRIA, Alberto. A Bahia no Arquivo Histórico Colonial de Lisboa, Nótulas de Heurística e Arquivologia. In: CONGRESSO DE HISTÓRIA NACIONAL, 4, 1949, Rio de Janeiro. *Anais...* Rio de Janeiro: Instituto Histórico e Geográfica Brasileiro, 1950, v. 2, p. 15-30.

PIAZZA, Walter F. *Documentação portuguesa de interesse para a História do Brasil*. Anais da v Reunião da Sociedade Brasileira de Pesquisa Histórica. São Paulo, [s.n.], 1986.

PORTUGAL, Junta de Investigação Científica do Ultramar. Arquivo Histórico Ultramarino. *Catálogo da exposição histórico-documental e bibliográfica: Semana do Estoril – Portugal na Baía*. Lisboa, 1981. 38 p.

PORTUGAL, Instituto de Investigação Científica Tropical. Arquivo Histórico Ultramarino. *Catálogo da Exposição Histórico-Documental Luso-Brasileira: Brasília, Rio de Janeiro, São Paulo*. Lisboa, 1982. 72 p.

SANTOS, Isau. *O Arquivo Histórico Ultramarino*: fonte importante para a História contemporânea de Portugal e de muitos países. Lisboa, [s.n.], 1984. (ex. datilo.).

_____. *O Arquivo Histórico Ultramarino e o Brasil*. Lisboa, [s.n.], 1984. 13 p. (ex. datilo.).

3. *Obra de referência*:

TEIXEIRA, Cândida da Silva. *Index Indicum do Arquivo Histórico Colonial*. [s. l: s.n.], 1974.

4. *Instrumentos de acesso à informação preparados pelo* AHU – "AHU – *Elementos Informativos – Diversos*":

ARQUIVO HISTÓRICO ULTRAMARINO. *Elementos Informativos. Brasil. Diversos*. I. – I: Índios (3 p.); II: Figurinos Militares (4 p.); III: Família Maya (4 p.); IV: Compromissos de irmandades, confrarias e misericórdias (50 p.); V: Animais e árvores do Maranhão (41 p.); VI: História Militar (21 p.); VII: Escravos (2 relações, com 9 e 4 páginas; respectivamente); VIII: Fortaleza, igrejas e outros monumentos antigos civis, religiosos e militares construídos pelos portugueses no Brasil (relações, com 20 e 33 páginas, respectivamente). Lisboa, AHU, 1960. (ex. datilo).

_____. *Elementos Informativos*. I Brasil. Capitania. 4. Relação de documentos avulsos de Santa Catarina existentes no Arquivo Histórico Ultramarino, cujos microfilmes constituem oferta deste Arquivo ao Instituto Histórico e Geográfico Catarinense, de Florianópolis do Brasil. Lisboa, 1948. (ex. datilo.) (144 referências).

_____. *Elementos Informativos*. Brasil. Diversos. III-5. Relação de alguns processos de concessão de cartas de sesmaria na capitania do Rio de Janeiro, entre 1661 e 1771, existentes no Arquivo Histórico Ultramarino, de Lisboa, apresentado por este Departamento do Estado Português no Congresso de História Fluminense. Lisboa, 1963. 89 p. (ex. datilo.).

_____. *Elementos Informativos*. Brasil. Diversos. IV-4. Relação de documentos sobre Goiana (1609-1807), existentes neste Arquivo Histórico Ultramarino com interesse para a exposição o IV Centenário do povoamento daquela cidade. Lisboa, 1970. 16 p. (ex. datilo.).

AZEREDO, António Micael Filomeno de. Relação abreviada de espécies iconográficas, cartográficas e documentais respeitantes ao Brasil, de possível interesse para figurarem, reproduzidas em espécies ou em fotografias, no Museu de Antropologia do Instituto Joaquim Nabuco de Pesquisas Sociais inaugurado no Recife (Pernambuco), existentes no Arquivo Histórico Ultramarino. In: ARQUIVO HISTÓRICO ULTRAMARINO. *Elementos Informativos*. Brasil. Diversos. II-1. Lisboa, 1961. 18 p. (ex. datilo.).

CARQUEIJEIRO, Maria Natália Ramalho Pais. Relação de alguns documentos existentes no Arquivo Histórico Ultramarino em que figura o apelido da família Maciel. In: ARQUIVO HISTÓRICO ULTRAMARINO. *Elementos Informativos*. Brasil. Diversos. III-2. Lisboa, 1961. 8 p. (ex. datilo.).

FERRER, Anêmona Xavier de Basto. Relação de documentos relacionados no Catálogo sobre a História de São Paulo, existentes no Arquivo Histórico Ultramarino de Lisboa, elaborado por ordem do governo português e publicado pelo Instituto Histórico e Geográfico Brasileiro em comemoração do IV Centenário da Fundação de São Paulo. Do referido catálogo, elaborado neste arquivo, sob a orientação do seu director, Senhor Dr. Alberto Iria, se extraiu a presente relação cujos números, aqui indicados, correspondem aos dos respectivos microfilmes. São documentos com interesse para a Faculdade de Filosofia e Ciências de São Paulo (sic), solicitados pelo Senhor Doutor Eduardo de Oliveira França, professor catedrático de História Moderna e Contemporânea daquela instituição, 1720-1807. In: ARQUIVO HISTÓRICO ULTRAMARINO. *Elementos Informativos*. Brasil. Diversos III-1. Lisboa, 1960. 46 p. (ex. datilo.).

_____. Relação muito abreviada de documentação da capitania do Rio de Janeiro, de algumas páginas de códices de São Paulo e de plantas das citadas capitanias, existentes neste arquivo histórico, cujos microfilmes foram igualmente solicitados pelo mesmo Exmo. Sr. Dr. Eduardo de Oliveira França. In: ARQUIVO HISTÓRICO ULTRAMARINO. *Elementos Informativos*. Brasil. Diversos. III-1. Lisboa, 1960. 6 p. (ex. datilo.).

_____. Relação de documentos referentes a construções, fortificações e outras obras do Rio de Janeiro existentes no Arquivo Histórico Ultramarino em 1958. In: ARQUIVO HISTÓRICO ULTRAMARINO. *Elementos Informativos*. I. Brasil. Capitania, v. Lisboa, 1958. 5 p. (ex. datilo.).

GOUVEIA, Alfredo Mendes de. Relação de documentos deste Arquivo acerca de José da Silva Lisboa (1780-1805). In: ARQUIVO HISTÓRICO ULTRAMARINO. *Elementos Informativos*. Brasil. Diversos. IV-2. Lisboa, 8 p. (ex. datilo.).

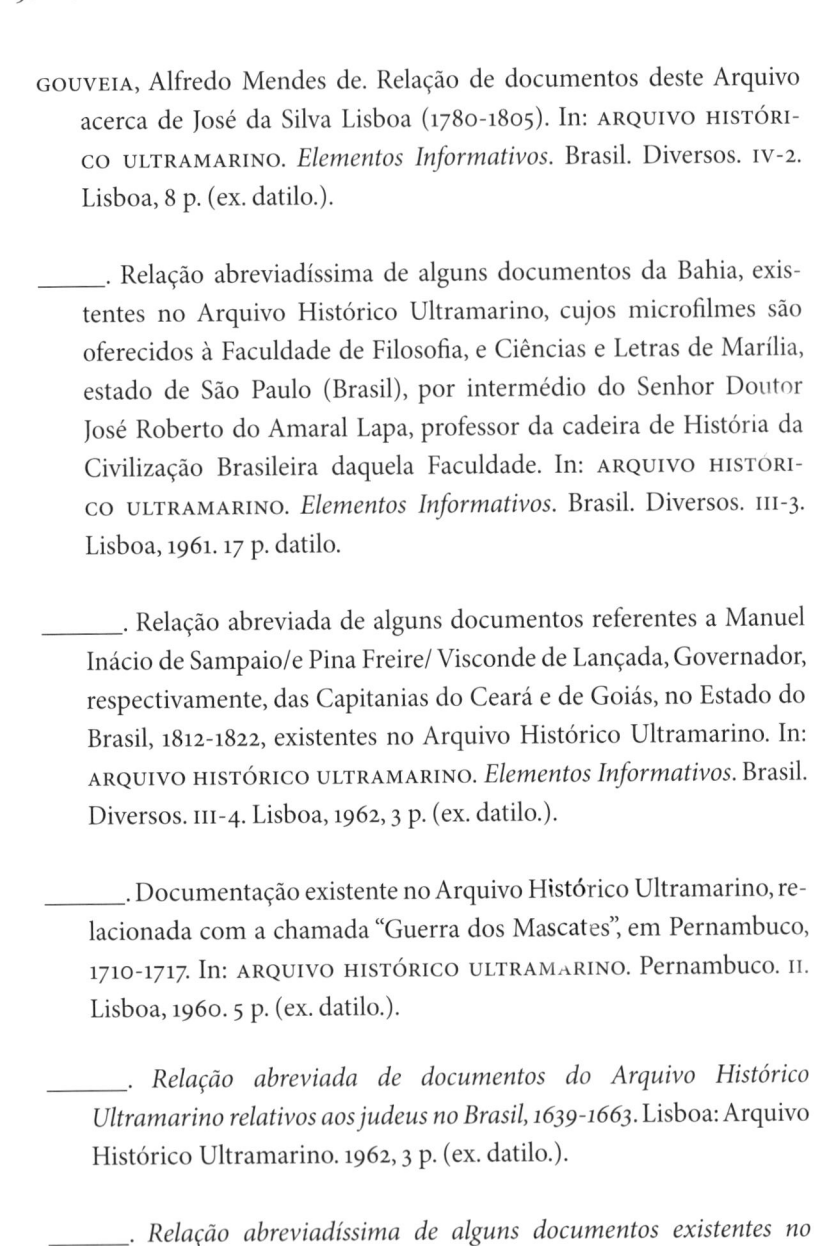

_____. Relação abreviadíssima de alguns documentos da Bahia, existentes no Arquivo Histórico Ultramarino, cujos microfilmes são oferecidos à Faculdade de Filosofia, e Ciências e Letras de Marília, estado de São Paulo (Brasil), por intermédio do Senhor Doutor José Roberto do Amaral Lapa, professor da cadeira de História da Civilização Brasileira daquela Faculdade. In: ARQUIVO HISTÓRICO ULTRAMARINO. *Elementos Informativos*. Brasil. Diversos. III-3. Lisboa, 1961. 17 p. datilo.

_____. Relação abreviada de alguns documentos referentes a Manuel Inácio de Sampaio/e Pina Freire/ Visconde de Lançada, Governador, respectivamente, das Capitanias do Ceará e de Goiás, no Estado do Brasil, 1812-1822, existentes no Arquivo Histórico Ultramarino. In: ARQUIVO HISTÓRICO ULTRAMARINO. *Elementos Informativos*. Brasil. Diversos. III-4. Lisboa, 1962, 3 p. (ex. datilo.).

_____. Documentação existente no Arquivo Histórico Ultramarino, relacionada com a chamada "Guerra dos Mascates", em Pernambuco, 1710-1717. In: ARQUIVO HISTÓRICO ULTRAMARINO. Pernambuco. II. Lisboa, 1960. 5 p. (ex. datilo.).

_____. *Relação abreviada de documentos do Arquivo Histórico Ultramarino relativos aos judeus no Brasil, 1639-1663*. Lisboa: Arquivo Histórico Ultramarino. 1962, 3 p. (ex. datilo.).

_____. *Relação abreviadíssima de alguns documentos existentes no Arquivo Histórico Ultramarino relativos ao porto de Salvador (Baía) como escala das naus na Carreira da Índia, 1740-1802, microfilma-*

dos para o Dr. Amaral Lapa. Lisboa: Arquivo Histórico Ultramarino, 1961. 11 p. (ex. datilo.).

_____. *Relação abreviadíssima de alguns documentos do século XVIII existentes no Arquivo Histórico Ultramarino com interesse para a História do Rio Grande de São Pedro do Sul e cujos microfilmes foram solicitados pelo professor da Faculdade de Filosofia daquele estado, Sr. Dr. Dante de Laytano.* Lisboa: Arquivo Histórico Ultramarino, 1962, 18 p. (ex. datilo.).

_____. *Relação abreviadíssima de alguns documentos existentes no Arquivo Histórico Ultramarino relativos à instituição do Consulado de Portugal, cujos microfilmes são oferecidos ao Arquivo Nacional do Rio de Janeiro, depois de utilizados pela professora brasileira D. Eulália Lobo, que fez a seleção.* Lisboa: Arquivo Histórico Ultramarino. 1961. 17 p. (ex. datilo.).

_____. *Relação de alguns documentos acerca da fragata de guerra "Nossa Senhora da Graça" existentes no Arquivo Histórico Ultramarino de Lisboa (1744-1765).* Lisboa: Arquivo Histórico Ultramarino, 1962. 7 p. (ex. datilo.).

_____. Relação dos compromissos de irmandades, confrarias e misericórdias do Brasil existentes no Arquivo Histórico Colonial de Lisboa que pertenceram ao Cartório do extinto Conselho Ultramarino. In: CONGRESSO DE HISTÓRIA NACIONAL, 4, 1949, Rio de Janeiro, *Anais...* Rio de Janeiro: Instituto Histórico e Geográfico Brasileiro, 1950, v. 7, p. 201-38.

_____. MANTERO, Maria Teresa. Relação abreviada dos documentos avulsos do Arquivo Histórico Ultramarino, referentes à Nova Colônia do Sacramento. Caixa 1 (1682-1739). In: ARQUIVO HISTÓrico ultramarino. *Elementos Informativos*. Nova Colônia do Sacramento. i. Lisboa, 1955. 37 p. (ex. datilo.).

lopes, Raquel Pousão. Relação abreviada dos documentos existentes no Arquivo Histórico Ultramarino, relativos a D. António Luis de Sousa, governador e capitão-general do Estado do Brasil (1684-1687). In: arquivo histórico ultramarino. *Elementos Informativos*. Brasil. Diversos. iii-6. Lisboa, 1963. 6 p. (ex. datilo.).

_____ *et al.* Relação abreviada de algumas espécies documentais e iconográficas existentes no Arquivo Histórico Ultramarino, com interesse para, em reprodução fotográfica, se exporem no Museu do Atlântico Sul, no forte de São Marcelo, na Baía (Brasil) (1668-1804). In: arquivo histórico ultramarino. *Elementos Informativos*. Brasil, Diversos. iv-1. Lisboa, 1966. 5 p. (ex. datilo.).

_____ *et al.* Relação abreviada de espécies documentais e cartográficas, existentes no Arquivo Histórico Ultramarino, referentes à Sé Catedral de Belém do Pará e cujos microfilmes foram solicitados pelo adido Cultural da Embaixada do Brasil em Lisboa, Sr. Dr. Odylo Costa (filho). In: arquivo histórico ultramarino. *Elementos Informativos*. Brasil. Diversos. iv-3. Lisboa, 1967. 3 p. (ex. datilo.).

mantero, Maria Teresa. Relação abreviada dos documentos avulsos do Arquivo Histórico Ultramarino referentes à Nova Colônia do Sacramento: Maço, nº 1-A (1701-1826). In: arquivo histórico ultramarino. *Elementos Informativos*. Nova Colônia do Sacramento. ii. Lisboa, 1955. 18 p. (ex. datilo.).

_____. Relação abreviada dos documentos avulsos do Arquivo Histórico Ultramarino; Caixa nº 2 (1738-1765). In: arquivo histórico ultramarino. *Elementos Informativos*. Nova Colônia do Sacramento. iii. Lisboa, 1955. 26 p. (ex. datilo.).

_____ et al. Catálogo de documentos do Arquivo Histórico Ultramarino referentes ao governo da Capitania do Rio Grande de São Pedro do Sul, por D. Diogo de Souza, Conde do Rio Pardo (1807-1811). In: ARQUIVO HISTÓRICO ULTRAMARINO. *Elementos Informativos*. I. Brasil. Capitania. 3. Lisboa, 1955. 42 p. (ex. datilo.).

MELO NETO, José António Gonçalves de. 1ª relação de papéis avulsos relativos à Capitania de Pernambuco, 1605-1738, organizada pelo Sr. Prof. Dr. José António Gonçalves de Melo Neto, da Universidade do Recife, quando leitor deste Arquivo. In: ARQUIVO HISTÓRICO ULTRAMARINO. *Pernambuco*. I. Lisboa, 1952. 62 p. (ex. datilo.).

_____. 2ª relação de papéis avulsos relativos à Capitania de Pernambuco, 1793-1794, organizado pelo Sr. Prof. Dr. José António Gonçalves de Melo Neto, da Universidade do Recife, quando leitor deste Arquivo. In: ARQUIVO HISTÓRICO ULTRAMARINO. *Pernambuco*. I. Lisboa, 1952, 89 p. datilo. p. 63-154.

_____. 3ª relação de papéis avulsos relativos à Capitania da Pernambuco, 1597-1671, organizada pelo Sr. Prof. Dr. José António Gonçalves de Melo Neto, da Universidade do Recife, quando leitor deste Arquivo. In: ARQUIVO HISTÓRICO ULTRAMARINO. *Pernambuco*. I. Lisboa, 1952. 240 p. datilo. p. 155-395.

PINTO, Maria Luísa Meireles; FERRER, Anêmona Xavier de Basto. Relação sumária de documentos avulsos do Arquivo Histórico Ultramarino respeitantes ao Morgado de Mateus. D. Luís António de Sousa Botelho Mourão. In: ARQUIVO HISTÓRICO ULTRAMARINO. *Elementos Informativos*. I. Brasil. Capitania. 6. Lisboa, 1958, 101 p. (ex. datilo.).

SILVA, Joaquim António Rebelo. Governadores do Rio de Janeiro cujas nomeações se encontram registadas nos códices do Conselho

Ultramarino existentes no Arquivo Histórico Ultramarino de Lisboa (1577-1733). In: ARQUIVO HISTÓRICO ULTRAMARINO. *Elementos informativos.* I. Brasil. Capitanias. 2. Lisboa, 1953. 4 p. (ex. datilo.).

TEIXEIRA, Cândida da Silva. Relação dos documentos do Rio de Janeiro existentes no Arquivo Colonial de Lisboa, respeitantes à emigração de açoreanos e Madeirenses para o Brasil, extraída do "Inventário de documentos relativos ao Brasil (...)" por Eduardo de Castro e Almeida, VI, VII e VIII, Rio de Janeiro, e outros também referentes ao mesmo assunto (1723-1755). In: ARQUIVO HISTÓRICO ULTRAMARINO. *Elementos Informativos.* I. Brasil. Capitanias. 1. Lisboa, 1948. 7 p. (ex. datilo.)

5. *Instrumentos de acesso à informação elaborados pioneiramente, mas ultrapassados:*

BOSCHI, Caio C. (coord.) *Documentos manuscritos avulsos sobre Minas Gerais depositados no Arquivo Histórico Ultramarino de Lisboa.* Lisboa: Belo Horizonte: Arquivo Histórico Ultramarino; Pontifícia Universidade Católica de Minas Gerais. 1991, 10 v. 2753 p. (ex. datilo.).

GUABIRABA, Maria Célia de Araújo (org.). *Inventário da documentação manuscrita relativa ao Ceará.* Lisboa: Arquivo Histórico Ultramarino, 1976. 271 p. (ex. datilo.).

GUERRA, Flávio. *Alguns documentos de arquivos portugueses de interesse para a História de Pernambuco*: Arquivo Nacional da Torre do Tombo e Arquivo Histórico Ultramarino. Recife. Arquivo Público Estadual, 1969. 309 p.

OLIVEIRA, Elza Régis de. *Documentos para a História da Paraíba*: Arquivo Histórico Ultramarino. João Pessoa: Universidade Federal da Paraíba – Núcleo de Documentação e Informação Histórica Regional, 1978. 2 v. 662 p. (ex. datilo.).

OLIVEIRA NETO, Luís Camilo. Índice dos documentos relativos ao Brasil pertencentes ao Arquivo Histórico Colonial de Lisboa. *Anais da Biblioteca Nacional*, Rio de Janeiro, 1941, v. 61, p. 59-238.

SOUSA, Maria Cecília Guerreiro de. *Inventário de Documentos Históricos sobre o Centro-Oeste*. [s.l.]: Fundação Universidade Federal de Mato Grosso – Núcleo de Documentação e Informação Histórica Regional, [19--]. 4 v. (Col. Documentos Ibéricos. (Série Inventários).

6. *Instrumentos relativos a pequenos conjuntos documentais:*

ALBUQUERQUE, Maria Izabel de. Documentos de interesse biográfico para a Bahia copiados do Arquivo Colonial: séculos XVII e XVIII. In: CONGRESSO DE HISTÓRIA DA BAHIA, 1, 1949. Lisboa. *Anais...* Salvador: Tip. Benedita: Instituto Histórico e Geográfico da Bahia, 1950, v. 2, p. 475-499.

CARVALHO, João Renôr F. de (org.). *Arquivo Histórico Ultramarino, Brasil: Rio Negro*. Caixas, Relação nominal dos documentos manuscritos da caixa nº 1 com papéis datados de 1728 a 1780. Lisboa, [s.n.], 1978. 26 p. (ex. datilo.).

CHAIM, Marivone Matos. Fontes documentais do Arquivo Histórico Ultramarino referentes a Goiás, Minas Gerais e Maranhão. VII Reunião da Sociedade Brasileira de Pesquisa Histórica. *Anais...* São Paulo, [s.n.], 1988. p. 171-177.

FERREIRA, Carlos Alberto. *Relação dos maços de ofícios dos governadores das capitanias do Ultramar que se remetem para o Rio de Janeiro em 1807 com D. João*. [s.n.t.]. 4 fls.

fonseca, Luisa da. O Maranhão: roteiro dos papéis avulsos do século xvii do Arquivo Histórico Colonial. In: congresso do mundo português. Lisboa, 1940, v. xi, p. 197-218.

iria, Alberto. A fundação do Governo Geral do Brasil e o Arquivo Histórico Colonial de Lisboa. In: congresso de história nacional, 4, 1949, Rio de Janeiro. *Anais...* Rio de Janeiro: Instituto Histórico e Geográfico Brasileiro, 1950, v. 2, p. 31-110.

oliveira neto, Luis Camilo de (comp.). Índice das Consultas do Conselho da Fazenda, 1622-1652, cód. 34-45. *Anais da Biblioteca Nacional*, Rio de Janeiro, v. 58, p. 1-336, 1939.

_____. Índice do códice de Mercês Gerais nº 79-91, 1644-1824. *Anais da Biblioteca Nacional*. Rio de Janeiro, v. 58, p. 337-474, 1939.

portugal, Junta de Investigação Científica do Ultramar. Arquivo Histórico Ultramarino. *Inventário de códices e de documentos avulsos do Arquivo Histórico Ultramarino referentes à Baía:* documentos dos séculos xvi a xix. Lisboa, 1981. 23 p. (Semana do Estoril – Portugal na Baía).

portugal, Instituto de Investigação Científica Tropical. Arquivo Histórico Ultramarino. *Inventário de códices e de documentos avulsos do Arquivo Histórico Ultramarino referentes ao Rio de Janeiro:* documentos do século xvi a xix. Lisboa: 1982. 48 p.

rego, António da Silva. Conselho Ultramarino: inventário das Consultas Mixtas. *Revista do Gabinete de Estudos Ultramarinos.* Lisboa, nº 1 a 14 e 18. jan.-mar. 1951 – mai.-ago. 1957.

revista do gabinete de estudos ultramarinos. Lisboa: Centro Universitário de Lisboa, jan./mar. 1951 – mai./ago. 1957.

Nos seus 16 primeiros números, entre 1951 e 1957, sob a forma de fascículos, a *Revista* publicou detalhado Inventário das "Consultas Mistas" (sic) do Conselho Ultramarino, extraídas dos códices 13 a 29 do fundo relativo a esta órgão, de 3/12/1643 a 15/05/1833.

5.13 Arquivo Municipal de Lisboa

Dados Institucionais
Endereço: Rua B, Bairro da Liberdade, Lotes 3 a 6, Piso 1 (Nas proximidades da Estação *Campolide* da CP – Caminhos de Ferro)
1070-017 Lisboa
Telefone: (351) 213.807.130/32
Fax: Desativado
Sítio eletrônico: arquivomunicipal.cm-lisboa.pt
E-mail: «dba.dga@cm-lisboa.pt»
Horário de funcionamento: De segunda a sexta-feira, de 9:30 às 17:00 horas.

A Instituição: breve descrição
O Arquivo Municipal de Lisboa encontra-se fisicamente dividido em três pólos: o Arquivo Intermédio/Arquivo Histórico, o Arquivo Arco do Cego e o Arquivo Fotográfico. Para as delimitações deste trabalho, a atenção converge para uma das duas partes integrantes do primeiro dos polos-sedes, vale dizer, ao "Arquivo Histórico".

Principais núcleos documentais
O antigo Arquivo Histórico da Câmara Municipal de Lisboa está constituído pelas seguintes coleções: a *Chancelaria Régia* (abrangendo os chamados Livros dos Reis, com documentos desde o século XIII até meados do XIX e livros de consultas, decretos e avisos, abarcando o período compreendido entre o reinado de D. Maria I e 1835); a *Chancelaria da Cidade* (subdividida em três grupos de espécies documentais: Livros de Chancelaria, relativos à administração propriamente dita

do município de Lisboa, dos séculos XVIII ao XIX; *Livros de Vereação*, abrangendo assentos, atas e termos da Câmara, dos séculos XVI ao XIX, e *Editais e Posturas*, com documentos do início do século XV ao XIX); *Juntas de Paróquias e Administrações de Bairros* (com documentação procedente de cartórios e paróquias dos bairros de Lisboa, entre 1834 e 1914); *Provimento do Pão* (livros relativos ao abastecimento da cidade de Lisboa, desde o século XIV ao XIX); *Provimento da Saúde* (referente às condições de higiene e de saúde pública da cidade, de 1484 ao século passado); *Casa dos Vinte e Quatro* (221 livros concernentes aos ofícios mecânicos e aos mestres de Lisboa, com documentos desde o século XV); *Marco dos Navios* (cerca de 200 livros de grande interesse para o estudo do comércio e do movimento de navios e do porto de Lisboa durante os séculos XVIII e XIX); *Casa de Santo António* (contendo, de um lado, breves papais, testamentos, aforamentos e livros de propriedades, desde as primeiras décadas do século XIII; de outro, a documentação do Hospital de São Lázaro); *Administração* (desmembrada em duas seções: "Propriedades", englobando tomos, foros, escrituras, prazos, arrendamentos e os próprios da cidade, dos séculos XIV ao XX; e "Finanças", que agrupa os documentos referentes a contabilidade, empréstimos, padrões e juros, dos séculos XVI ao XIX); *Legislação* (contendo legislação impressa, do governo e da Câmara Municipal de Lisboa, desde o início do século XVIII); *Obras Públicas* (subdividida em Águas Livres, iluminação, chafarizes e viação do século XV ao XX); *Câmara Municipal de Belém* (documentação daquela extinta casa entre 1852 e 1885) e *Miscelânea* (espécies variadas, como o nome indica, desde o século XVIII).

Com relação à História do Brasil, o núcleo mais interessante é o do *Marco dos Navios*, que, como se afirmou, é constituído por 199 livros de entrada de navios portugueses e estrangeiros no porto de Lisboa, com o regisrto das datas de entrada, proveniência e discriminação da carga, além de livros de receita e despesa do direito de entrada, então cobrados pela Casa dos Marcos, criada por D. João I. As datas-limite são 1772 e 1836, ao passo que os livros nos quais é apontada a chegada e a circulação de navios procedentes do Brasil atingem praticamente cinquenta por cento do total deste fundo.

Este ainda não explorado acervo foi exaustivamente compilado em base de dados e publicado. Cf. FRUTUOSO, Eduardo; GUINOTE, Paulo; LOPES, António. *O movimento do porto de Lisboa e o comércio luso-brasileiro, 1769-1826*. Lisboa: Comissão Nacional para as Comemorações dos Descobrimentos Portugueses, 2001. 795 p.

Instrumentos de acesso à informação

O pólo "Arquivo Histórico" do Arquivo Municipal de Lisboa dispõe de numerosos inventários e catálogos (datilografados, policopiados e em formato digital) para consulta no próprio local, enquanto se aguarda o término do processo de informatização e de digitalização do seu acervo.

PORTUGAL. Câmara Municipal de Lisboa. *Guia do Arquivo Municipal de Lisboa*. Lisboa: Câmara Municipal de Lisboa/Divisão de Arquivos, 1992. 33 p.

PORTUGAL. Instituto Português de Arquivos. Arquivo Municipal de Lisboa. In: *Guia de Fontes Portuguesas para a História de África*. Lisboa: Comissão Nacional para as Comemorações dos Descobrimentos Portugueses; Fundação Oriente; Imprensa Nacional – Casa da Moeda, 1991, v. 1, p. 49-50.

PORTUGAL. Instituto dos Arquivos Nacionais/Torre do Tombo. *Guia de Fontes Portuguesas para a História da América Latina*. Lisboa: Comissão Nacional para as Comemorações dos Descobrimentos Portugueses; Fundação Oriente; Imprensa Nacional – Casa da Moeda, 2001, v. 2, p. 113-116.

SERRÃO, Joel; LEAL, Maria José da Silva; PEREIRA, Miriam Halpern. Arquivo Municipal de Lisboa. In: *Roteiro das Fontes de História Portuguesa contemporânea*: Arquivos de Lisboa: Arquivo da Câmara

Municipal de Lisboa. Lisboa: Instituto Nacional de Investigação Científica, 1985. p. 395-483.

Documentos do acervo relativos ao Brasil foram publicados por:

AMARAL, Lia Arez Ferreira do. *Alguns documentos significativos para a História do Brasil:* comunicação apresentada ao v Congresso Brasileiro de Arquivilogia, Rio de Janeiro, out. 1992, 4 p. datilo.

OLIVEIRA, Eduardo Freire de. *Elementos para a História do município de Lisboa.* Lisboa: Typographia Nacional, 1882. 17 v.

5.14 Arquivo Nacional da Torre do Tombo

Dados Institucionais
Endereço: Alameda da Universidade
1649-010 Lisboa
Telefone: (351) 217.811.500
Fax: (351) 217.937.230
Sítio eletrônico: «antt.dgarq.gov.pt/»
E-mail: «mail@dgarq.gov.pt»
Horário de funcionamento: de segunda a sexta-feira, das 9:30 horas às 19:00 horas, e, aos sábados, de 9:30 horas às 12:15 horas.

Requisições de documentos para consulta: na *Sala de Leitura Geral* – de segunda a sexta-feira, de 9:30 às 15:30 horas; na *Sala de Leitura de Microfilmes* – de segunda a sexta-feira, de 9:30 às 18:30 horas. Aos sábados, não há requisição de documentos.

Para consulta e leitura desses, os pedidos deverão ser apresentados até as 15:30 horas da sexta-feira anterior. As requisições também podem ser feitas por telefone – n° 217.851.500 – ou por via eletrônica: «mail@dgarq.gov.pt» ou «dc@antt.dgarq.gov.pt»

A Instituição: breve descrição

Arquivo central do Estado português, dependente da Direcção-Geral de Arquivos, acolhe documentos datados desde o século IX, tendo sido instalado no século XIII, quer como arquivo régio, quer como da administração do Reino e das possessões ultramarinas. Desde sempre presta importante serviço para particulares e instituições na emissão de certidões. Entre 1918 e 1992, exerceu também as funções de Arquivo Distrital de Lisboa. Nele se recolhem ainda documentos provenientes de fundos eclesiásticos, notariais e de arquivos senhoriais e pessoais (cf.«antt. dgarq.gov.pt/identificacao-institucional/historia/» e «antt.dgarq.gov.pt/identificacao-institucional/missao-e-objectivos/»).

Recursos na consulta ao acervo documental da Torre do Tombo

Diante de mais de 1250 *fundos,* de origem pública e privada, além de várias dezenas de *Colecções,* a disponibilização de instrumentos de descrição e de acesso e reprodução documentais torna-se premissa fundamental para que a consulta seja ágil e eficaz. As recentes administrações da Direcção-Geral dos Arquivos e do Arquivo Nacional da Torre do Tombo têm correspondido a tal expectativa, sobretudo no que tange à utilização das Novas Tecnologias, seja para a produção de novos instrumentos de descrição documental, seja na digitalização dos acervos.

Quanto aos primeiros, consultem-se os *Guias de Fundos e Colecções da Torre do Tombo,* já com seis volumes publicados em papel, conforme referências bibliográficas abaixo consignadas. Tais instrumentos podem também ser conhecidos e acessado eletronicamente (cf. «antt.dgarq.gov. pt/pesquisar-na-torre-do-tombo/»). Todavia, como adverte o próprio *site* em que se inserem, é mister ter atenção à desatualização das informações estampadas, tanto na *Lista de Fundos, Subfundos e Colecções da Torre do Tombo* (cf. «antt.dgarq.gov.pt/files/2009/11/lista-de-f-sr-col-tt-2009-11-26.pdf»), como no *Guia Sumário dos Fundos e Colecções da Torre do Tombo – Parte I* (cf. «antt.dgarq.gov.pt/files/2008/10/guia_sumario_com_idd1.doc»). Significa dizer, pois, que a inventariação, a organização e o tratamento arquivístico dos fundos continuam a ser realizados. Por conseguinte, os mencionados instrumentos são permanentemente atualizados.

A maneira mais adequada e confiável, inclusive para que se apreenda o universo atualizado dos *fundos* que vão sendo tratados arquivisticamente pelos técnicos da Torre do Tombo e logo comunicados ao público, é acessar o *site*: «digitarq.dgarq.gov.pt». Nele, clicar "Pesquisa Avançada". Em seguida, no *box* "Selecione os níveis de descrição", manter o sinal de "v" apenas na palavra "Fundo" (eliminando a marcação nas demais palavras) e, logo abaixo, clicar "Pesquisar". "O resultado da pesquisa" é a listagem atualizada de todos os *fundos* do ANTT.

No que respeita à disponibilização dos próprios documentos, os trabalhos têm igualmente avançado. Em janeiro de 2010, já se podia acessar base de dados relativa aos seguintes *fundos*: Casa Real – Matrícula de Moradores; Casa Real – Mordomia-Mor; D. Afonso Henriques – Chancelaria; D. Carlos I – Mercês; D. João II – Chancelaria; D. João IV – Chancelaria; D. João V – Chancelaria; D. João V – Mercês; D. João VI – Chancelaria; D. José I – Chancelaria; D. Luís I – Mercês; D. Maria I – Chancelaria; D. Maria I – Mercês; D. Maria II – Mercês; D. Miguel – Processos Políticos; D. Pedro II – Mercês; Corpo Cronológico; Desembargo do Paço – Corte, Extremadura e Ilhas; Genealogias Manuscritas; Inventários Orfanológicos; Junta do Comércio; Leitura de Bacharéis – Habilitações; Memórias Paroquiais (1758); Ministério do Reino – Decretamento de Serviços; Ordem de Avis – Habilitações; Ordem de Cristo – Chancelaria; Ordem de Cristo – Habilitações; Ordem de Santiago – Habilitações; Registro Geral de Testamentos e Santo Ofício – Habilitações. (cf. «ttonline.dgarq.gov.pt/» ou «antt.dgarq. gov.pt/pesquisar-na-torre-do-Tombo/tt-online/»).

Principais núcleos documentais

Grosso modo, os conjuntos documentais da Torre do Tombo se integram em cinco grandes grupos, a saber: *Instituições do Antigo Regime; Instituições Contemporâneas: Colecções; Arquivos Pessoais, Familiares e Empresariais;* e *Instituições Eclesiásticas.*

Estas últimas constituem os conjuntos mais numerosos, cujos instrumentos de pesquisa se encontram em fase de elaboração. Seu conteúdo, no entanto, pode ser conhecido e consultado por intermédio do *Guia Sumário dos Fundos e Colecções da Torre do Tombo – Parte II* (cf. «antt.dgarq.gov.pt/files/2008/10/guia_sumario_com_idd2.doc»), não obstante os dados nele contidos datarem de outubro de 2002.

A referir também os acervos documentais de cartórios notariais, com destaque para as dezenas e dezenas de fundos dos *Juízos dos Órfãos* de todo o País. (cf. «antt.dgarq.gov.pt/files/2009/11/lista-de-f-sr-col-tt-2009-11-26.pdf»).

De tão vastos universos documentais da Torre do Tombo, sobrelevem-se alguns daqueles pertinentes à História de Portugal na Época Moderna. Portanto, relativamente às *Instituições do Antigo Regime*, no que respeita aos fundos (e subfundos), há que se apontar a *Chancelaria Régia*, incontornável conjunto de 1.162 livros, abrangendo o período de 1211-1833 (cf. «digitarq.dgarq.gov.pt?ID=3813585»), e à *Chancelaria-Mor da Corte e Reino*, com seus 607 livros e 72 maços de documentos, produzidos entre 1642 e 1833; os 451 livros dos *Contos de Lisboa/ Contos do Reino e Casa*, (1395-1693) (cf. «digitarq.dgarq.gov.pt?ID=4162481»), que se somam aos mais de 31.000 livros da *Casa dos Contos do Reino e Casa/Erário Régio* (cf. «digitarq.dgarq.gov.pt?ID=4169375»); os cerca de 1.400 livros e 9.000 processos quem compõem o fundo *Casa da Suplicação*, recolhendo documentos entre o século XV e meados do XIX (cf. «digitarq.dgarq.gov.pt?ID=4162628»); a *Casa das Rainhas*, composto por 808 livros e 436 maços, cujas datas-limite são 1517 e 1840 (cf. «digitarq.dgarq.gov.pt?ID=4164777»); o acervo de 1220 livros, 1425 maços e 501 maços concernentes à *Casa do Infantado*, entre 1650 e 1833 (cf. «digitarq.dgarq.gov.pt?ID=3910382»); o *Conselho da Fazenda*, com seus 607 livros, 953 maços e 883 caixas, referentes aos anos de 1435 até 1836 (cf. «digitarq.dgarq.gov.pt?ID=3909746»); os 284 livros e 1055 caixas de documentos, datados de 1640 até 1834, pertinentes ao *Conselho de Guerra* (cf. «digitarq.dgarq.gov.pt?ID=4411624»); os 10 livros do *Conselho Ultramarino* (1703-1803) (cf. «digitarq.dgarq.gov.

pt?ID=4167269»); os quase 500 livros concernentes à *Companhia Geral do Grão-Pará e Maranhão* (cf. «digitarq.dgarq.gov.pt?ID=3910102») e à *Companhia Geral de Pernambuco e Paraíba* (cf. «digitarq.dgarq.gov.pt?ID=3910326»), bem como a *Junta de Liquidação dos Fundos* de ambas, com registros que datam de meados do século XVIII até início do XX (cf. «digitarq.dgarq.gov.pt?ID=4217286»); o *Desembargo do Paço*, com os seus 262 livros e os mais de 8000 maços, conjunto que, contendo documentos de 1481 a 1833 (cf. «digitarq.dgarq.gov.pt?ID=4167317») abrange aqueles referentes à *Leitura de Bacharéis*; aos nove livros e três centenas e meia de documentos sobre a *Feitoria Portuguesa* da Antuérpia, acervo este integrado ao fundo do Ministério dos Negócios Estrangeiros; a documentação do *Governo do Estado da Índia*, (cf. «digitarq.dgarq.gov.pt?ID=4186161») com seus 62 Livros de Monções (1605-1699) e os 94 da Chancelaria e Junta da Real Fazenda (1567-1828); o *Grão-Priorado do Crato/Ordem de Malta*, com 307 livros e 35 maços de documentos compreendidos entre 1591 e 1833; aos 8000 livros e 2753 caixas de documentos que até recentemente integravam e em grande parte dizem respeito aos *Hospital Real de Todos os Santos/Hospital de São José e Anexos*, sediados em Lisboa (cf. «digitarq.dgarq.gov.pt?ID=4192593»); os 276 livros e 604 maços respeitantes à *Intendência Geral de Polícia da Corte e Reino*, balizados entre 1460 e 1834 (cf. «digitarq.dgarq.gov.pt?ID=4205425»); o *Juízo da Chancelaria* (cf. «digitarq.dgarq.gov.pt?ID=4207284»); os 35 livros, com registros dos séculos XVIII e XIX do *Juízo da Inconfidência*; o *Juízo da Índia e Mina* (cf. «digitarq.dgarq.gov.pt?ID=4208377») e seu subfundo *Juízo das Justificações Ultramarinas*, com suas quase 800 caixas de documentos (cf. «digitarq.dgarq.gov.pt?ID=4211646»); o *Juízo da Provedoria dos Resíduos e Cativos*, (cf. «digitarq.dgarq.gov.pt?ID=4221414») que, relativamente ao *Registro Geral de Testamentos*, (cf. «digitarq.dgarq.gov.pt?ID=4221627») abarca, no período de 1566 a 1900, 528 livros; o *Juízo das Apelações e Agravos Cíveis*, compreendido em 80 livros e 90 caixas de documentos exarados entre 1700 e 1833 (cf. «digitarq.dgarq.gov.pt?ID=4206402»); o *Juízo das Apelações Crime*, conforme seus 14 livros e 63 maços de documentos, de 1767 a 1833 (cf. «digitarq.dgarq.gov.pt?ID=4206474»); o *Juízo dos Feitos da Coroa* (cf. «digitarq.dgarq.gov.pt?ID=4206937»); os 10 livros e 117 caixas de documentos, datados entre 1693 e 1833, do fundo *Juízo dos Feitos da Fazenda* (cf. «digitarq.dgarq.gov.pt?ID=4207255»); o *Juízo dos Órfãos*, com seus 719 livros, 174 maços e 71 caixas, mediados cronologicamente entre 1710 e 1901; a *Junta da Administração do Tabaco*, com 410 livros e aproximadamente 430 maços de documentos, no período de 1674 a 1833 (cf. «digitarq.dgarq.gov.pt?ID=4206525»); os 449 livros e 380 maços atinentes à *Junta do Comércio*, entre 1739 e 1834, (cf. «digitarq.dgarq.gov.pt?ID=1411410»), bem como o seu subfundo *Mesa do Bem Comum dos Mercadores de Retalho* (cf. «digitarq.dgarq.gov.pt?ID=1412281»); a *Junta do Depósito Público de Lisboa*, com seus 682 livros e 45 caixas de documentos, dos anos 1719 até 1877 (cf. «digitarq.dgarq.gov.pt?ID=4206789»); os 25 livros de assentos da *Junta dos Três Estados*, entre 1756 e 1813 (cf. «digitarq.dgarq.gov.pt?ID=4222650»); a importante *Mesa da Consciência e Ordens*, que reune documentos do século XII até 1833, em 2214 livros, 1384 maços e 3297 processos, (cf. «digitarq.dgarq.gov.pt?ID=4223364») dentre os quais se incluem aqueles que estão acondicionados nos subfundos *Mestrado da Ordem de Cristo* (cf. «digitarq.dgarq.gov.pt?ID=4223787»), *Mestrado da Ordem de Santiago* (cf. «digitarq.dgarq.gov.pt?ID=4223790») e *Mestrado da Ordem de São Bento de Avis* (cf. «digitarq.dgarq.gov.pt?ID=4223791»); o acervo do *Ministério das Finanças*, composto por 707 maços de documentos; (cf. «digitarq.dgarq.gov.pt?ID=4224306»); os 2934 livros e 7738 maços de documentos referentes ao essencial *Ministério do Reino*, entre os anos de 1554 e 1928 (cf. «digitarq.dgarq.gov.pt?ID=4242888»); o diversificado, intrincado e caudaloso acervo de livros e maços de documentos do *Ministério dos Negócios Eclesiásticos e da Justiça* (cf. «digitarq.dgarq.gov.pt?ID=4229753»); *Ordem de Cristo e Convento de Tomar* (cf. «digitarq.dgarq.gov.pt?ID=4251169»); os 32 maços de documentos referentes à *Ouvidoria da Alfândega* (cf. «digitarq.dgarq.gov.pt?ID=4251149»); os mais de 1500 livros relativos à *Provedoria e Junta da Real Fazenda do Funchal*, do período de 1569 a 1851 (cf. «digitarq.

dgarq.gov.pt?ID=4310201»); os 24 livros e 55 caixas de documentos da *Real Mesa Censória*, no período de 1687 e 1848 (cf. «digitarq.dgarq.gov. pt?ID=4311313») ; os 424 livros da *Secretaria das Mercês*, o muito consultado *Registro Geral de Mercês*, relativo aos assentos entre 1639 e 1949; à *Secretaria de Estado/Ministério dos Negócios Estrangeiros*, compreendendo 838 livros e 960 caixas, datados desde o século XV até os inícios do XX (cf. «digitarq.dgarq.gov.pt?ID=4227811»); as 4 caixas de documentos da *Superintendência Geral dos Contrabandos e Descaminhos* (cf. «digitarq.dgarq.gov.pt?ID=4314200»); e, por fim, os 3004 livros, 624 caixas, 329 maços e quase 80000 processos que compõem a instigante documentação do *Tribunal do Santo Ofício* (cf. «digitarq.dgarq.gov. pt?ID=2299703»), aí incluídos os subfundos da *Inquisição de Lisboa* (cf. «digitarq.dgarq.gov.pt?ID=2299704»), da *Inquisição de Coimbra*, da *Inquisição de Évora*, bem como o acervo do *Conselho Geral do Santo Ofício português*.

Nas **Colecções**, citem-se: o *Armário Jesuítico e Cartório dos Jesuítas* (cf. «digitarq.dgarq.gov.pt?ID=1222241»); os 37 livros, com assentos de 1707 a 1853, agrupados sob a denominação de *Arquivo Nacional do Rio de Janeiro* (cf. «digitarq.dgarq.gov.pt?ID=3886647»); os 64 maços de documentos que respeitantes a *Bulas*, no período de 1179 a 1781 (cf. «digitarq.dgarq.gov.pt?ID=3907961»); a coleção de *Cartas* (cf. «digitarq.dgarq.gov.pt?ID=3908162»); a *Colecção Cartográfica* (cf. «digitarq.dgarq.gov.pt?ID=4162622»); a de *Forais* (cf. «digitarq.dgarq. gov.pt?ID=4185722»); o *Corpo Cronológico*, composto por 525 maços, totalizando 83212 documentos, datados entre 1161 e 1696 (cf.«digitarq. dgarq.gov.pt?ID=3767258»); a *Colecção Especial*, em suas 77 caixas, cujos documentos se situam entre 1154 e 1831 (cf. «digitarq.dgarq.gov. pt?ID=1281334»); as *Gavetas* (cf. «digitarq.dgarq.gov.pt?ID=4185743»); os 105 livros de *Genealogias Manuscritas* (cf. «digitarq.dgarq.gov. pt?ID=4187619»); a coleção de *Leis e Ordenações*, dos séculos XIII a XVIII, compiladas em 29 livros e 61 maços (cf. «digitarq.dgarq. gov.pt?ID=4223254»); a *Leitura Nova* (cf. «digitarq.dgarq.gov. pt?ID=4223191»); as *Memórias Paroquiais*, de 1757-1758, constantes de 44 livros (cf. «digitarq.dgarq.gov.pt?ID=4238720»); os 2752 livros de

Manuscritos da Livraria, datados dos séculos XVI ao XVIII; os quase cinquenta livros dos *Manuscritos do Brasil* (1550-1810) (cf. «digitarq.dgarq.gov.pt?ID=4248591»); as cerca de quatro dezenas de livros *Manuscritos vindos do Ministério da Instrução Pública,* com registros entre 1426 e 1826 (cf. «/.dgarq.gov.pt?ID=4227807»); os três conjuntos denominados *Núcleo Antigo,* integrados por *Obras várias impressas e manuscritas* (cf. digitarq.dgarq.gov.pt?ID=4251562), *Documentos particulares* (cf. «digitarq.dgarq.gov.pt?ID=4169353»), e *Índices diversos* (cf. «digitarq.dgarq.gov.pt?ID=4205180»); aqueles que constituem a coleção *Papéis do Brasil,* vale dizer, 15 livros e 7 documentos (cf. «digitarq.dgarq.gov.pt?ID=4251567»); a coleção *Morgados e Capelas* (cf. «digitarq.dgarq.gov.pt?ID=4223346»); a *Colecção de São Vicente* (cf. «digitarq.dgarq.gov.pt?ID=4166303»); a dos *Tratados,* com datas-limite situadas entre 1652 e 1878 (cf. «digitarq.dgarq.gov.pt?ID=4336013»).

No tocante aos **Arquivos Pessoais, Familiares e Empresariais,** assinalem-se os da *Casa de Abrantes,* composto por 88 caixas de documentos, balizados entre os séculos XIII e XX (cf. «digitarq.dgarq.gov.pt?ID=3908153»); a da *Casa de Aveiras e Vagos* (cf. «digitarq.dgarq.gov.pt?ID=3908351»); o da *Casa de Cadaval,* em 54 livros, com registros dos séculos XVI ao XX (cf. «digitarq.dgarq.gov.pt?ID=3908656»); as 112 caixas, 11 pacotes e 2 livros do Arquivo da *Casa Fronteira e Alorna* (cf. «digitarq.dgarq.gov.pt?ID=3909726»); os documentos da *Casa Galveias,* depositados em 24 caixas, no espaço cronológico dos séculos XV ao XX (cf. «digitarq.dgarq.gov.pt?ID=3910101»); as 139 caixas e 5 maços do *Arquivo da Casa de Povolide,* com igual período (cf. «digitarq.dgarq.gov.pt?ID=4162272»); o dos *Condes de Linhares* (cf. «digitarq.dgarq.gov.pt?ID=3910474»); o da *Casa de Valadares* (cf. «digitarq.dgarq.gov.pt?ID=4167290»); o da *Família Costa Cabral,* com documentos datados de 1710 a 1834 e armazenados em 43 caixas (cf. «digitarq.dgarq.gov.pt?ID=4182624»); o da *Família Sinel de Cordes* (cf. «digitarq.dgarq.gov.pt?ID=4185741») as 9 caixas e 1 pacote de documentos, dos séculos XV ao XX, do arquivo de *Adília Mendes* (cf. «digitarq.dgarq.gov.pt?ID=3886631»); as 42 caixas, compreendendo cerca de uma centena de maços, dos acervos de *D. António, prior do Crato, e seus descendentes* (séculos XVI-XVIII) (cf. «digitarq.dgarq.gov.pt?ID=3897439»); as duas caixas de documentos, situados entre 1800 e 1852, que pertenceram e que se referiam a *António de Saldanha da Gama*, conde de Porto Santo (cf. «digitarq.dgarq.gov.pt?ID=4411617»); e as 6 caixas de fontes históricas, da segunda metade do Dezoito, respeitantes a José Francisco Correia da Serra, ou seja, ao *Abade Correia da Serra* (cf. «digitarq.dgarq.gov.pt?ID=4207246»).

Obras gerais e instrumentos de acesso à informação

ALBUQUERQUE, Martim de. *A Torre do Tombo e os seus tesouros*. Lisboa: Inapa, 1990. 347 p.

AZEVEDO, Pedro A. D'; BAIÃO, António. *O Archivo da Torre do Tombo:* sua história, corpos que o compõem e organização. Lisboa: Imprensa Comercial, 1905. 222 p. (Annaes da Academia de Estudos Livres).

De consulta fundamental. Há edição fac-similada, publicada em 1989, sob co-edição do Arquivo Nacional da Torre do Tombo e de Livros Horizonte; com "Nota Prévia", de Maria do Carmo Jasmins Dias Farinha, e "Adenda" (Incorporações, Legislação e diretores posteriores a 1905), por Maria do Carmo Jasmins Dias Farinha, Maria José da Silva Leal, Maria Manuela Nunes, Maria Teresa Saraiva e Eugenia Ribeiro Costa.

BAIÃO, Antônio. *O Arquivo Nacional da Torre do Tombo*. Lisboa: Imprensa Nacional, 1929. 36 p. (Exposição Portuguesa de Sevilha).

COSTA, José Pereira da. O Arquivo Nacional da Torre do Tombo. *Revista de História Económica e Social*. Lisboa, n° 6, p. 97-103, jul.-dez. 1980.

FIGUEIREDO, A. Mesquita de. *Arquivo Nacional da Torre do Tombo:* roteiro práctico. Lisboa: Livraria Universal, 1922. 100 p.

MARQUES, João Martins da Silva. *Arquivo Nacional da Torre do Tombo:* ensaios de um Manual de Heurística e Arquivologia. 1. Index Indicum. Lisboa: [s.n.], 1935. (Separata *da Revista Ethnos*, v. 1, 1936). Alguns cuidados aí devem ser tomados. Publicado há várias décadas, é natural que os números dos índices citados já não correspondam à realidade. Sem embargo dos comentários apresentados pelo autor para as referências feitas, o pesquisador deve proceder à correspondência destas últimas com as quotas atuais, o que só pode ser realizado no contato com os instrumentos de busca existentes na Sala de Catálogos do Arquivo, seja através de um exemplar da referida obra ali existente e que está totalmente revisto em anotações manuscritas, seja através de pequena gaveta de aço ("ficheiro") também encontrável naquele local.

PESSANHA, José Maria da Silva. *Sobre a elaboração e publicação do inventário do Real Arquivo da Torre do Tombo.* [s.n.t.] (Parecer apresentado ao Conselho Administrativo das Bibliotecas e Arquivos Nacionais na sessão de 10/11/1906).

PORTUGAL. Instituto dos Arquivos Nacionais/Torre do Tombo. *Guia Geral dos Fundos da Torre do Tombo;* Primeira Parte: Instituições do Antigo Regime: volume I – Administração Central (1). Lisboa: Instituto dos Arquivos Nacionais – Torre do Tombo, 1998. 435 p. (Col. Instrumentos de Descrição Documental).

PORTUGAL. Instituto dos Arquivos Nacionais/Torre do Tombo. *Guia Geral dos Fundos da Torre do Tombo;* Primeira Parte: Instituições do Antigo Regime: volume II – Administração Central (2). Lisboa: Instituto dos Arquivos Nacionais – Torre do Tombo, 1999. 513 p. (Col. Instrumentos de Descrição Documental).

PORTUGAL. Instituto dos Arquivos Nacionais – *Torre do Tombo. Guia Geral dos Fundos da Torre do Tombo;* Primeira Parte: Instituições do Antigo Regime: volume III – Administração Central (3). Lisboa:

Instituto dos Arquivos Nacionais – Torre do Tombo, 2000. 471 p. (Col. Instrumentos de Descrição Documental).

PORTUGAL. Instituto dos Arquivos Nacionais/Torre do Tombo. *Guia Geral dos Fundos da Torre do Tombo;* Primeira Parte: Instituições do Antigo Regime: volume IV – Administração Periférica, Domínios, Casa Real e Casas Anexas. Lisboa: Instituto dos Arquivos Nacionais – Torre do Tombo, 2002. 589 p. (Col. Instrumentos de Descrição Documental).

PORTUGAL. Instituto dos Arquivos Nacionais/Torre do Tombo. *Guia Geral dos Fundos da Torre do Tombo;* Segunda Parte: Instituições Contemporâneas: volume V. Lisboa: Instituto dos Arquivos Nacionais – Torre do Tombo, 2004. 364 p. (Col. Instrumentos de Descrição Documental).

PORTUGAL. Instituto dos Arquivos Nacionais/Torre do Tombo. *Guia Geral dos Fundos da Torre do Tombo;* volume VI: Colecções, Arquivos de Pessoas Singulares, de Famílias, de Empresas, de Comissões e de Congressos. Lisboa: Instituto dos Arquivos Nacionais – Torre do Tombo, 2005. 411 p. (Col. Instrumentos de Descrição Documental).

RIBEIRO, Fernanda. *O acesso à informação nos arquivos.* Lisboa: Fundação Calouste Gulbenkian/Fundação para a Ciência e a Tecnologia, 2003. 2 v.

RIBEIRO, João Pedro. *Memórias autênticas para a História do Real Arquivo.* Lisboa: Imprensa Régia, 1819.

SERRÃO, Joel; LEAL, Maria José Silva; PEREIRA, Miriam Halpern. *Roteiro de Fontes da História Portuguesa contemporânea:* Arquivos de Lisboa – Arquivo Nacional da Torre do Tombo. Lisboa: Instituto Nacional de Investigação Científica, 1984. 2 v.

Apesar do título se referir a período recente, este trabalho é de grande utilidade. Encontra-se, no entanto, desatualizado no que respeita ao seu enquadramento arquivístico e ao nível de descrição dos conjuntos documentais nele detalhadamente referenciados.

Fundos e Coleções de maior interesse para a História do Brasil
Para uma notícia introdutória a esse respeito, não obstante reparos quanto à atualidade das informações sobre a situação técnico-arquivística de alguns fundos e coleções mencionados no texto, leia-se:

FARINHA, Maria do Carmo Jasmins Dias; HENRIQUES, Maria de Lurdes. No v Centenário da Chegada dos Portugueses ao Brasil: reviver o patrimônio comum. Contribuição do Instituto dos Arquivos Nacionais/Torre do Tombo. *Acervo*, Rio de Janeiro, v. 10, n° 1, p. 3-16, jan.-jun. 1997.

Para conhecimento mais aprofundado, compulsem-se, incontornavelmente:

PORTUGAL. Instituto dos Arquivos Nacionais/Torre do Tombo. *Guia de Fontes Portuguesas para a História da América Latina*. Lisboa: Comissão Nacional para as Comemorações dos Descobrimentos Portugueses; Fundação Oriente; Imprensa Nacional – Casa da Moeda, 1997, v. 1, p. 63-129.

PORTUGAL. Instituto dos Arquivos Nacionais/Torre do Tombo. *Guia de Fontes Portuguesas a História da América Latina*. Lisboa: Comissão Nacional para as Comemorações dos Descobrimentos Portugueses; Fundação Oriente; Imprensa Nacional – Casa da Moeda, 2001, v. 2, p. 141-219.

Sem que se dispense a consulta a outros núcleos documentais, relativamente ao estudo da História do Brasil, sugere-se a remissão àqueles que se seguem:

• **Alfândegas de Lisboa**
Não se trata de fundo arquivístico, mas sim de parte de uma secção do fundo *Erário Régio*, ou melhor, *Casa dos Contos do Reino* e *Casa/Erário Régio*. Consulte-se, a propósito: «digitarq.dgarq.gov.pt/?ID=4169375» e os seguintes instrumentos de acesso à informação:

PORTUGAL. Instituto Português de Arquivos. *Guia de Fontes Portuguesas para a História de África*. Lisboa: Comissão Nacional para as Comemorações dos Descobrimentos Portugueses; Fundação Oriente; Imprensa Nacional – Casa da Moeda, 1993, v. 2, p. 81-87.

PORTUGAL. Instituto dos Arquivos Nacionais/Torre do Tombo. *Guia de Fontes Portuguesas para a História da América Latina*. Lisboa: Comissão Nacional para as Comemorações dos Descobrimentos Portugueses; Fundação Oriente; Imprensa Nacional – Casa da Moeda, 1997, v. 1, p. 106-116 e v. 2, p. 27-34.

TREMOCEIRO, Paulo Manuel; MACHADO, Joaquim Abílio Ferreira. *Alfândegas de Lisboa*: Inventário. Lisboa: Arquivos Nacionais/ Torre do Tombo – Divisão de Publicações, 1995. 410 p.

Para a História do Brasil, no entanto, a parte mais substantiva ainda não está disponível para consulta. Esclareça-se. Por decorrência de negociações que se desenrolaram desde 1982, em setembro de 2008 o acervo documental custodiado pela Direcção-Geral das Alfândegas e dos Impostos Especiais sobre o Consumo, sucessora da Direcção das Alfândegas de Lisboa foi transferido para o Arquivo Nacional da Torre do Tombo, onde está sendo objeto de tratamento técnico antes de ser incorporado ao referido fundo *Casa dos Contos do Reino* e *Casa/Erário Régio*, com o qual guarda afinidades temática e institucional.

Principais núcleos documentais

O conjunto documental em causa se apresenta sob a forma de códices contendo variados tipos de "registros", reunidos em aproximadamente duzentas coleções, num total de 485 livros, que abarcam fontes manuscritas oriundas das Alfândegas de Lisboa (estrito senso), de Castro Marim, Elvas, Faro, Lagos, Moura, Mourão, Peniche, Serpa, Setúbal, Tavira, Vila do Conde, Vila Real de Santo António; Paço da Madeira; Casa da Índia; Terreiro Público; Alfândega das Sete Casas; Alfândegas Municipais de Lisboa, do Consumo, do Tabaco, Grande Lisboa e Grande do Açúcar; Porto Franco; Contadoria da Fazenda da Cidade; Foral do Reguengo da Cidade de Tavira; Diário da Administração da Nau "São Francisco de Paula"; festividades de N. Sra. das Alfândegas, isto é, de N. Sra. da Atalaia, de N. Sra. da Conceição e do Oratório da Alfândega Grande de Lisboa; obras públicas no Ribatejo (séc. XVIII); Real Mesa Censória; Junta da Directoria-Geral dos Estudos, além de documentos do desembargador Antão Bravo de Sousa Castelo Branco.

Instrumentos de acesso à informação

Grosso modo, a pesquisa nestes quase quinhentos códices pode ser iniciada com a leitura e análise de:

FONSECA, Francisco Belard da. O Arquivo Geral da Alfândega de Lisboa. *Anais das Bibliotecas e Arquivos*, Lisboa, v. 20, n° 75-76, p. 50-77, 1949.

Anote-se que, com mudança física, em 1982, do acervo do prédio do primitivo Arquivo Geral da Alfândega de Lisboa, à Av. Infante Dom Henrique n° 12, para o do Terreiro do Trigo, as cotas dos códices foram modificadas para que a documentação transportada se adaptasse às instalações nas quais estiveram depositados até recentemente. Naquela altura, trabalho complementar, sob forma manuscrita, foi elaborado por Fernando António Fonte Martins. Orientando-se pelo inventário de Belard da Fonseca, especifica cada um dos núcleos, apontando a instituição da qual a documentação proveio e indicando sua nova localização.

No geral, os núcleos mais diretamente relacionados à História do Brasil são aqueles inventariados sob os números 54 e 115, tanto no trabalho de Belard da Fonseca como no de Fontes Martins. O primeiro (54) é um conjunto de 3 volumes, reunindo alvarás, decretos, avisos e despachos relativos à Casa da Índia, entre 1519 e 1759; o segundo (n° 115) se constitui de 18 volumes provenientes da Alfândega Grande do Açúcar, contendo registros, com os respectivos índices, de provisões, alvarás, decretos, regimentos etc., "todo composto por ordem do desembargador António da Costa Freire e mandado continuar pelo seu sucessor o desembargador Francisco Xavier Porcille", na segunda metade do século XVIII, com o objetivo de recuperar os registros e documentos básicos da Alfândega de Lisboa que se perderam em decorrência do Terremoto de novembro de 1755.

Além desses dois instrumentos, sugere-se a consulta ao catálogo: ALFÂNDEGA DE LISBOA. Museu Histórico. *2ª Exposição Temporária Comemorativa do 5° Centenário da Morte do Infante D. Henrique*. Lisboa. 2 ed. 1960. 76 p. Nele, os documentos relativos ao Brasil, abrangendo o período de 1516 a 1752, são citados no item VII, números 92 a 201, p. 25-53. A Colônia do Sacramento mereceu tratamento à parte e sua documentação é referenciada no item VIII, números 202 a 208, p. 54-56. De cada espécie é feito um sumário do seu conteúdo, sendo o açúcar o assunto de maior incidência.

Outras referências são:

PORTUGAL. Instituto Português de Arquivos. *Guia de Fontes Portuguesas para a História de África*. Lisboa: Comissão Nacional para as Comemorações dos Descobrimentos Portugueses; Fundação Oriente; Imprensa Nacional – Casa da Moeda, 1991, v. 1, p. 38-42.

RIBEIRO, Fernanda. Arquivos que permaneceram no seu habitat de origem: Arquivo da Direcção das Alfândegas de Lisboa. In:_____. *O acesso à informação nos arquivos*. Lisboa: Fundação Calouste Gulbenkian/ Fundação para a Ciência e a Tecnologia, 2003, v. 1, p. 205-208.

- **Armário Jesuítico e Cartório dos Jesuítas**
(cf. «digitarq.dgarq.gov.pt?ID=1222241»)

Este fundo foi formado por dois corpos documentais: aquele oriundo do Arquivo da Casa da Coroa, o qual tinha sido incorporado com a extinção da Companhia de Jesus em Portugal, em 1759 (Armário Jesuítico), e aquele proveniente do Tribunal de Contas e chegado à Torre do Tombo em 1881 (Cartório dos Jesuítas). O *Armário* é constituído por 35 livros e 2 maços; o *Cartório* por 106 maços. Os documentos respeitantes ao Brasil se referem, essencialmente, à atuação dos inacianos no Norte e no Nordeste da América portuguesa.

Instrumentos de pesquisa

PORTUGAL. Instituto dos Arquivos Nacionais/Torre do Tombo. *Guia de Fontes Portuguesas para a História da América Latina*. Lisboa: Comissão Nacional para as Comemorações dos Descobrimentos Portugueses; Fundação Oriente; Imprensa Nacional–Casa da Moeda, 2001, v. 2, p. 203-204.

PORTUGAL. Instituto dos Arquivos Nacionais/Torre do Tombo. *Guia de Fontes Portuguesas para a História da Ásia*. Lisboa: Comissão Nacional para as Comemorações dos Descobrimentos Portugueses: Fundação Oriente: Imprensa Naciona/Casa da Moeda, 1991, v. 1, p. 111-112.

"Notícia e inventário de tudo o que se guarda no Armário Jesuítico do Real Arquivo da Torre do Tombo" e "Inventário do Cartório dos Jesuítas" (cópia). Existente no ANTT (L 304).

Inclui o inventário da controvérsia dos jesuítas com a Inquisição portuguesa, organizado por caixa.

- **Arquivo Nacional do Rio de Janeiro**
(cf. «digitarq.dgarq.gov.pt?ID=3886647»)
Trata-se de alguns documentos originais e duplicatas e de cópias fotográficas de originais existentes no Arquivo Nacional do Brasil, oferecidos pelo governo brasileiro, em 1946, predominantemente referentes ao período de residência da Corte portuguesa no Rio de Janeiro e que para lá foram levados nesta altura.

Instrumentos de pesquisa
Guias e Roteiros
PORTUGAL. Instituto dos Arquivos Nacionais/Torre do Tombo. Direcção de Serviços de Arquivística. Arquivo Nacional do Rio de Janeiro. In: *Guia Geral dos Fundos da Torre do Tombo: volume VI* – Colecções, Arquivos de Pessoas Singulares, de Famílias, de Empresas, de Associações, de Comissões e de Congressos. Lisboa: Instituto dos Arquivos Nacionais/Torre do Tombo, 2005. p. 47-49.

Catálogos
MORAIS, E. Vilhena. *Elenco das publicações e dos documentos, originais ou em reprodução fotográfica, com o respectivo relacionamento, apresentados pelo Director do Arquivo Nacional da República dos Estados Unidos do Brasil, em execução de parte do seu programa de colaboração com a Comissão Brasileira dos Centenários de Portugal, presidida por Sua Excelência o Sr. General de Divisão Francisco José Pinto.* Rio de Janeiro: Imprensa Nacional, 1941, 736 p. Acessível no ANTT. Catálogo (L 1A).

- **Casa da Suplicação** (cf. «digitarq.dgarq.gov.pt?ID=4162628»)
Tribunal do Reino ou Justiça da Corte, este ógão, desde o século XIV, atendeu, em segunda instância, predominantemente, matérias cíveis e crime, de províncias da Metrópole e de comarcas do Ultramar. Estavam,

também, sob sua dependência vários juízos privativos e comissões cíveis e crime. Seu acervo abrange 575 livros e 35 maços, fonte essenciais para, dentre outros assuntos, estudos relativos à legislação e jurisprudência em Portugal, bem com sobre litigiosidade nos séculos XVIII e XIX.

Instrumentos de pesquisa
Guias e Roteiros

PORTUGAL. Instituto dos Arquivos Nacionais/Torre do Tombo. Casa da Suplicação. In: *Guia de Fontes Portuguesas para a História de África*. Lisboa: Comissão Nacional para as Comemorações dos Descobrimentos Portugueses; Fundação Oriente; Imprensa Nacional – Casa da Moeda, 2000, v. 3. p. 70-71.

PORTUGAL. Instituto dos Arquivos Nacionais/Torre do Tombo. Casa da Suplicação. In: *Guia de Fontes Portuguesas para a História da América Latina*. Lisboa: Comissão Nacional para as Comemorações dos Descobrimentos Portugueses; Fundação Oriente; Imprensa Nacional – Casa da Moeda, 2001, v. 2, p. 208.209.

PORTUGAL. Instituto dos Arquivos Nacionais/Torre do Tombo. Casa da Suplicação. In: *Guia de Fontes Portuguesas para a História da Ásia*. Lisboa: Comissão Nacional para as Comemorações dos Descobrimentos Portugueses; Fundação Oriente; Imprensa Nacional – Casa da Moeda, 1998, v. 1, p. 116-117.

PORTUGAL. Instituto dos Arquivos Nacionais/Torre do Tombo. Direcção de Serviços de Arquivística. Casa da Suplicação. In: *Guia Geral dos Fundos da Torre do Tombo*: Instituições do Antigo Regime. Administração Central (1). Lisboa: Instituto dos Arquivos Nacionais/ Torre do Tombo, 1998. p. 108-118.

SERRÃO, Joel; LEAL, Maria José da Silva; PEREIRA, Miriam Halpern. Tribunais Judiciais. In: *Roteiro de Fontes da História Portuguesa*

Contemporânea: Arquivos de Lisboa – Arquivo Nacional da Torre do Tombo. Lisboa: Instituto Nacional de Investigação Científica, 1984, v. 2. p. 354-357.

SERRÃO, Joel; LEAL, Maria José da Silva; PEREIRA, Miriam Halpern. Arquivo dos Feitos Findos. In: *Roteiro de Fontes da História Portuguesa Contemporânea:* Arquivos de Lisboa – Arquivo Nacional da Torre do Tombo. Lisboa: Instituto Nacional de Investigação Científica, 1984, v. 2. p. 367-396.

Catálogos

PORTUGAL. Instituto dos Arquivos Nacionais/Torre do Tombo. CALM: *Descrições Arquivísticas* [off-line]. Lisboa: IAN/TT, 2004- . Actualização diária. Casa da Suplicação. Acessível no Serviço de Referência do ANTT, mediante solicitação de apoio.

A partir do catálogo em suporte eletrónico, é possível ter acesso à descrição arquivística de algumas unidades das principais *secções* da *Casa da Suplicação* (Administração, Chancelaria, Tesouraria) bem como a algumas das suas séries mais significativas (Processos-Crime e Livros dos Feitos Findos).

• **Casa das Rainhas** (cf. «digitarq.dgarq.gov.pt?ID=4164777»)

Formado por 1537 livros e 266 maços, com limites cronológicos situados entre 1517 e 1840. Diz respeito aos rendimentos dos bens pertencentes às rainhas de Portugal, que tinham gestão própria. Há documentos sobre administração de bens e de negócios da Casa na colônia brasileira. O fundo encontra-se em reorganização. Os livros foram classificados segundo a estrutura orgânica da Casa das Rainhas. A documentação contida nos maços mantém uma organização funcional.

Instrumentos de pesquisa
Relações

PORTUGAL. Direcção-Geral dos Próprios Nacionais. *Relação dos livros e documentos pertencentes à extinta Casa das Senhoras Rainhas*

transferidos da Direcção-Geral dos Próprios Nacionais. [Manuscrita]. 1894. Acessível no ANTT. (C. 8).
Contém breve sumário dos documentos mais importantes.

PORTUGAL. Tribunal de Contas. *Relação dos livros da Chancellaria da Casa das Senhoras Rainhas (...) que são transferidos do Archivo Geral do Tribunal de Contas para a Torre do Tombo*. [Manuscrita]. 1884. Acessível no ANTT. (L. 13). Relação 1.

PORTUGAL. Tribunal de Contas. *Relação de vários livros da Casa das Rainhas transferidos do Arquivo Geral do Tribunal de Contas para a Torre do Tombo.* [Manuscrita]. 1884. Acessível no ANTT. (L.13). Relação 2.

PORTUGAL. Tribunal de Contas. *Segunda relação dos livros da Chancellaria da Casa das Senhoras Rainhas (...) que são transferidos do Archivo Geral do Tribunal de Contas para a Torre do Tombo*. [Manuscrita]. 1885. Acessível no ANTT. (L.13). Relação 3.

PORTUGAL. Tribunal de Contas. *Relação dos livros da Chancellaria da Casa das Senhoras Rainhas (...) que são transferidos do Archivo Geral do Tribunal de Contas para a Torre do Tombo*. [Manuscrita]. 1886. Acessível no ANTT. (L. 13). Relação 4.

Guias e Roteiros

AZEVEDO, Pedro A. D'; BAIÃO, António. Casa do Infantado e das Rainhas. In: *O Archivo da Torre do Tombo:* sua história, corpos que o compõem e organização. 2 ed. Lisboa: Arquivo Nacional da Torre do Tombo; Livros Horizonte, 1989. p. 173-176.

PORTUGAL. Instituto dos Arquivos Nacionais/Torre do Tombo. Direcção de Serviços de Arquivística. Casa das Rainhas . In: *Guia Geral dos Fundos da Torre do Tombo:* Primeira Parte – Instituições do Antigo Regime; volume IV: Administração Periférica. Domínios. Casa Real e Casas Anexas. Lisboa: Instituto dos Arquivos Nacionais/Torre do Tombo, 2002. p. 431-479.

SERRÃO, Joel; LEAL, Maria José da Silva; PEREIRA, Miriam Halpern. Casa do Infantado. In: *Roteiro de Fontes da História Portuguesa Contemporânea:* Arquivos de Lisboa – Arquivo Nacional da Torre do Tombo. Lisboa: Instituto Nacional de Investigação Científica, 1984, v. 1. p. 142-146.

Catálogos

PORTUGAL. Instituto dos Arquivos Nacionais/Torre do Tombo. *Casa das Rainhas:* catálogo cronológico da correspondência de João dos Santos. [Manuscrito]. [195-?]. Acessível no ANTT. (C. 7 A/1).

Índices

PORTUGAL. Instituto dos Arquivos Nacionais/Torre do Tombo. *Casa das Rainhas:* índice onomástico das cartas de João dos Santos, almoxarife do Paço e Quinta do Ramalhão, para D. Carlota Joaquina. [Manuscrito]. [195-?]. Acessível no ANTT. (C. 7 A/2).

• **Casa do Infantado** (cf. «digitarq.dgarq.gov.pt?ID=3910382»)

Acervo, ainda sujeito a tratamento arquivístico, composto por 220 livros, 425 maços e 501 caixas de documentos datados de 1650 a 1833, e respeitantes, fundamentalmente, ao patrimônio e aos rendimentos da estrutura senhorial e à corte dos secundogênitos da família real portuguesa. Para o caso específico, anote-se, dentre outros aspectos, que a Casa do Infantado obteve, por decretos de agosto de 1662 e de janeiro de 1665, direito de explorar quintais de pau-brasil na Colônia. Ademais, atuou no Brasil nos primórdios do século XIX.

Instrumentos de pesquisa
Relações

PORTUGAL. Tesouro Público. *Relação de diversos papeis pertencentes à Secretaria da Repartição das Justiças, Mercês e Chancellaria da extinta Casa do Infantado*. [Manuscritas]. 1837. Acessível no ANTT. (L.13). Relações nº 1, 2 e 3.

PORTUGAL. Tesouro Público. *Relação dos papéis que passão para o Archivo da Torre do Tombo por pertencerem à Secretaria das Justiças da extincta Casa do Infantado, cujo cartório alli se acha recolhido.* [Manuscrita]. 1838. Acessível no ANTT. (L. 13). Relação nº 4.

PORTUGAL. Direcção Geral dos Próprios Nacionais. *Relação dos massos com requerimentos e seus processos do expediente da extincta Casa do Infantado, relativos a diversos Almoxarifados (...) que se remettem com officio para o Archivo da Torre do Tombo.* [Manuscrita]. 1856. Acessível no ANTT. (L.13). Relação nº 5.

PORTUGAL. Direcção Geral dos Próprios Nacionais. *Relação dos livros e maços de documentos pertencentes à extincta Casa do Infantado transferidos do archivo dos Próprios Nacionais para o da Torre do Tombo.* [Manuscrita]. 1894. Acessível no ANTT. (C. 7)

Guias e Roteiros

AZEVEDO, Pedro A. D'; BAIÃO, António. Casa do Infantado e das Rainhas. In: *O Archivo da Torre do Tombo*: sua história, corpos que o compõem e organização. 2 ed. Lisboa: Arquivo Nacional da Torre do Tombo; Livros Horizonte, 1989. p. 173-176.

PORTUGAL. Instituto dos Arquivos Nacionais/Torre do Tombo. Direcção de Serviços de Arquivística. *Casa do Infantado*. In: *Guia Geral dos Fundos da Torre do Tombo*: Primeira Parte – Instituições do Antigo Regime; Volume IV – Administração Periférica. Domínios. Casa Real e Casas Anexas. Lisboa: Instituto dos Arquivos Nacionais/Torre do Tombo, 2002. p. 481-541.

SERRÃO, Joel; LEAL, Maria José da Silva; PEREIRA, Miriam Halpern. Casa do Infantado. In: *Roteiro de Fontes da História Portuguesa Contemporânea: Arquivos de Lisboa – Arquivo Nacional da Torre do Tombo*. Lisboa: Instituto Nacional de Investigação Científica, 1984, v. 1, p. 126-135.

Inventários

PORTUGAL. Instituto dos Arquivos Nacionais/Torre do Tombo. *Casa do Infantado*: inventário dos livros da administração da Casa. [Manuscrito]. [196-?]. Acessível no ANTT. (C.7 C/1-2).

Contém um índice ideográfico e uma tabela de equivalência entre a antiga e a nova numeração.

PORTUGAL. Instituto dos Arquivos Nacionais/Torre do Tombo. *Casa do Infantado*: inventário dos documentos de almoxarifados, comendas, alcaidarias e prestimónios de várias terras. [Manuscrito]. [195-?]. Acessível no ANTT. (C.7 E).

Inventário incompleto, apenas até ao maço nº 103.

Catálogos

PORTUGAL. Instituto dos Arquivos Nacionais/Torre do Tombo. *Casa do Infantado*: Administração da Quinta de Queluz. [Manuscrito]. [195-?]. Acessível no ANTT. (C. 7 B).

Catálogo cronológico de documentos vários
Índices

PORTUGAL. Instituto dos Arquivos Nacionais/Torre do Tombo. *Índice da Memoria dos tratamentos que derão os senhores reis de Portugal a algumas pessoas grandes de fora do reino e Formulário das cartas de el-rei D. José para os grandes da corte e outras pessoas*. [Manuscrito]. [195-?]. Acessível no ANTT. (C.7 D).

- **Casa dos Contos do Reino e Casa/Erário Régio**
(cf. «digitarq.dgarq.gov.pt?ID=4169375»)
Vastíssimo conjunto (35.282 livros e 4 maços) proveniente tanto da Casa dos Contos do Reino e Casa, com documentos datados a partir de 1627, como do Erário Régio, que a ela sucedeu em dezembro de 1761. Os referidos órgãos exerciam atividades de repartições centrais da contabilidade e das finanças públicas da monarquia portuguesa. Para a História do Brasil-Colônia, bastaria mencionar a existência, neste fundo, de 43 livros da Contadoria Geral dos Territórios da Relação do Rio de Janeiro, África Oriental e Ásia (1745-1804) e 849 livros da Contadoria Geral da África Ocidental, Maranhão e do Território da Relação da Bahia (1722-1807). Para períodos anteriores, consulte-se, também na Torre do Tombo, o fundo *Contos de Lisboa/Contos do Reino e Casa*.
Ressalva: O fundo em epígrafe ainda não foi objeto de organização sistemática.

Instrumentos de pesquisa
Relações e Guias de Remessa
PORTUGAL. Direcção-Geral dos Próprios Nacionais. *Relação dos livros e maços de documentos pertencentes ao extincto Conselho da Fazenda transferidos do archivo dos Próprios Nacionaes para o da Torre do Tombo*. [Manuscrita]. 1894. Acessível no ANTT. (C. 27).
Inventário genérico. Contém Livros da Casa da Índia.

Guias e Roteiros
PORTUGAL. Instituto dos Arquivos Nacionais/Torre do Tombo. In: *Guia de Fontes Portuguesas para a História de África*. Lisboa: Comissão Nacional para as Comemorações dos Descobrimentos Portugueses; Fundação Oriente; Imprensa Nacional – Casa da Moeda, 2000, v. 3, p. 32-33.

PORTUGAL. Instituto dos Arquivos Nacionais/Torre do Tombo. Erário Régio. In: *Guia de Fontes Portuguesas para a História de África*. Lisboa:

Comissão Nacional para as Comemorações dos Descobrimentos Portugueses; Fundação Oriente; Imprensa Nacional – Casa da Moeda, 2000, v. 3. p. 33-36.

PORTUGAL. Instituto dos Arquivos Nacionais/Torre do Tombo. Erário Régio. In: *Guia de Fontes Portuguesas para a História da América Latina*. Lisboa: Comissão Nacional para as Comemorações dos Descobrimentos Portugueses; Fundação Oriente; Imprensa Nacional – Casa da Moeda, 2001, v. 2, p. 148-164.

PORTUGAL. Instituto dos Arquivos Nacionais/Torre do Tombo. Erário Régio. In: *Guia de Fontes Portuguesas para a História da Ásia*. Lisboa: Comissão Nacional para as Comemorações dos Descobrimentos Portugueses; Fundação Oriente; Imprensa Nacional – Casa da Moeda, 1998, v. 1, p. 53-55.

PORTUGAL. Instituto dos Arquivos Nacionais/Torre do Tombo. Direcção de Serviços de Arquivística. Casa dos Contos do Reino e Casa/ Erário Régio. In: *Guia Geral dos Fundos da Torre do Tombo*: Primeira Parte – Instituições do Antigo Regime; Volume II – Administração Central (2). Lisboa: Instituto dos Arquivos Nacionais/Torre do Tombo, 1999. p. 73-117.

PORTUGAL. Instituto dos Arquivos Nacionais/Torre do Tombo. Direcção de Serviços de Arquivística. Casa dos Contos do Reino e Casa/ Erário Régio. In: *Guia Geral dos Fundos da Torre do Tombo:* Primeira Parte – Instituições do Antigo Regime; Volume III – Administração Central (3). Lisboa: Instituto dos Arquivos Nacionais/Torre do Tombo, 2000. p. 271-448.

SERRÃO, Joel; LEAL, Maria José da Silva; PEREIRA, Miriam Halpern. Erário Régio. In: *Roteiro de Fontes da História Portuguesa Contemporânea*: Arquivos de Lisboa – Arquivo Nacional da Torre do Tombo. Lisboa: Instituto Nacional de Investigação Científica, 1984, v. 1, p. 225-229.

Inventários
ACABADO, Maria Teresa G. Barbosa. *Impostos:* inventário. [Datilografado]. [1970?]. Acessível no ANTT. (L. 510-511).

ACABADO, Maria Teresa G. Barbosa. *Inventário da documentação das Capitanias do Brasil existentes no núcleo do Real Erário.* [Datilografado].[1970?]. Acessível no ANTT. (L. 524).

MACHADO, Joaquim Abílio Ferreira. *Alfândega do Porto:* Inventário. [Impresso]. 2003. Acessível no ANTT. (L. 553).

TREMOCEIRO, Paulo Manuel; MACHADO, Joaquim Abílio Ferreira. *Alfândegas de Lisboa:* Inventário. Lisboa: Arquivos Nacionais/ Torre do Tombo, 1995. 410 p.

• **Chancelaria Régia** (cf. «digitarq.dgarq.gov.pt?ID=3813585»)
Como se declara na ficha técnica da *Lista de Fundos da Torre do Tombo*, a "Chancelaria Régia era a repartição responsável pela redação, validação (mediante a aposição do selo régio) e expedição de todos os atos escritos da autoria do próprio Rei. Os serviços da Chancelaria Régia podiam também reconhecer e conferir caráter público a documentos particulares que lhe fossem submetidos para validação". Por isso, este fundo, integrado por 1162 livros, iniciados em 1211, prolongando-se até 1826, é a espinha dorsal da estrutura político-administrativa, seja do Reino, seja do Ultramar português, tendo-se em conta, principalmente, os registros de mercês, doações e ofícios exarados nos ditos livros.

Este fundo é também designado por *Chancelaria-Mor da Corte* e por *Chancelaria-Mor da Corte e Reino*.

Instrumentos de pesquisa
Guias e Roteiros

AZEVEDO, Pedro A. D'; BAIÃO, António. As Chancelarias, Inquirições etc. In: *O Archivo da Torre do Tombo: sua história, corpos que o compõem e organização*. 2 ed. Lisboa: Arquivo Nacional da Torre do Tombo; Livros Horizonte, 1989. p. 30-36.

PORTUGAL. Instituto dos Arquivos Nacionais/Torre do Tombo. Chancelaria Régia. In: *Guia de Fontes Portuguesas para a História de África*. Lisboa: Comissão Nacional para as Comemorações dos Descobrimentos Portugueses; Fundação Oriente; Imprensa Nacional – Casa da Moeda, 2000, v. 3, p. 17-18.

PORTUGAL. Instituto dos Arquivos Nacionais/Torre do Tombo. Chancelaria Régia. In: *Guia de Fontes Portuguesas para a História da América Latina*. Lisboa: Comissão Nacional para as Comemorações dos Descobrimentos Portugueses; Fundação Oriente; Imprensa Nacional – Casa da Moeda, 2001, v. 2, p. 142.

PORTUGAL. Instituto dos Arquivos Nacionais/Torre do Tombo. Chancelaria Régia. In: *Guia de Fontes Portuguesas para a História da Ásia*. Lisboa: Comissão Nacional para as Comemorações dos Descobrimentos Portugueses; Fundação Oriente; Imprensa Nacional – Casa da Moeda, 1998, v. 1, p. 46-47.

PORTUGAL. Instituto dos Arquivos Nacionais/Torre do Tombo. Direcção de Serviços de Arquivística. Chancelaria Régia. In: *Guia Geral dos Fundos da Torre do Tombo: Instituições do Antigo Regime*, Administração Central (1). Lisboa: Instituto dos Arquivos Nacionais/ Torre do Tombo, 1998. p. 5-23.

SERRÃO, Joel; LEAL, Maria José da Silva; PEREIRA, Miriam Halpern. Chancelarias Régias. In: *Roteiro de Fontes da História Portuguesa*

Contemporânea: Arquivos de Lisboa – Arquivo Nacional da Torre do Tombo. Lisboa: Instituto Nacional de Investigação Científica, 1984, v. 1, p. 159-161.

Inventários

COUTINHO, João Pereira de Azeredo. *Núcleo Antigo:* inventário. [Manuscrito]. 1776. Acessível no ANTT. (L. 299A). Parte I.

FARINHA, Maria do Carmo Jasmins Dias; Ó RAMOS, Maria de Fátima Dentinho. *Núcleo Antigo:* inventário [Datilografado]. 1995. Acessível no ANTT. (L 574).

FARINHA, Maria do Carmo Jasmins Dias; Ó RAMOS, Maria de Fátima Dentinho. *Núcleo Antigo:* Inventário. Lisboa: Arquivos Nacionais/ Torre do Tombo, 1996. 360 p.

Catálogos

PORTUGAL. Instituto dos Arquivos Nacionais/Torre do Tombo. TT Online [em linha]. Lisboa: Instituto dos Arquivos Nacionais/Torre do Tombo, 2005. Atualização diária. *Chancelaria Régia.* Disponível em: «ttonline.iantt.pt»

Índices

Enfatize-se a conveniência da consulta aos livros manuscritos de *Índices* existentes nas estantes da Sala de Referência do ANTT. Eles são divididos em "Próprios" (nomes de pessoas) e "Comuns" (cidades, terras, ofícios, doações, mercês, privilégios etc.) compreendendo os volumes de números 19 a 206. De interesse direto para a História Brasileira são todos os livros-índices entre os números 41 (reinado de D. Manuel I) e 206 (D. Pedro IV).

Em 1551, os Mestrados das Ordens Militares foram anexados à Coroa portuguesa, passando a ser administrados pela Mesa da Consciência e Ordens. Logo, neste fundo, consulte-se, complementarmente à

Chancelaria Régia, o subfundo *Mestrado da Ordem de Cristo* (cf. «digitarq.dgarq.gov.pt?ID=4603632»). Quanto aos Índices, consulte-se, também na Sala de Referência: *Chancelaria (Antiga) da Ordem de Cristo*, também dividida em "Próprios" e "Comuns", e abrangida pelos índices 393 a 429; *Ordem de Cristo. Chancelaria de D. Maria I* (cf. índices 430 a 432); *Ordem de Cristo. Chancelaria de D. João VI e Infante Regente* (cf. índices 433 e 434); *Ordem de Cristo. Chancelaria de D. Pedro IV e Regência* (cf. índice 435).

- Colecção de São Vicente
 (cf. «digitarq.dgarq.gov.pt?ID=4166303»)

Documentação, sob a forma de códices, totalizando 26 espécies, que deu entrada na Torre do Tombo em 1836, procedente do Mosteiro de São Vicente de Fora (Lisboa). Sobre o Brasil, há, dentre outras, referências a ataques e incursões de holandeses, à criação de bispados e à administração político-administrativa, em geral.

Instrumentos de pesquisa
Guias e Roteiros

PORTUGAL. Instituto dos Arquivos Nacionais/Torre do Tombo. Direcção de Serviços de Arquivística. Colecção de São Vicente. In: *Guia Geral dos Fundos da Torre do Tombo*: v. VI – Colecções, Arquivos de Pessoas Singulares, de Famílias, de Empresas, de Associações, de Comissões e de Congressos. Lisboa: Instituto dos Arquivos Nacionais/Torre do Tombo, 2005. p. 3-8.

Catálogo

PORTUGAL, Instituto dos Arquivos Nacionais/Torre do Tombo. *Catálogo da Colecção São Vicente*. [Datilografado]. Acessível no ANTT. (L 482).

Refere que é parcial, faltando os "cadernos" relativos aos volumes 18, 21 e 25.

- **Companhia Geral de Pernambuco e Paraíba**
(cf. «digitarq.dgarq.gov.pt?ID=3910326»)
Fundo composto por 260 livros de registros, de variada natureza, produzidos pela companhia de comércio ultramarino que lhe dá nome, com abrangência entre 1759 e 1907, e que foi transmitido à Junta de Liquidação respectiva. Esteve sob a tutela da Direcção-Geral dos Próprios Nacionais até fins de 1937, quando passou à guarda do Arquivo Histórico do Ministério das Finanças. Em 1992, com a extinção deste órgão, o acervo foi incorporado à Torre do Tombo.

Instrumentos de pesquisa
Guias e roteiros
PORTUGAL. Instituto dos Arquivos Nacionais/Torre do Tombo. Direcção de Serviços de Arquivística. Companhia Geral de Pernambuco e Paraíba. In: *Guia Geral dos Fundos da Torre do Tombo:* Primeira Parte – Instituições do Antigo Regime; Volume III: Administração Central (3). Lisboa: Instituto dos Arquivos Nacionais/Torre do Tombo, 2000. p. 143-156.

PORTUGAL. Instituto Português de Arquivos. *Guia de Fontes Portuguesas para a História de África.* Lisboa: Comissão Nacional para as Comemorações dos Descobrimentos Portugueses; Fundação Oriente; Imprensa Nacional – Casa da Moeda, 1991, v. 1, p. 51-57.

PORTUGAL. Instituto dos Arquivos Nacionais/Torre do Tombo. *Guia de Fontes Portuguesas para a História da Ásia.* Lisboa: Comissão Nacional para as Comemorações dos Descobrimentos Portugueses; Fundação Oriente; Imprensa Nacional – Casa da Moeda, 1998, v. 1, p. 102-104.

PORTUGAL. Instituto dos Arquivos Nacionais/Torre do Tombo. *Guia de Fontes Portuguesas para a História da América Latina.* Lisboa: Comissão Nacional para as Comemorações dos Descobrimentos

Portugueses; Fundação Oriente; Imprensa Nacional – Casa da Moeda, 2001, v. 2, p. 196-202.

Nota/observação
Existem ainda por organizar 97 caixas com documentação proveniente quer da Companhia Geral do Grão-Pará e Maranhão, quer da Companhia Geral de Pernambuco e Paraíba, quer da Junta de Liquidação dos Fundos das Extintas Companhias do Grão-Pará e Maranhão, Pernambuco e Paraíba.

• **Companhia Geral do Grão-Pará e Maranhão**
(cf. «digitarq.dgarq.gov.pt?ID=3910102»)
Fundo documental análogo ao anterior com o qual tem explícitas semelhanças e afinidades. Abarca 217 livros, estendendo seus registros de 1755 a 1912. Também foi cometido à referida Junta de Liquidação e seguiu idêntico percurso custodial.

Instrumentos de pesquisa
Guias e roteiros
PORTUGAL. Instituto dos Arquivos Nacionais/Torre do Tombo. Direcção de Serviços de Arquivística. Companhia Geral do Grão-Pará e Maranhão. In: *Guia Geral dos Fundos da Torre do Tombo: Primeira Parte – Instituições do Antigo Regime; Volume III – Administração Central (3)*. Lisboa: Instituto dos Arquivos Nacionais/Torre do Tombo, 2000. p. 122-141.

PORTUGAL. Instituto Português de Arquivos. *Guia de Fontes Portuguesas para a História de África*. Lisboa: Comissão Nacional para as Comemorações dos Descobrimentos Portugueses; Fundação Oriente; Imprensa Nacional – Casa da Moeda, 1991, v. 1, p. 56-63.

PORTUGAL. Instituto dos Arquivos Nacionais/Torre do Tombo. *Guia de Fontes Portuguesas para a História da Ásia*. Lisboa: Comissão Nacional para as Comemorações dos Descobrimentos Portugueses; Fundação Oriente; Imprensa Nacional – Casa da Moeda, 1998, v. 1, p. 99-102.

PORTUGAL. Instituto dos Arquivos Nacionais/Torre do Tombo. *Guia de Fontes Portuguesas para a História da América Latina*. Lisboa: Comissão Nacional para as Comemorações dos Descobrimentos Portugueses; Fundação Oriente; Imprensa Nacional – Casa da Moeda, 2001, v. 2, p. 190-196.

Nota/observação

Existem ainda por organizar 97 caixas com documentação proveniente quer da Companhia Geral do Grão-Pará e Maranhão, quer da Companhia Geral de Pernambuco e Paraíba, quer da Junta de Liquidação dos Fundos das Extintas Companhias do Grão-Pará e Maranhão, Pernambuco e Paraíba.

• **Conselho da Fazenda** (cf. «digitarq.dgarq.gov.pt/ID=3909746»)

Volumoso acervo (607 livros, 953 maços, 883 caixas) relativo ao funcionamento deste órgão dedicado ao gerenciamento das rendas, das despesas e dos bens da Coroa e do Estado português, dentro e fora do Reino. Embora tal repartição tenha sido criada em fins do século XVI, este fundo congrega documentação sobre temática jurídico-financeira produzida a partir de 1435, prolongando-se até 1836.

Instrumentos de pesquisa
Relações e Guias de Remessa

PORTUGAL. Direcção-Geral dos Próprios Nacionais. *Relação dos livros e maços de documentos pertencentes ao extincto Conselho da Fazenda* transferidos do archivo dos Próprios Nacionaes para o da Torre do Tombo. [Manuscrita]. 1894. Acessível no ANTT. (C. 27).

Inventário genérico

PORTUGAL. Arquivo Nacional da Torre do Tombo. *Conselho da Fazenda: Mesa do Bem Comum, 1718-1754.* Elab. Maria José da Silva Leal. [Datilografado]. 20 out. 1986. Acessível no ANTT. (C. 27 A).

PORTUGAL. Tesouro Público. *Inventário de todos os diversos Papéis que se acharão no Archivo do extincto tribunal do Conselho da Fazenda athe ao anno de 1799 incluzive, e cujos Maços se entregão no mesmo estado em que forão classificados e ordenados pela Comissão creada por Decreto de 12 de Junho de 1821 (...) por Portaria de 20 de Junho de 1823.* [Manuscrito]. 1833. Acessível no ANTT. (L. 212). Relação nº 2.
Descreve os documentos avulsos da Repartição do Reino.

PORTUGAL. Tesouro Público. *Inventario de todos os papéis que se achão no Archivo do extincto tribunal do Conselho da Fazenda, athe ao anno de 1799 incluzive relativos à Repartição da Índia e Ordens, os quais se entregão no mesmo estado em que forão classificados e ordenados pela Comissão (...) por Portaria de 20 de Junho de 1823.* [Manuscrito]. 1833. Acessível no ANTT. (L. 212). Relação nº 3.

PORTUGAL. Tesouro Público. *Inventario dos livros que se achavão no Archivo do extincto Tribunal do Conselho da Fazenda, relativos aos annos de 1665 athe 1790, e que se remettem para o Archivo da Torre do Tombo.* [Manuscrito]. 1833. Acessível no ANTT. (L. 212). Relação nº 4.
Descreve os livros pertencentes à Repartição do Reino.

PORTUGAL. Tesouro Público. *Relação dos livros que pertenciam ao Archivo do extincto tribunal do Conselho da Fazenda, a que se refere o Officio do Ministério dos Negócios da Fazenda da data de hoje.* [Manuscrita]. 1851. Acessível no ANTT. (L. 212). Relação nº 5.

Descreve 18 livros que, por Portaria de 30 de Abril de 1851, foram remetidos para a Repartição dos Próprios Nacionais a fim de serem examinadas as respectivas contas. Estes livros tornaram a dar entrada na Torre do Tombo, quando da última incorporação da documentação do Conselho da Fazenda, em 1894.

PORTUGAL. Repartição dos Próprios Nacionais. *Relação dos maços de papeis do expediente de partes do extincto Tribunal do Conselho da Fazenda salvos do incêndio do Thesouro que se remetem para o Archivo da Torre do Tombo.* [Manuscrita]. 1854. Acessível no ANTT. (L. 212). Relação nº 6.

Descreve toda a documentação avulsa do Conselho da Fazenda que não foi alvo de qualquer classificação por parte da Comissão encarregada de inventariar os documentos salvos do incêndio de 1821 no edifício do Conselho da Fazenda. Trata-se possivelmente da documentação salva do incêndio de 1836 que ocorreu no Paço dos Estaus, onde estava instalado o Tesouro Público, que herdou a documentação do Conselho da Fazenda.

PORTUGAL. Instituto dos Arquivos Nacionais/Torre do Tombo. *Relação dos documentos do Conselho da Fazenda que se encontravam entre os maços 356 a 380 da Real Mesa Censória e que estavam classificados como Papéis Vários.*[Manuscrita]. 1983. Acessível no ANTT. (L. 212). Relação nº 8.

Guias e Roteiros:

AZEVEDO, Pedro A. D'; BAIÃO, António. Conselho da Fazenda. In: *O Archivo da Torre do Tombo:* sua história, corpos que o compõem e organização. 2 ed. Lisboa: Arquivos Nacionais/ Torre do Tombo; Livros Horizonte, 1989. p. 157-160.

PORTUGAL. Instituto dos Arquivos Nacionais/Torre do Tombo. Conselho da Fazenda. In: *Guia de Fontes Portuguesas para a História de África.* Lisboa: Comissão Nacional para as Comemorações dos

Descobrimentos Portugueses; Fundação Oriente; Imprensa Nacional – Casa da Moeda, 2000, v. 3, p. 18-26.

PORTUGAL. Instituto dos Arquivos Nacionais/Torre do Tombo. Conselho da Fazenda. In: *Guia de Fontes Portuguesas para a História da América Latina*. Lisboa: Comissão Nacional para as Comemorações dos Descobrimentos Portugueses; Fundação Oriente; Imprensa Nacional – Casa da Moeda, 2001, v. 2, p. 142-146.

PORTUGAL. Instituto dos Arquivos Nacionais/Torre do Tombo. Conselho da Fazenda. In: *Guia de Fontes Portuguesas para a História da Ásia*. Lisboa: Comissão Nacional para as Comemorações dos Descobrimentos Portugueses; Fundação Oriente; Imprensa Nacional – Casa da Moeda, 1998, v. 1, p. 47-51.

PORTUGAL. Instituto dos Arquivos Nacionais/Torre do Tombo. Conselho da Fazenda. In: *Guia de Fontes Portuguesas para a História da Ásia*. Lisboa: Comissão Nacional para as Comemorações dos Descobrimentos Portugueses; Fundação Oriente; Imprensa Nacional – Casa da Moeda, 1999, v. 2, p. 89-90.

PORTUGAL. Instituto dos Arquivos Nacionais/Torre do Tombo. Direcção de Serviços de Arquivística. Conselho da Fazenda. In: *Guia Geral dos Fundos da Torre do Tombo:* Primeira Parte – Instituições do Antigo Regime; Volume II – Administração Central (2). Lisboa: Instituto dos Arquivos Nacionais/Torre do Tombo, 1999. p. 13-71.

SERRÃO, Joel; LEAL, Maria José da Silva; PEREIRA, Miriam Halpern. Conselho da Fazenda. In: *Roteiro de Fontes da História Portuguesa Contemporânea:* Arquivos de Lisboa – Arquivo Nacional da Torre do Tombo. Lisboa: Instituto Nacional de Investigação Científica, 1984, v. 1, p. 174-191.

Inventários

FRAZÃO, António; FILIPE, Maria do Céu. *O Conselho da Fazenda: Inventário e Estudo Institucional*. Lisboa: Arquivos Nacionais/Torre do Tombo – Divisão de Publicações, 1995. 301 p.

Este inventário não inclui a documentação incorporada em 1992, para a qual não existe, ainda, instrumento de descrição.

- **Conselho Ultramarino** (cf. «digitarq.dgarq.gov.pt?ID=4167269»)

Os 10 livros que compõem este fundo, cujos registros estão mediados de 1663 a 1803, têm forte conotação econômico-financeira, e, provavelmente, advieram do Conselho da Fazenda. Devem ser compulsados tendo como referência e complemento aqueles, em muito maior quantidade e diversificação, encontrados nos acervos de outras instituições lisboetas, sobretudo o Arquivo Histórico Ultramarino.

Instrumentos de pesquisa
Guias de Remessa

PORTUGAL. Direcção-Geral dos Próprios Nacionais. *Relação dos livros e maços de documentos pertencentes ao extincto Conselho da Fazenda transferidos do archivo dos Próprios Nacionaes para o da Torre do Tombo*. [Manuscrita]. 1894. Acessível no ANTT. (C. 27).

Inclui os livros do Conselho Ultramarino.

Guias e Roteiros:

AZEVEDO, Pedro A. D'; BAIÃO, António. *O Archivo da Torre do Tombo: sua história, corpos que o compõem e organização*. 2 ed. Lisboa: Arquivo Nacional da Torre do Tombo; Livros Horizonte, 1989.

Contém referência ao Conselho Ultramarino no capítulo dedicado ao Conselho da Fazenda, à p. 160.

PORTUGAL. Instituto dos Arquivos Nacionais/Torre do Tombo. Conselho Ultramarino. In: *Guia de Fontes Portuguesas para a História de África*. Lisboa: Comissão Nacional para as Comemorações dos

Descobrimentos Portugueses; Fundação Oriente; Imprensa Nacional – Casa da Moeda, 2000, v. 3, p. 29-31.

PORTUGAL. Instituto dos Arquivos Nacionais/Torre do Tombo. Conselho Ultramarino. In: *Guia de Fontes Portuguesas para a História da América Latina*. Lisboa: Comissão Nacional para as Comemorações dos Descobrimentos Portugueses; Fundação Oriente; Imprensa Nacional – Casa da Moeda, 2001, v. 2, p.146-148.

PORTUGAL. Instituto dos Arquivos Nacionais/Torre do Tombo. Conselho Ultramarino e Colecção de Códices do Conselho Ultramarino. In: *Guia de Fontes Portuguesas para a História da América Latina*. Lisboa: Comissão Nacional para as Comemorações dos Descobrimentos Portugueses; Fundação Oriente; Imprensa Nacional – Casa da Moeda, 2001, v. 2, p. 80-101.

PORTUGAL. Instituto dos Arquivos Nacionais/Torre do Tombo. Conselho Ultramarino. In: *Guia de Fontes Portuguesas para a História da Ásia*. Lisboa: Comissão Nacional para as Comemorações dos Descobrimentos Portugueses; Fundação Oriente; Imprensa Nacional – Casa da Moeda, 1998, v. 1, p. 51-52.

PORTUGAL. Instituto dos Arquivos Nacionais/Torre do Tombo. Conselho Ultramarino e Colecção de Códices do Conselho Ultramarino. In: *Guia de Fontes Portuguesas para a História da Ásia*. Lisboa: Comissão Nacional para as Comemorações dos Descobrimentos Portugueses; Fundação Oriente; Imprensa Nacional – Casa da Moeda, 1999, v. 2, p. 51-58.

PORTUGAL. Instituto dos Arquivos Nacionais/Torre do Tombo. Direcção de Serviços de Arquivística. Conselho Ultramarino. In: *Guia Geral dos Fundos da Torre do Tombo:* Primeira Parte – Instituições do Antigo

Regime; Volume II – Administração Central (2). Lisboa: Instituto dos
Arquivos Nacionais/Torre do Tombo, 1999. p. 143-146.

SERRÃO, Joel; LEAL, Maria José da Silva; PEREIRA, Miriam Halpern.
Conselho Ultramarino. In: *Roteiro de Fontes da História Portuguesa
Contemporânea:* Arquivos de Lisboa – Arquivo Nacional da Torre
do Tombo. Lisboa: Instituto Nacional de Investigação Científica,
1984, v. 1, p. 200-201.

• Contos de Lisboa/Contos do Reino e Casa
(cf. «digitarq.dgarq.gov.pt?ID=4162481»)

Trata-se de 451 livros relacionados à contabilização e à fiscalização das contas públicas em Portugal, de finais do século XIV até finais do XVII. Os vários *Contos* que se sucederam no período ou que nele atuaram em simultâneo integravam a estrutura administrativa da Fazenda Real. Apesar da inexistência de documentação sobre a América portuguesa, sua inserção neste roteiro se justifica pelo sentido de complementaridade que possui vis-à-vis a outros fundos de igual natureza e denominação depositados seja na Torre do Tombo (ex.: Casa dos Contos do Reino e Casa/ Erário Régio), seja em outras instituições portuguesas (ex.: Arquivo Histórico do Tribunal de Contas).

Instrumentos de pesquisa:
Guias e Roteiros:

AZEVEDO, Pedro A. D'; BAIÃO, António. Documentos e livros da antiga
Casa da Coroa. In: *O Archivo da Torre do Tombo:* sua história, corpos que o compõem e organização. 2 ed. Lisboa: Arquivo Nacional
da Torre do Tombo; Livros Horizonte, 1989. p. 23-30.

PORTUGAL. Instituto dos Arquivos Nacionais/Torre do Tombo. Contos de
Lisboa/Contos do Reino e Casa. In: *Guia de Fontes Portuguesas para a
História de África.* Lisboa: Comissão Nacional para as Comemorações

dos Descobrimentos Portugueses; Fundação Oriente; Imprensa Nacional – Casa da Moeda, 2000, v. 3, p. 32-33.

portugal. Instituto dos Arquivos Nacionais/Torre do Tombo. Contos de Lisboa/Contos do Reino e Casa. In: *Guia de Fontes Portuguesas para a História da Ásia*. Lisboa: Comissão Nacional para as Comemorações dos Descobrimentos Portugueses; Fundação Oriente; Imprensa Nacional – Casa da Moeda, 1998, v. 1, p.52-53.

portugal. Instituto dos Arquivos Nacionais/Torre do Tombo. Direcção de Serviços de Arquivística. Contos de Lisboa/Contos do Reino e Casa. In: *Guia Geral dos Fundos da Torre do Tombo:* Primeira Parte – Instituições do Antigo Regime; Volume i – Administração Central (1). Lisboa: Instituto dos Arquivos Nacionais/Torre do Tombo, 1998. p. 24-45.

Inventários:

coutinho, João Pereira de Azeredo. *Inventario dos livros, maços e documentos que se guardam no Real Archivo da Torre do Tombo [...] no anno de 1776*. [Manuscrito]. 1776. Acessível no antt (L 299A e 299B).

fariniia, Maria do Carmo Jasmins Dias; ó ramos, Maria de Fátima Dentinho. *Núcleo Antigo:* inventário. [Datilografado]. 1995. Acessível no antt (L 574).

farinha, Maria do Carmo Jasmins Dias; ó ramos, Maria de Fátima Dentinho. Contos de Lisboa/Contos do Reino e Casa. In: *Núcleo Antigo:* Inventário. Lisboa: Arquivos Nacionais/Torre do Tombo, 1996. p. 82-146.

- **Corpo Cronológico** (cf. «digitarq.dgarq.gov.pt?ID=3767258»)
Coleção fundamental de fontes históricas, em particular para o estudo dos Descobrimentos Portugueses e de questões da rotina político-administrativa dos Domínios Ultramarinos. Composta por 525 maços, que totalizam 83.212 documentos, de variada natureza, datados entre os séculos XII e XVII, provenientes da Secretaria de Estado dos Negócios do Reino e Tribunais Régios.

Instrumentos de pesquisa
Guias e roteiros

AZEVEDO, Pedro A. D'; BAIÃO, António. Documentos e livros da antiga Casa da Coroa. In: *O Archivo da Torre do Tombo: sua história, corpos que o compõem e organização*. 2 ed. Lisboa: Arquivo Nacional da Torre do Tombo; Livros Horizonte, 1989. p. 23-30.

PORTUGAL. Instituto Português de Arquivos. Corpo Cronológico. In: *Guia de Fontes Portuguesas para a História de África*. Lisboa: Comissão Nacional para as Comemorações dos Descobrimentos Portugueses; Fundação Oriente; Imprensa Nacional – Casa da Moeda, 1993, v. 2, p. 58-59.

PORTUGAL. Instituto dos Arquivos Nacionais/Torre do Tombo. Corpo Cronológico. In: *Guia de Fontes Portuguesas para a História da América Latina*. Lisboa: Comissão Nacional para as Comemorações dos Descobrimentos Portugueses; Fundação Oriente; Imprensa Nacional – Casa da Moeda, 1997, v. 1, p. 65.

PORTUGAL. Instituto dos Arquivos Nacionais/Torre do Tombo. Corpo Cronológico. In: *Guia de Fontes Portuguesas para a História da Ásia*. Lisboa: Comissão Nacional para as Comemorações dos Descobrimentos Portugueses; Fundação Oriente; Imprensa Nacional – Casa da Moeda, 1998, v. 1, p. 95-96.

PORTUGAL. Instituto dos Arquivos Nacionais/Torre do Tombo. Direcção de Serviços de Arquivística. Corpo Cronológico. In: *Guia Geral dos Fundos da Torre do Tombo*: Primeira Parte – Instituições do Antigo Regime; Volume I – Administração Central (1). Lisboa: Instituto dos Arquivos Nacionais/Torre do Tombo, 1998. p. 84-86.

Inventários

COUTINHO, João Pereira de Azeredo. *Inventario dos livros, maços e documentos que se guardam no Real Archivo da Torre do Tombo [...] no anno de 1776*. [Manuscrito]. 1776. Acessível no ANTT (L. 299A). Parte IV.

Catálogos

MAIA, Manuel da. *Corpo Cronológico*: catálogo. [Manuscrito]. 1756-1764. Acessível no ANTT. (L. 224-229)

PORTUGAL. Instituto dos Arquivos Nacionais/Torre do Tombo. *Corpo Cronológico*: Catálogo. [Manuscrito]. [18??-1841?]. Acessível no ANTT. (C. 79-169 A1-4).

PORTUGAL. Instituto dos Arquivos Nacionais/Torre do Tombo. TTOnline [em linha]. Lisboa: Instituto dos Arquivos Nacionais/Torre do Tombo, 2005. Atualização diária. *Corpo Cronológico*. Disponível em: «ttonline.iantt.pt/cc.htm»

Índices

MAIA, Manuel da. *Corpo Cronológico*: índice cronológico. [Manuscrito]. 1756-1764. Acessível no ANTT. (L. 223).

MAIA, Manuel da. *Corpo Cronológico*: índice onomástico. [Manuscrito]. 1756-1764. Acessível no ANTT. (L. 230-234). Próprios e Comuns.

PORTUGAL. Instituto dos Arquivos Nacionais/Torre do Tombo. *Índice geral dos documentos conteudos no Corpo Chronologico existente no Real Archivo da Torre do Tombo*. Lisboa: [s.n], 1845. 185 p. Até à Letra C.

Para a História do Brasil
OLIVEIRA NETO, Luís Camilo de, *et al*. Notícias antigas do Brasil (1531-1551). *Anais da Biblioteca Nacional*. Rio de Janeiro, n.° 75, p. 5-28, 1935

- **Desembargo do Paço** (cf. «digitarq.dgarq.gov.pt?ID=4167317»)
Fundo integrado por 262 livros e 144 maços de documentos produzidos e relacionados ao principal tribunal da administração judiciária do Antigo Regime português. Para além da documentação de cunho processual propriamente dita, que constitui a essência deste conjunto, reporte-se à *Leitura de Bacharéis*, fonte indispensável para estudo sobre o recrutamento dos magistrados de carreira e dos oficiais da Justiça.

Instrumentos de pesquisa
Guias de Remessa
PORTUGAL. Secretaria de Estado dos Negócios do Reino. *Desembargo do Paço*: relação dos livros que vieram da Secretaria de Estado dos Negócios do Reino para o A.N.T.T. [Manuscrita]. 1835. Acessível no ANTT. (L. 237).

Guias e Roteiros
AZEVEDO, Pedro A. D'; BAIÃO, António. Archivo do Desembargo do Paço. In: *O Archivo da Torre do Tombo*: sua história, corpos que o compõem e organização. 2 ed. Lisboa: Arquivo Nacional da Torre do Tombo; Livros Horizonte, 1989. p. 149-151.

PORTUGAL .Instituto dos Arquivos Nacionais/Torre do Tombo. Direcção de Serviços de Arquivística. Desembargo do Paço. In: *Guia Geral dos Fundos da Torre do Tombo*: Primeira Parte – Instituições do Antigo

Regime; Volume I – Administração Central (1). Lisboa: Instituto dos Arquivos Nacionais/Torre do Tombo, 1998, v. 1, p. 183-230.

SERRÃO, Joel; LEAL, Maria José da Silva; PEREIRA, Miriam Halpern. Desembargo do Paço. In: *Roteiro de Fontes da História Portuguesa Contemporânea*: Arquivos de Lisboa – Arquivo Nacional da Torre do Tombo. Lisboa: Instituto Nacional de Investigação Científica, 1984, v. 1, p. 212-223.

Inventários

RODRIGUES, Ana Maria. Inventário geral dos livros do Desembargo do Paço. *Memória*. Lisboa, n° 1, p.189-212, abr. 1989.

_____. *Desembargo do Paço*: Inventário. Lisboa: Instituto dos Arquivos Nacionais/Torre do Tombo, 2000, v. 1, 911 p.

_____; PEREIRA, Maria Celeste. *Desembargo do Paço*: Inventário. Lisboa: Instituto dos Arquivos Nacionais/Torre do Tombo, 2000, v. 2, 531 p.

Índices

PORTUGAL. Instituto dos Arquivos Nacionais/Torre do Tombo. *Desembargo do Paço*: índices onomásticos de Próprios e Comuns. [Manuscritos]. [1833?-]. Acessivel no ANTT. (L. 242-L. 260 e F. 47- F. 60).

Para a *Leitura de Bacharéis:*
MATOS, Lourenço Correia de; AMARAL, Luís. *Leitura de Bacharéis*; Índices dos Processos. Lisboa: Guarda-Mor, 2006. 306 p.

• **Gavetas** (cf. «digitarq.dgarq.gov.pt?ID=4185743»)

São 264 maços de diplomas régios, das mais diversas origens e naturezas, que recuam cronologicamente aos primórdios do século XII, finalizando no século XX. A sua história custodial se confunde com a do próprio Arquivo Real português. É nesta coleção que se encontra depositada a carta de Pero Vaz de Caminha relatando a chegada dos portugueses à América do Sul, em 1500.

Instrumentos de pesquisa
Guias e Roteiros

AZEVEDO, Pedro A. D'; BAIÃO, António. Documentos e livros da antiga Casa da Coroa. In: *O Archivo da Torre do Tombo:* sua história, corpos que o compõem e organização. 2 ed. Lisboa: Arquivo Nacional da Torre do Tombo; Livros Horizonte, 1989. p. 23-30.

PORTUGAL. Instituto dos Arquivos Nacionais/Torre do Tombo. Gavetas. In: *Guia de Fontes Portuguesas para a História de África*. Lisboa: Comissão Nacional para as Comemorações dos Descobrimentos Portugueses; Fundação Oriente; Imprensa Nacional – Casa da Moeda, 2000, v. 3, p. 61-62.

PORTUGAL. Instituto dos Arquivos Nacionais/Torre do Tombo. Gavetas. In: *Guia de Fontes Portuguesas para a História da América Latina*. Lisboa: Comissão Nacional para as Comemorações dos Descobrimentos Portugueses; Fundação Oriente; Imprensa Nacional – Casa da Moeda, 2001, v. 2, p. 218.

PORTUGAL. Instituto dos Arquivos Nacionais/Torre do Tombo. Gavetas. In: *Guia de Fontes Portuguesas para a História da Ásia*. Lisboa: Comissão Nacional para as Comemorações dos Descobrimentos Portugueses; Fundação Oriente; Imprensa Nacional – Casa da Moeda, 1998, v. 1, p. 97-98.

PORTUGAL. Instituto dos Arquivos Nacionais/Torre do Tombo. Direcção de Serviços de Arquivística. Gavetas. In: *Guia Geral dos Fundos da Torre do Tombo:* Primeira Parte – Instituições do Antigo Regime; Volume I: Administração Central (1). Lisboa: Instituto dos Arquivos Nacionais/Torre do Tombo, 1998. p. 64-65.

SERRÃO, Joel; LEAL, Maria José da Silva; PEREIRA, Miriam Halpern. Gavetas da Torre do Tombo. In: *Roteiro de Fontes da História Portuguesa Contemporânea: Arquivos de Lisboa – Arquivo Nacional da Torre do Tombo*. Lisboa: Instituto Nacional de Investigação Científica, 1984, v. 1, p. 235-236.

Inventários

COUTINHO, João Pereira de Azeredo. *Núcleo Antigo:* inventário. [Manuscrito]. 1776. Acessível no ANTT. (L. 299A)

Catálogos

MAIA, Manuel da. *Inventário dos documentos chamados das Gavetas.* [Manuscrito]. [1766 ?]. Acessível no ANTT. (L. 271-273).

Embora referenciado como inventário, em termos arquvísticos, trata-se de um catálogo.

PORTUGAL. Instituto dos Arquivos Nacionais/Torre do Tombo. TTOnline [em linha]. Lisboa: Instituto dos Arquivos Nacionais/Torre do Tombo, 2005.Atualização diária. *Gavetas*. Disponível em: «ttonline. iantt.pt»

Índices

MAIA, Manuel da. *Índice dos documentos que se guardavam nas XX Gavetas Antigas deste Real Archivo da Torre do Tombo da Letra A até a Letra Z.* [Manuscrito]. 1765. Acessível no ANTT. (L. 267-268).

PORTUGAL. Instituto dos Arquivos Nacionais/Torre do Tombo. *Gavetas: índice suplementar de Próprios (A-V) e Comuns (A-Z)*. [Manuscrito]. [1912]. Acessível no ANTT (L. 269-270).

Contém entradas de documentos omitidos nos índices anteriores e os das Gavetas 22 e 23.

- **Hospital Real de Todos os Santos/Hospital de São José e Anexos** (cf. «digitarq.dgarq.gov.pt?id=4192593»)

Abriga documentação, desde os fins do século XV até 1973, do Hospital Real de Todos os Santos e de seu sucessor, o atual Hospital de São José e instituições afins e anexas. Totaliza cerca de 8.000 livros e 2723 caixas de documentos que foram, parceladamente, transferidas pelos Hospitais Civis de Lisboa para a Torre do Tombo entre 1979 e 2004. Ressalve-se que ainda não se completaram os trabalhos de tratamento técnico-arquivístico do *fundo*.

Para uma visão do acervo, recorra-se a:

ALCOCHETE, Nuno Daupiás D´. O Arquivo Histórico do Hospital de São José. *Boletim Internacional de Bibliografia Luso-Brasileira*, Lisboa, v. 5, n.2, p. 271-311, abr.-jun. 1964; também publicado, com idêntico título, no *Boletim Clínico do Hospital Civis de Lisboa*, Lisboa, v. 29, n.1/2, p.321-363, 1965.

SANTOS, Sebastião da Costa. O Arquivo do Hospital de S. José. *Anais das Bibliotecas e Arquivos*, Lisboa, v. 1-2, p. 129-135, abr.-jun. 1920.

Instrumentos de pesquisa
Guias e Roteiros

PORTUGAL. Instituto dos Arquivos Nacionais/Torre do Tombo – Direcção de Serviços de Arquivística. Hospital Real de Todos os Santos/Hospital de São José e Anexos. In: *Guia Geral dos Fundos da Torre do Tombo* – Primeira Parte: Instituições do Antigo Regime – Volume IV: Administração Periférica. Domínios. Casa Real e Casas Anexas. Lisboa: Arquivos Nacionais/Torre do Tombo, 2002. p. 3-43.

Inventários

SARAIVA, Maria Teresa; H, Fernando, FINO, Idalina. *Hospital de São José*: inventário [Impresso]. 2004. Acessível no ANTT (L 683).

No acervo do arquivo histórico deste tradicional hospital lisboeta encontra-se valiosa documentação para o estudo da economia colonial. Trata-se da correspondência comercial trocada entre o negociante Francisco Pinheiro, de Lisboa, e seus representantes no Brasil, na África e em praças europeias, na primeira metade do século xviii. Essa documentação foi publicada por: lisanti filho, Luís. *Negócios coloniais*: uma correspondência comercial do século xviii. Brasília: Ministério da Fazenda; São Paulo: Visão Editorial, 1973, 5 v. Ilustr. A este propósito, consulte-se: lapa, José Roberto do Amaral. *A História em questão*: historiografia brasileira contemporânea. Petrópolis: Vozes, 1976. p. 105-113: Secos e molhados. Sobre a incorporação dos bens daquele homem de negócios ao patrimônio do Hospital, leia-se: alcochete, Nuno Daupiás d´. A herança de Francisco Pinheiro. *Boletim Clínico dos Hospitais Civis de Lisboa*, Lisboa, v. 22, n. 2, p.279-288, 1958.

• **Inquisição de Lisboa** (cf. «digitarq.dgarq.gov.pt?id=2299704»)

Este subfundo, com vasta dimensão (979 livros, 68 maços, 32 caixas), compreende variegada documentação produzida pelo Tribunal do Santo Ofício sediado em Lisboa, entre 1536 e 1821, nela se incluindo aquela respeitante aos territórios ultramarinos que ficavam sob sua jurisdição (exceto Goa). Nas últimas décadas, tem sido o conjunto documental da Torre do Tombo mais solicitado e analisado pelos estudiosos da História da América portuguesa. Após exaustivos trabalhos, que se desenvolveram desde meados de 2007, indo do tratamento arquivístico à digitalização dos quase 18.000 processos e de diversas séries de livros, com mais de dois milhões de imagens de documentos, o alentado acervo da Inquisição de Lisboa está disponível para consulta em nova plataforma digital (cf. «antt.dgarq.gov.pt/noticias/inquisicao-de-lisboa-on-line-ja-disponivel/» e/ou «ttonline.iantt.pt/»)

Instrumentos de pesquisa
Guias e roteiros
PORTUGAL. Instituto dos Arquivos Nacionais/Torre do Tombo. Inquisição de Lisboa. In: *Guia de Fontes Portuguesas para a História de África*. Lisboa: Comissão Nacional para as Comemorações dos Descobrimentos Portugueses; Fundação Oriente; Imprensa Nacional -Casa da Moeda, 2000, v. 3, p. 76-79.

PORTUGAL. Instituto dos Arquivos Nacionais/Torre do Tombo. Inquisição de Lisboa. In: *Guia de Fontes Portuguesas para a História da América Latina*. Lisboa: Comissão Nacional para as Comemorações dos Descobrimentos Portugueses; Fundação Oriente; Imprensa Nacional – Casa da Moeda, 2001, v. 2, p. 214-217.

PORTUGAL. Instituto dos Arquivos Nacionais/Torre do Tombo. Inquisição de Lisboa. In: *Guia de Fontes Portuguesas para a História da Ásia*. Lisboa: Comissão Nacional para as Comemorações dos Descobrimentos Portugueses; Fundação Oriente; Imprensa Nacional – Casa da Moeda, 1998, v. 1, p.122-124.

PORTUGAL. Instituto dos Arquivos Nacionais/Torre do Tombo. Direcção de Serviços de Arquivística. Inquisição de Lisboa. In: *Guia Geral dos Fundos da Torre do Tombo:* Primeira Parte – Instituições do Antigo Regime; Volume I: Administração Central (1). Lisboa: Instituto dos Arquivos Nacionais/Torre do Tombo, 1998. p. 365-382.

Inventários
FARINHA, Maria do Carmo Jasmins Dias. Inquisição de Lisboa. In: *Os Arquivos da Inquisição*. Lisboa: Arquivos Nacionais/Torre do Tombo, 1990. p. 157-207.

Catálogos

PORTUGAL. Instituto dos Arquivos Nacionais/Torre do Tombo. TTOnline [em linha]. Lisboa: Instituto dos Arquivos Nacionais/Torre do Tombo, 2005. Atualização diária. *Processos-crime da Inquisição de Lisboa*. Disponível em: «ttonline.iantt.pt»

- **Intendência Geral da Polícia da Corte e Reino**
(cf. «digitarq.dgarq.gov.pt?ID=4205425»).
Pese embora a Intendência ter sido criada em meados de 1760, a documentação deste fundo se estende do século XV até 1834. Versa sobre matérias as mais díspares, como, dentre outras, a segurança pública, os comportamentos políticos, morais e sociais e a vida cotidina em Lisboa.

Instrumentos de pesquisa
Relações:

LISBOA. Governo Civil. *Intendência Geral da Polícia: inventário dos livros e maços procedentes do Governo Civil de Lisboa, incorporados em 24 de Novembro de 1863*. [Manuscrito]. 1863. Acessível no ANTT. (L.298).

Composto por várias relações de livros de registros e de maços de documentos avulsos.

Guias e Roteiros

AZEVEDO, Pedro A. d'; BAIÃO, António. Intendência Geral da Polícia. In: *O Archivo da Torre do Tombo: sua história, corpos que o compõem e organização*. 2 ed. Lisboa: Arquivos Nacionais/ Torre do Tombo; Livros Horizonte, 1989. p. 148-149.

PORTUGAL. Instituto Português de Arquivos. Intendência Geral da Polícia. In: *Guia de Fontes Portuguesas para a História de África*. Lisboa: Comissão Nacional para as Comemorações dos Descobrimentos Portugueses; Fundação Oriente; Imprensa Nacional – Casa da Moeda, 1993, v. 2, p. 60-61.

PORTUGAL. Instituto dos Arquivos Nacionais/Torre do Tombo. Intendência Geral da Polícia . In: *Guia de Fontes Portuguesas para a História da América Latina*. Lisboa: Comissão Nacional para as Comemorações dos Descobrimentos Portugueses; Fundação Oriente; Imprensa Nacional – Casa da Moeda, 1997, v. 1, p. 65-66.

PORTUGAL. Instituto dos Arquivos Nacionais/Torre do Tombo. Intendência Geral da Polícia. In: *Guia de Fontes Portuguesas para a História da Ásia*. Lisboa: Comissão Nacional para as Comemorações dos Descobrimentos Portugueses; Fundação Oriente; Imprensa Nacional – Casa da Moeda, 1998, v. 1, p. 55-57.

PORTUGAL. Instituto dos Arquivos Nacionais/Torre do Tombo. Direcção de Serviços de Arquivística. Intendência Geral da Polícia. In: *Guia Geral dos Fundos da Torre do Tombo:* Primeira Parte – Instituições do Antigo Regime; Volume III: Administração Central (3). Lisboa: Instituto dos Arquivos Nacionais/Torre do Tombo, 2000. p. 161-175.

SERRÃO, Joel; LEAL, Maria José da Silva; PEREIRA, Miriam Halpern. Intendência Geral da Polícia da Corte e Reino. In: *Roteiro de Fontes da História Portuguesa Contemporânea:* Arquivos de Lisboa – Arquivo Nacional da Torre do Tombo. Lisboa: Instituto Nacional de Investigação Científica, 1984, v. 1, p. 244-251.

Inventários

FRAZÃO, António. *Intendência Geral da Polícia*: inventário geral dos livros. [Datilografado]. 1989. Acessível no ANTT. (L. 298A). Inventário parcelar.

Catálogos

PORTUGAL. Arquivo Nacional da Torre do Tombo. *Notícia de alguns documentos sobre Gomes Freire de Andrade.* [Manuscrita], [186-?]. Acessível no ANTT. (C. 265).

Integra descrição de documentos extraídos da Intendência Geral da Polícia, do Juízo da Inconfidência e do Ministério do Reino sobre os acontecimentos de Setembro de 1810 e a conspiração de 1817.

PORTUGAL. Arquivo Nacional da Torre do Tombo. *Notícia de documentos relativos a sequestros de bens de Gomes Freire de Andrade.* [Manuscrita], [186-?]. Acessível no ANTT. (C. 265A)

PORTUGAL. Arquivo Nacional da Torre do Tombo. *Partes diárias da Guarda Real da Polícia*: catálogo das participações de janeiro de 1809 a novembro de 1819. [Manuscrito]. [195-?]. Acessível no ANTT. (C. 1082/1-46).
Catálogo incompleto, apresentando algumas lacunas de anos e meses.

- **Juízo da Índia e Mina** (cf. «digitarq.dgarq.gov.pt?ID=4208377»)
"Ao Juízo da Índia e Mina, criado na sequência dos descobrimentos e do comércio com o Ultramar, competia conhecer dos processos cíveis e crime concernentes ao comércio e às cargas e descargas dos navios. As decisões tomadas fora dele eram consideradas nulas. (...) Das sentenças proferidas neste Juízo cabia recurso para o Juízo das Apelações e Agravos da Casa da Suplicação. Na dependência do Juízo da Índia e Mina existia o Juízo das Justificações Ultramarinas" (cf. «digitarq.dgarq.gov.pt?ID=4208377»). A documentação se compõe de processos referentes a avarias de navios, de prova de cidadania e nacionalidade portuguesas relativamente aos navios e sobre corsários e pirataria.

Instrumentos de pesquisa
Guias e Roteiros
PORTUGAL. Instituto dos Arquivos Nacionais/Torre do Tombo. Juízo da Índia e Mina. In: *Guia de Fontes Portuguesas para a História da Ásia*. Lisboa: Comissão Nacional para as Comemorações dos Descobrimentos Portugueses; Fundação Oriente; Imprensa Nacional – Casa da Moeda, 1998, v. 1, p. 118.

PORTUGAL. Instituto dos Arquivos Nacionais/Torre do Tombo. Direcção de Serviços de Arquivística. Juízo da Índia e Mina. In: *Guia Geral dos Fundos da Torre do Tombo:* Primeira Parte – Instituições do Antigo Regime; Volume I: Administração Central (1). Lisboa: Instituto dos Arquivos Nacionais/Torre do Tombo, 1998. p. 138-139.

SERRÃO, Joel; LEAL, Maria José da Silva; PEREIRA, Miriam Halpern. Arquivo dos Feitos Findos. In: *Roteiro de Fontes da História Portuguesa Contemporânea:* Arquivos de Lisboa – Arquivo Nacional da Torre do Tombo. Lisboa: Instituto Nacional de Investigação Científica, 1984, v. 2, p. 367-396.

Catálogos
PORTUGAL. Instituto dos Arquivos Nacionais/Torre do Tombo. CALM: *Descrições Arquivísticas* [off-line]. Lisboa: IAN/TT, 2004. Juízo da Índia e Mina. Acessível no Serviço de Referência do ANTT, mediante solicitação de apoio.

- **Juízo das Justificações Ultramarinas**
  (cf. «digitarq.dgarq.gov.pt?ID=4211646»)

Subfundo, com quase 800 caixas de documentos, contendo processos de habilitação à herança dos que faleciam no Ultramar ao serviço do rei e de justificação das relações de parentesco com essas mesmas pessoas. Os processos estão organizados por grandes áreas geográficas: África, Brasil, Oriente e Ilhas.

Instrumentos de pesquisa
Guias e Roteiros
PORTUGAL. Instituto dos Arquivos Nacionais/Torre do Tombo. Juízo das Justificações Ultramarinas. In: *Guia de Fontes Portuguesas para a História da Ásia.* Lisboa: Comissão Nacional para as Comemorações

dos Descobrimentos Portugueses; Fundação Oriente; Imprensa Nacional – Casa da Moeda, 1998, v. 1, p. 118.

PORTUGAL. Instituto dos Arquivos Nacionais/Torre do Tombo. Direcção de Serviços de Arquivística. Juízo das Justificações Ultramarinas. In: *Guia Geral dos Fundos da Torre do Tombo:* Primeira Parte – Instituições do Antigo Regime; Volume I: Administração Central (1). Lisboa: Instituto dos Arquivos Nacionais/Torre do Tombo, 1998. p. 139.

SERRÃO, Joel; LEAL, Maria José da Silva; PEREIRA, Miriam Halpern. Arquivo dos Feitos Findos. In: *Roteiro de Fontes da História Portuguesa Contemporânea:* Arquivos de Lisboa – Arquivo Nacional da Torre do Tombo. Lisboa: Instituto Nacional de Investigação Científica, 1984, v. 2, p. 367-396.

Catálogos

PORTUGAL. Instituto dos Arquivos Nacionais/Torre do Tombo. Calm: *Descrições Arquivísticas* [off-line]. Lisboa: IAN/TT, 2004. Juízo das Justificações Ultramarinas. Acessível no Serviço de Referência do ANTT, mediante solicitação de apoio.

Descreve apenas as Justificações referentes a África.

PORTUGAL. Instituto dos Arquivos Nacionais/Torre do Tombo. *Catálogo onomástico das Justificações Ultramarinas: África*. [Manuscrito]. [1950]. Acessível no ANTT (C. 257/A1-17).

- **Junta da Administração do Tabaco**
(cf. «digitarq.dgarq.gov.pt?ID=4206525»)

"Este fundo (com 410 livros) testemunha a administração de todos os negócios tocantes ao tabaco (...), não só de Norte a Sul do país como também dos territórios ultramarinos", entre os anos de 1653 e 1833.

Instrumentos de pesquisa
Guias de Remessa
PORTUGAL. Direcção-Geral dos Próprios Nacionais. *Relação dos livros e maços de documentos pertencentes ao extincto Conselho da Fazenda transferidos do archivo dos Próprios Nacionaes para o da Torre do Tombo*. [Manuscrita]. 1894. Acessível no ANTT. (C. 27).

PORTUGAL. Junta do Tabaco. *Relação dos papéis pertencentes à extinta Junta de Administração do Tabaco*. [Manuscrita]. 1833. Acessível no ANTT. (L. 305). Relação 1.

Guias e Roteiros:
PORTUGAL. Instituto dos Arquivos Nacionais/Torre do Tombo. Junta da Administração do Tabaco. In: *Guia de Fontes Portuguesas para a História de África*. Lisboa: Comissão Nacional para as Comemorações dos Descobrimentos Portugueses; Fundação Oriente; Imprensa Nacional – Casa da Moeda, 2000, v. 3, p. 36-38.

PORTUGAL. Instituto dos Arquivos Nacionais/Torre do Tombo. Junta da Administração do Tabaco. In: *Guia de Fontes Portuguesas para a História da América Latina*. Lisboa: Comissão Nacional para as Comemorações dos Descobrimentos Portugueses; Fundação Oriente; Imprensa Nacional – Casa da Moeda, 2001, v. 2, p. 164-167.

PORTUGAL. Instituto dos Arquivos Nacionais/Torre do Tombo. Junta da Administração do Tabaco. In: *Guia de Fontes Portuguesas para a História da Ásia*. Lisboa: Comissão Nacional para as Comemorações dos Descobrimentos Portugueses; Fundação Oriente; Imprensa Nacional – Casa da Moeda, 1998, v. 1, p. 57-60.

PORTUGAL. Instituto dos Arquivos Nacionais/Torre do Tombo. Direcção de Serviços de Arquivística. Junta da Administração do Tabaco. In: *Guia Geral dos Fundos da Torre do Tombo: Primeira Parte*

– Instituições do Antigo Regime; Volume II: Administração Central (2). Lisboa: Instituto dos Arquivos Nacionais/Torre do Tombo, 1999. p.163-167.

SERRÃO, Joel; LEAL, Maria José da Silva; PEREIRA, Miriam Halpern. Junta do Tabaco In: *Roteiro de Fontes da História Portuguesa Contemporânea:* Arquivos de Lisboa – Arquivo Nacional da Torre do Tombo. Lisboa: Instituto Nacional de Investigação Científica, 1984, v. 1, p. 345-348.

• Junta de Liquidação dos Fundos das extintas Companhias do Grão-Pará e Maranhão e de Pernambuco e Paraíba
(cf. «digitarq.dgarq.gov.pt?ID=4217286»)

Conjunto de 17 livros contendo assentos contábeis produzidos durante o processo de liquidação das duas mencionadas companhias de comércio, processo este cujas balizas cronológicas se situam entre 1821 e 1914.

Instrumentos de pesquisa
Guias e roteiros

PORTUGAL. Instituto dos Arquivos Nacionais/Torre do Tombo. Direcção de Serviços de Arquivística. Junta de Liquidação dos Fundos das Extintas Companhias do Grão Pará e Maranhão e de Pernambuco e Paraíba. In: *Guia Geral dos Fundos da Torre do Tombo:* Primeira Parte – Instituições do Antigo Regime; Volume III: Administração Central (3). Lisboa: Instituto dos Arquivos Nacionais/Torre do Tombo, 2000. p. 158-160.

PORTUGAL. Instituto Português de Arquivos. *Guia de Fontes Portuguesas para a História de África.* Lisboa: Comissão Nacional para as Comemorações dos Descobrimentos Portugueses; Fundação Oriente; Imprensa Nacional – Casa da Moeda, 1991, v. 1, p. 63-64.

PORTUGAL. Instituto dos Arquivos Nacionais/Torre do Tombo. *Guia de Fontes Portuguesas para a História da América Latina*. Lisboa: Comissão Nacional para as Comemorações dos Descobrimentos Portugueses; Fundação Oriente; Imprensa Nacional – Casa da Moeda, 2001, v. 2, p. 2.

Nota/observação
Existem ainda por organizar 97 caixas com documentação proveniente quer da Companhia Geral do Grão-Pará e Maranhão, quer da Companhia Geral de Pernambuco e Paraíba, quer da Junta de Liquidação dos Fundos das Extintas Companhias do Grão-Pará e Maranhão, Pernambuco e Paraíba.

• **Junta do Comércio** (cf. «digitarq.dgarq.gov.pt?ID=1411410»)
Criada durante o consulado pombalino e cessando suas funções em 1834, a Junta do Comércio foi produtora de rica documentação relativa às mais diversas e amplas atividades pertinentes ao comércio interno e externo no período, com realce para aquelas que se realizavam entre a sede do reino português e a colônia sul-americana.

Instrumentos de pesquisa
Relações e Guias de Remessa
PORTUGAL. Ministério do Reino. *Inventário dos papéis de diferentes classes que se remetem ao A.N.T.T.* [Manuscrito]. 1835. Acessível no ANTT. (L. 305). Relações 1 e 2.

PORTUGAL. Secretaria de Estado dos Negócios da Fazenda. *Relação dos Livros que com a Portaria (...) são remetidos para o Real Archivo da Torre do Tombo.* [Manuscrita]. 1857. Acessível no ANTT. (L. 305). Relação 3.

PORTUGAL. Secretaria de Estado dos Negócios Estrangeiros. *Lista dos livros da Balança Geral do Comércio de Portugal com os seus domínios e nações estrangeiras.* [Manuscrita]. 1858. Acessível no ANTT. (L. 305). Relação 4.

PORTUGAL. Ministério do Reino. *Inventário da Junta do Commercio.* [Manuscrito].[1835]. Acessível no ANTT. (L. 305). Relação 5.

PORTUGAL. Ministério do Reino. *Inventário do extincto Cartório da Junta do Commercio.* [Manuscrito]. [1835]. Acessível no ANTT. (C. 466 e 467).

Descrição da documentação em maços (L.466) e em livros (467). Apesar da designação, do ponto de vista arquivístico, corresponde a uma relação. Não contempla genericamente a informação dada.

PORTUGAL. Ministério do Reino. *Inventário dos livros pertencentes ao cartório da extincta Junta do Commercio.* [Manuscrito]. [1835]. Acessível no ANTT. (C.476).

Não obstante a designação, do ponto de vista arquivístico corresponde a uma relação. Não contempla genericamente a informação dada.

Guias e Roteiros

AZEVEDO, Pedro A. D'; BAIÃO, António. Junta do Comércio. In: *O Archivo da Torre do Tombo:* sua história, corpos que o compõem e organização. 2 ed. Lisboa: Arquivo Nacional da Torre do Tombo; Livros Horizonte, 1989. p. 167-171.

PORTUGAL. Instituto dos Arquivos Nacionais/Torre do Tombo. Junta do Comércio. In: *Guia de Fontes Portuguesas para a História de África.* Lisboa: Comissão Nacional para as Comemorações dos Descobrimentos Portugueses; Fundação Oriente; Imprensa Nacional – Casa da Moeda, 2000, v. 3, p. 38-42.

PORTUGAL. Instituto dos Arquivos Nacionais/Torre do Tombo. Junta do Comércio. In: *Guia de Fontes Portuguesas para a História da América Latina*. Lisboa: Comissão Nacional para as Comemorações dos Descobrimentos Portugueses; Fundação Oriente; Imprensa Nacional – Casa da Moeda, 2001, v. 2, p. 167-171.

PORTUGAL. Instituto dos Arquivos Nacionais/Torre do Tombo. Junta do Comércio. In: *Guia de Fontes Portuguesas para a História da Ásia*. Lisboa: Comissão Nacional para as Comemorações dos Descobrimentos Portugueses; Fundação Oriente; Imprensa Nacional – Casa da Moeda, 1998, v. 1, p. 60-61.

PORTUGAL. Instituto dos Arquivos Nacionais/Torre do Tombo. Direcção de Serviços de Arquivística. Junta do Comércio. In: *Guia Geral dos Fundos da Torre do Tombo:* Primeira Parte – Instituições do Antigo Regime; Volume III: Administração Central (3). Lisboa: Instituto dos Arquivos Nacionais/Torre do Tombo, 2000. p. 1-34.

SERRÃO, Joel; LEAL, Maria José da Silva; PEREIRA, Miriam Halpern. Junta do Comércio. In: *Roteiro de Fontes da História Portuguesa Contemporânea:* Arquivos de Lisboa – Arquivo Nacional da Torre do Tombo. Lisboa: Instituto Nacional de Investigação Científica, 1984, v. 1, p. 256-276.

- **Junta do Depósito Público de Lisboa**
(cf. «digitarq.dgarq.gov.pt?ID=4206789»)

675 livros e 425 caixas de documentos cingem o acervo documental desta instituição, criada em 1751, cujas atividades se encerraram em 1870, e a quem competia, por determinação da Justiça, tanto recolher e armazenar valores e objetos, como encarregar-se da gestão financeira a estes relacionada. Cuidava também de questões atinentes a heranças nos territórios do ultramar português e dela fazia parte, dentre outras, a Repartição dos Defuntos e Ausentes no Brasil.

Instrumentos de pesquisa
Guias de Remessa

LISBOA. Tribunal da Relação. *Processos de arrematações e da Praça dos Leilões do Depósito Público:* guia de remessa. [Manuscrita]. [1913]. Acessível no ANTT.

LISBOA. Tribunal da Relação. *Processos de arrematações e da Praça dos Leilões do Depósito Público:* relação nº 2. [Impressa]. 1992. Acessível no ANTT. Documentação incorporada em 1995.

Guias e Roteiros

PORTUGAL. Instituto dos Arquivos Nacionais/Torre do Tombo. Junta do Depósito Público de Lisboa. In: *Guia de Fontes Portuguesas para a História da América Latina*. Lisboa: Comissão Nacional para as Comemorações dos Descobrimentos Portugueses; Fundação Oriente; Imprensa Nacional – Casa da Moeda, 2001, v. 2, p. 172-173.

PORTUGAL. Instituto dos Arquivos Nacionais/Torre do Tombo. Junta do Depósito Público de Lisboa. In: *Guia de Fontes Portuguesas para a História da Ásia*. Lisboa: Comissão Nacional para as Comemorações dos Descobrimentos Portugueses; Fundação Oriente; Imprensa Nacional – Casa da Moeda, 1998, v. 1, p. 61-63.

PORTUGAL. Instituto dos Arquivos Nacionais/Torre do Tombo. Direcção de Serviços de Arquivística. Junta do Depósito Público de Lisboa. In: *Guia Geral dos Fundos da Torre do Tombo:* Primeira Parte – Instituições do Antigo Regime; Volume IV: Administração Periférica. Domínios. Casa Real e Casas Anexas. Lisboa: Instituto dos Arquivos Nacionais/Torre do Tombo, 2002. p. 157-187.

SERRÃO, Joel; LEAL, Maria José da Silva; PEREIRA, Miriam Halpern. Processos de arrematações e da Praça dos Leilões. In: *Roteiro de*

Fontes da História Portuguesa Contemporânea: Arquivos de Lisboa – Arquivo Nacional da Torre do Tombo. Lisboa: Instituto Nacional de Investigação Científica, 1984, v. 2, p. 357.

Inventários

SILVEIRA, Paula Cristina Franco. *Junta do Depósito Público de Lisboa*: inventário. [Impresso]. 2002. Acessível no ANTT. (L. 655).

• **Manuscritos da Livraria** (cf. «digitarq.dgarq.gov.pt?ID=4248612»)
Coleção formada a partir de documentação oriunda do Convento de São Francisco, de Lisboa, para onde convergiram os acervos das ordens religiosas extintas nos anos trinta do Oitocentos. Trata-se de conjuntos documentais, balizados cronologicamente entre 1500 e 1900, procedentes de variadas instituições. Díspare também é a natureza dos manuscritos, dentre os quais salientam-se livros manuscritos – os mais numerosos –, códices factícios e "miscelâneas", guardando afinidade e complementaridade com o *fundo* Real Mesa Censória. A destacar também correspondência de caráter diplomático e livros de cartórios conventuais. O trabalho de identificação e tratamento técnico-arquivístico desta coleção ainda está em andamento.

Instrumentos de pesquisa
Guias e Roteiros

PORTUGAL. Instituto dos Arquivos Nacionais/Torre do Tombo. Direcção de Serviços de Arquivística. Manuscritos da Livraria. In: *Guia Geral dos Fundos da Torre do Tombo:* v. VI – Colecções, Arquivos de Pessoas Singulares, de Famílias, de Empresas, de Associações, de Comissões e de Congressos. Lisboa: Instituto dos Arquivos Nacionais/Torre do Tombo, 2005. p. 25-30.

Catálogos

PORTUGAL. Instituto dos Arquivos Nacionais/Torre do Tombo *Catálogo de documentação referente à Índia*: State Papers. Acessível no ANTT. (L.500).

henriques, Afonso. *Manuscritos do Brasil*: sumários. [Manuscrito]. [1925]. Acessível no antt (C. 3).
Documentação referente ao Brasil.

portugal, Instituto dos Arquivos Nacionais/Torre do Tombo. *Manuscritos da Livraria*. [Manuscrito]. [s.d.]. Acessível no antt (C. 520 a 528 G).
Não contempla a totalidade da documentação. Catálogo numérico/topográfico.

portugal, Instituto dos Arquivos Nacionais/Torre do Tombo. *Manuscritos da Livraria*. [Manuscrito]. [s.d.]. Acessível no antt. (C. 529 a 539).
Com o título *Miscelâneas Manuscritas*. Algumas das descrições são referentes a obras impressas (Série Preta da Torre do Tombo). Não abrange a totalidade da documentação. Catálogo alfabético de autores e assuntos.

portugal, Instituto dos Arquivos Nacionais/Torre do Tombo. *Catálogo alfabético de autores e assuntos*. Acessível no antt. (F 40).
Não atinge a totalidade da documentação.

portugal, Instituto dos Arquivos Nacionais/Torre do Tombo. *Manuscritos diversos*. Acessível no antt. (C 519A)

portugal. Instituto dos Arquivos Nacionais/Torre do Tombo. TTOnline [em linha]. Lisboa: ian/tt, 2005. Atualização diária. *Manuscritos da Livraria*. Disponível em: «ttonline.iantt.pt»

• **Manuscritos do Brasil** (cf. «digitarq.dgarq.gov.pt?ID=4248591»)
"Desconhece-se a história da formação desta colecção. Há no entanto, um nome que se evidencia e a quem é dirigida a maior parte da documentação: Martinho de Mendonça de Pina e Proença, (?-1743) que recebeu regimento e instruções (30 de Outubro de 1733) para em Minas

Gerais substituir o sistema da cobrança dos quintos e implementar o método de capitação, tendo sido conselheiro do Conselho Ultramarino (1738), bibliotecário de D. João v, sócio da Academia Real da História e guarda-mor da Torre do Tombo (1742) (...) Esta colecção é composta por dois tipos de documentação distinta: uma parte, documentação de arquivo, que resulta do exercício do governo geral e administração local do Brasil, e a outra a obras de carácter monográfico de autores diversos abrangendo temas como a história, agricultura, comércio, ou geografia do território brasileiro". (cf. «digitarq.dgarq.gov.pt?ID=4248591»)

Instrumentos de pesquisa
Guias e Roteiros
PORTUGAL. Instituto dos Arquivos Nacionais/Torre do Tombo. Direcção de Serviços de Arquivística. Manuscritos do Brasil. In: *Guia Geral dos Fundos da Torre do Tombo*: v. VI – Colecções, Arquivos de Pessoas Singulares, de Famílias, de Empresas, de Associações, de Comissões e de Congressos. Lisboa: Instituto dos Arquivos Nacionais/Torre do Tombo, 2005. p. 31-35.

Catálogos
PORTUGAL Instituto dos Arquivos Nacionais/Torre do Tombo. Manuscritos do Brasil. *Manuscritos remetidos pelo Ministério da Instrução Pública, Manuscritos vindos do Ministério do Reino*. [Manuscrito]. [s.d.]. Acessível no Arquivo Nacional da Torre do Tombo.(C. 2)

PORTUGAL. Instituto dos Arquivos Nacionais/Torre do Tombo. *Manuscritos do Brasil*: sumários. Acessível no ANTT. (L. 532/1a 532/7 – liv. 1 a 6).

Índice:
ANTUNES, Álvaro de Araújo; SANTOS, Márcio Roberto Alves dos. *Índice do Fundo Manuscritos do Brasil*. Disponível em: «htpp://www.cham.fcsh. unl.pt/pages/fundo_manuscrito_brasil.html». Acesso em 14/02/2010.

• **Manuscritos vindos do Ministério da Instrução Pública** (cf. «digitarq.dgarq.gov.pt?ID=4227807»)

O Ministério em tela teve curta existência; não mais do que o segundo semestre de 1870. À semelhança do fundo anterior, também este se lhe desconhece a história de sua constituição. É quase certo que os 19 livros que o integram tenham para ele transitado a partir do acervo do Ministério do Reino. Sobre o Brasil, citem-se registros referentes ao açúcar e ao tabaco e um livro-códice dos primeiros Estatutos da Catedral de Mariana, de 1755.

Instrumentos de pesquisa
Guias e Roteiros

PORTUGAL. Instituto dos Arquivos Nacionais/Torre do Tombo. Direcção de Serviços de Arquivística. "Manuscritos vindos do Ministério da Instrução Pública". In: *Guia Geral dos Fundos da Torre do Tombo:* v. VI – Colecções, Arquivos de Pessoas Singulares, de Famílias, de Empresas, de Associações, de Comissões e de Congressos. Lisboa: Instituto dos Arquivos Nacionais/Torre do Tombo, 2005. p. 44-47.

Catálogos

PORTUGAL. Instituto dos Arquivos Nacionais/Torre do Tombo. *Manuscritos do Brasil.* Manuscritos remetidos pelo Ministério da Instrução Pública, Manuscritos vindos do Ministério do Reino. [Manuscrito]. [s.d.]. Acessível no ANTT. (C 2, Relação 2).

• **Mesa da Consciência e Ordens** (cf. «digitarq.dgarq.gov.pt?ID=4223364»)

Inicialmente voltada para assuntos respeitantes à administração de capelas, colégios, hospitais e instituições congêneres e de bens de pessoas falecidas fora do Reino, a Mesa ganhou relevância ao passar a gerir a Chancelaria e a Secretaria dos Mestrados das Ordens Militares de Cristo, de Santiago da Espada e de São Bento de Avis, e a Fazenda e Tombos da

Comendas. Salientem-se, a título de exemplo, para o estudo da história da América portuguesa, cerca de 400 livros da Chancelaria da Ordem de Cristo (1566-1833) e a documentação avulsa sobre as mampostarias (em várias capitanias) e sobre os chamados Padroados do Brasil.

Instrumentos de pesquisa
Guias de remessa e relações

PORTUGAL. Secretaria de Estado dos Negócios Eclesiásticos e da Justiça. *Mesa da Consciência e Ordens*: relações dos livros, pertencentes ao extinto Tribunal da Mesa da Consciência e Ordens, que foram remetidas para o Real Arquivo por Cristiano José de Carvalho da Secretaria de Estado dos Negócios Eclesiásticos e da Justiça. [Manuscritas]. 1833-1835. Acessíveis no Arquivo Nacional da Torre do Tombo. (L. 377)

PORTUGAL. Secretaria de Estado dos Negócios Eclesiásticos e da Justiça. *Mesa da Consciência e Ordens*: relação sumária, em duplicado, dos livros pertencentes ao extinto Tribunal da Mesa da Consciência e Ordens, que foram remetidos para o Real Arquivo. [Manuscrita]. [1833?]. Acessível no ANTT, Portugal. (C. 622)

Guias e roteiros

AZEVEDO, Pedro A. D'; BAIÃO, António. Mesa da Consciência e Ordens. In: *O Archivo da Torre do Tombo*: sua história, corpos que o compõem e organização. 2 ed. Lisboa: Arquivo Nacional da Torre do Tombo; Livros Horizonte, 1989. p. 152-157.

PORTUGAL. Instituto dos Arquivos Nacionais/Torre do Tombo. Mesa da Consciência e Ordens. In: *Guia de Fontes Portuguesas para a História de África*. Lisboa: Comissão Nacional para as Comemorações dos Descobrimentos Portugueses; Fundação Oriente; Imprensa Nacional – Casa da Moeda, 2000, v. 3, p. 45-49.

PORTUGAL. Instituto dos Arquivos Nacionais/Torre do Tombo. Mesa da Consciência e Ordens. In: *Guia de Fontes Portuguesas para a História da América Latina*. Lisboa: Comissão Nacional para as Comemorações dos Descobrimentos Portugueses; Fundação Oriente; Imprensa Nacional – Casa da Moeda, 2001, v. 2, p. 173-178.

PORTUGAL. Instituto dos Arquivos Nacionais/Torre do Tombo. Mesa da Consciência e Ordens. In: *Guia de Fontes Portuguesas para a História da Ásia*. Lisboa: Comissão Nacional para as Comemorações dos Descobrimentos Portugueses; Fundação Oriente; Imprensa Nacional – Casa da Moeda, 1998, v. 1, p. 63-68.

PORTUGAL. Instituto dos Arquivos Nacionais/Torre do Tombo. Direcção de Serviços de Arquivística. Mesa da Consciência e Ordens. In: *Guia Geral dos Fundos da Torre do Tombo:* Primeira Parte – Instituições do Antigo Regime; Volume I: Administração Central (1). Lisboa: Instituto dos Arquivos Nacionais/Torre do Tombo, 1998. p. 231-340.

SERRÃO, Joel; LEAL, Maria José da Silva; PEREIRA, Miriam Halpern. Mesa da Consciência e Ordens. In: *Roteiro de Fontes da História Portuguesa Contemporânea:* Arquivos de Lisboa – Arquivo Nacional da Torre do Tombo. Lisboa: Instituto Nacional de Investigação Científica, 1984, v. 1. p. 358-368.

Inventários

FARINHA, Maria do Carmo Jasmins Dias; JARA, Anabela Azevedo. *Mesa da Consciência e Ordens*: inventário. Lisboa: Instituto dos Arquivos Nacionais/Torre do Tombo, 1997. p. 615.

• **Ministério do Reino**
(cf. «digitarq.dgarq.gov.pt?ID=4242888»)

Fundo dos mais volumosos da Torre do Tombo, com os seus 2934 livros e 7738 maços, cobre espaço temporal pouco inferior a dois séculos (1736 – 1910). A origem desta documentação se encontra nas alterações das estruturas político-administrativas promovidas por D. João V, dentre as quais se inclui a criação da Secretaria de Estado dos Negócios do Reino, em julho de 1736. Há farta documentação do período de estada da Corte no Brasil. A grande diversidade de natureza e de tipologia documentais deste fundo pressupõe a consulta a unidades de descrição a ela relacionadas existentes neste Arquivo e em outros (ex. Arquivo Histórico Ultramarino).

Instrumentos de pesquisa
Relações e Guias de Remessa
PORTUGAL. Ministério do Reino. *Relação dos livros e documentos do Archivo deste Ministério recolhidos ao Archivo da Torre do Tombo.* [Manuscrita]. 1881. Acessível no ANTT. (L. 382). Identificada como Relação B.

PORTUGAL. Ministério da Administração Interna. *Relação dos documentos do Ministério do Reino/Interior enviados ao Arquivo Nacional da Torre do Tombo.* [Datilografada]. 1977. Acessível no ANTT. (L. 497).

Relação organizado por assuntos, dispostos por ordem alfabética e cronológica.

PORTUGAL. Ministério da Administração Interna. *Ministério do Reino/Interior:* guias de remessa. [Datilografadas]. 1988. Acessível no ANTT (L. 530).

Inclui três guias enviadas, respectivamente, em 13 e 21 de abril e 16 de dezembro de 1988.

Guias e Roteiros

AZEVEDO, Pedro A. D'; BAIÃO, António. Archivo do Ministério do Reino. In: *O Archivo da Torre do Tombo: sua história, corpos que o compõem e organização*. 2 ed. Lisboa: Arquivo Nacional da Torre do Tombo; Livros Horizonte, 1989. p. 164-167.

PORTUGAL. Instituto Português de Arquivos. Ministério do Reino In: *Guia de Fontes Portuguesas para a História de África*. Lisboa: Comissão Nacional para as Comemorações dos Descobrimentos Portugueses; Fundação Oriente; Imprensa Nacional – Casa da Moeda, 1991, v.1, p. 69-72.

PORTUGAL. Instituto dos Arquivos Nacionais/Torre do Tombo. Ministério do Reino. In: *Guia de Fontes Portuguesas para a História da Ásia*. Lisboa: Comissão Nacional para as Comemorações dos Descobrimentos Portugueses; Fundação Oriente; Imprensa Nacional – Casa da Moeda, 1998, v. 2, p. 83-91.

PORTUGAL. Instituto dos Arquivos Nacionais/Torre do Tombo. Ministério do Reino. In: *Guia de Fontes Portuguesas para a História da América Latina*. Lisboa: Comissão Nacional para as Comemorações dos Descobrimentos Portugueses; Fundação Oriente; Imprensa Nacional – Casa da Moeda, 2001, v. 2, p. 179-186.

PORTUGAL. Instituto dos Arquivos Nacionais/Torre do Tombo. Ministério do Reino. In: *Guia de Fontes Portuguesas para a História de África*. Lisboa: Comissão Nacional para as Comemorações dos Descobrimentos Portugueses; Fundação Oriente; Imprensa Nacional – Casa da Moeda, 2000, v. 3, p. 49-56.

PORTUGAL. Instituto dos Arquivos Nacionais/Torre do Tombo. Direcção de Serviços de Arquivística. Ministério do Reino. In: *Guia Geral dos Fundos da Torre do Tombo: Primeira Parte – Instituições do Antigo*

Regime; Volume II: Administração Central (2). Lisboa: Instituto dos Arquivos Nacionais/Torre do Tombo, 1999. p. 179-413.

SERRÃO, Joel; LEAL, Maria José da Silva; PEREIRA, Miriam Halpern. Ministério do Reino In: *Roteiro de Fontes da História Portuguesa Contemporânea:* Arquivos de Lisboa – Arquivo Nacional da Torre do Tombo. Lisboa: Instituto Nacional de Investigação Científica, 1984, v. 2, p. 258-291.

Inventários

PORTUGAL. Ministério do Reino. *Inventário dos livros e documentos remetidos à Torre do Tombo.* [Manuscrito]. 1880. Acessível no ANTT (L. 382). Inventário genérico identificado como Relação C.

PORTUGAL. Ministério da Administração Interna. *Arquivo da Repartição da Contabilidade do Ministério do Reino:* inventário. [Datilografado]. 1979. Acessível no ANTT. (L. 382). Inventário genérico identificado como Relação D.

TREMOCEIRO, Paulo; JORGE, Teresa Revés. *Secretaria de Estado dos Negócios do Reino/Ministério do Reino:* Inventário. Lisboa: Instituto dos Arquivos Nacionais/Torre do Tombo, 1999. 620 p.

Catálogos

PORTUGAL. Instituto dos Arquivos Nacionais/Torre do Tombo. *Arquivo do Ministério do Reino:* catálogo de impressos do Ministério do Reino (1826-1859). [Impresso]. 1996. Acessível no ANTT. (L. 608 A)

PORTUGAL. Instituto dos Arquivos Nacionais/Torre do Tombo. *Arquivo do Ministério do Reino:* catálogo da colecção de plantas, mapas e outros documentos iconográficos. [Impresso]. 1995. Acessível no ANTT. (L. 608 B).

portugal. Arquivo Histórico do Ministério das Finanças. *Inventário de plantas e desenhos do Ministério do Reino*. [Datilografado]. [198-?]. Acessível no antt. (L. 608 B).

Apesar da designação original de inventário, em termos arquivísticos, é considerado catálogo.

portugal. Instituto dos Arquivos Nacionais/Torre do Tombo. TT Online [em linha]. Lisboa: Instituto dos Arquivos Nacionais/Torre do Tombo, 2005. Atualização diária. *Ministério do Reino*. Disponível em: «ttonline.iantt.pt»

- **Ministério dos Negócios Eclesiásticos e de Justiça** (cf. «digitarq.dgarq.gov.pt?ID=4229753»)

Trata-se de um conjunto documental extremamente rico, mas disperso e fracionado, cuja identificação e organização completas ainda estão por se realizar. Sem deixar de referir que incorporações recentes lhe têm sido feitas, estando sujeitas a tratamento técnico-arquivístico. São documentos englobados, genericamente, por três áreas: assuntos eclesiásticos internos, assuntos judicias e uma colecção diplomática,. situados cronologicamente entre os séculos xvii e xx, versando sobre os mais variados temas e objetos e perfazendo mais de mil e duzentos os assuntos distintos. Este acervo tem nítido caráter complementar a outros núcleos documentais *e fundos* depositados na Torre do Tombo.

Instrumentos de pesquisa
Guias e Roteiros

portugal. Instituto dos Arquivos Nacionais/Torre do Tombo. Ministério dos Negócios Eclesiásticos e da Justiça. *Guia Geral dos Fundos da Torre do Tombo:* Segunda Parte: Instituições Contemporâneas: volume v. Lisboa: Instituto dos Arquivos Nacionais – Torre do Tombo, 2004. p. 20-23.

PORTUGAL. Instituto dos Arquivos Nacionais/Torre do Tombo. *Ministério dos Negócios Eclesiásticos e Justiça*: inventário. [datilografado]. Acessível no ANTT (L 380).

PORTUGAL. Instituto dos Arquivos Nacionais/Torre do Tombo. *Arquivo Salazar*: índice temático-indivíduos. [datilografado]. Acessível no ANTT (C 623 A-1-25).

SERRÃO, Joel; LEAL, Maria José da Silva; PEREIRA, Miriam Halpern. Ministério dos Negócios Eclesiásticos e da Justiça. In: *Roteiro de Fontes da História Portuguesa Contemporânea: Arquivos de Lisboa – Arquivo Nacional da Torre do Tombo*. Lisboa: Instituto Nacional de Investigação Científica, 1984, v. 2, p. 9-220.

- **Ministério dos Negócios Estrangeiros**
(cf. «digitarq.dgarq.gov.pt?ID=4227811»)

Compreende 838 livros e 960 caixas, datados desde o século XV até os inícios do XX. Mais exatamente, documentos relativos à "correspondência das caixas" anteriores a 1833, a negociações com a Inglaterra sobre tratados de limites na América do Sul (séc. XVIII), às legações e consulados portugueses no Brasil após 1826, às legações e consulados brasileiros em Portugal. A documentação deste fundo tem como limite cronológico final o ano de 1850. A partir daí, o acervo respeitante às relações externas de Portugal se encontra no Arquivo Histórico-Diplomático do Ministério dos Negócios Estrangeiros.

Instrumentos de pesquisa
Relações

PORTUGAL. Ministério dos Negócios Estrangeiros. *Relação dos documentos do Arquivo Histórico do Ministério dos Negócios Estrangeiros enviados ao Arquivo Nacional da Torre do Tombo*. [Datilografado]. 1950. Acessível no ANTT. Cx.12.

Relação enviada ao abrigo da Portaria nº 13152, do Ministério dos Negócios Estrangeiros, de 9 de maio de 1950.

Guias e Roteiros

PORTUGAL. Instituto dos Arquivos Nacionais/Torre do Tombo. Ministério dos Negócios Estrangeiros. In: *Guia de Fontes Portuguesas para a História de África*. Lisboa: Comissão Nacional para as Comemorações dos Descobrimentos Portugueses; Fundação Oriente; Imprensa Nacional – Casa da Moeda, 1993, v. 2, p. 61-81.

PORTUGAL. Instituto dos Arquivos Nacionais/Torre do Tombo. Ministério dos Negócios Estrangeiros. In: *Guia de Fontes Portuguesas para a História da América Latina*. Lisboa: Comissão Nacional para as Comemorações dos Descobrimentos Portugueses; Fundação Oriente; Imprensa Nacional – Casa da Moeda, 1997, v. 1, p. 67-106.

PORTUGAL. Instituto dos Arquivos Nacionais/Torre do Tombo. Ministério dos Negócios Estrangeiros. In: *Guia de Fontes Portuguesas para a História da Ásia*. Lisboa: Comissão Nacional para as Comemorações dos Descobrimentos Portugueses; Fundação Oriente; Imprensa Nacional – Casa da Moeda, 1998, v. 1, p. 68-93.

PORTUGAL. Instituto dos Arquivos Nacionais/Torre do Tombo. Direcção de Serviços de Arquivística. Ministério dos Negócios Estrangeiros. In: *Guia Geral dos Fundos da Torre do Tombo:* Primeira Parte – Instituiçoes do Antigo Regime; Volume II: Administração Central (2). Lisboa: Instituto dos Arquivos Nacionais/Torre do Tombo, 1999. p. 415-419.

SERRÃO, Joel; LEAL, Maria José da Silva; PEREIRA, Miriam Halpern. Ministério dos Negócios Estrangeiros In: *Roteiro de Fontes da História Portuguesa Contemporânea:* Arquivos de Lisboa – Arquivo Nacional da Torre do Tombo. Lisboa: Instituto Nacional de Investigação Científica, 1984 v. 2, p. 221-257.

Catálogo

FARINHA, Maria do Carmo Jasmins Dias. *Os documentos dos Negócios Estrangeiros na Torre do Tombo*. Lisboa: Arquivo Nacional da Torre do Tombo – Serviço de Publicações e Divulgação, 1990. 180 p.

- **Obras várias impressas e manuscritas do Núcleo Antigo**
(cf. «digitarq.dgarq.gov.pt?ID=4251562»)
Pequena coleção cuja origem se ignora. Composta por 30 livros de diferentes períodos e proveniências, bem como sobre variadas temáticas. Dentre os documentos de interesse para a História do Brasil, apontem-se o relato de viagem da expedição da Nau Bretoa, no litoral do Rio de Janeiro (1511) e regimentos sobre terras minerais (fins do século XVII)

Instrumentos de pesquisa
Guias e Roteiros

PORTUGAL. Instituto dos Arquivos Nacionais/Torre do Tombo. Direcção de Serviços de Arquivística. Obras várias impressas e manuscritas. In: *Guia Geral dos Fundos da Torre do Tombo*: Primeira Parte: Instituições do Antigo Regime; Volume I: Administração Central (1). Lisboa: Instituto dos Arquivos Nacionais/Torre do Tombo, 1998. p. 96-99.

Inventários

COUTINHO, João Pereira de Azeredo. *Núcleo Antigo*: inventário. [Manuscrito]. 1776. Acessível no ANTT. (L. 299A).

Descrição de livros desta colecção nas fl. 74 e 75.

FARINHA, Maria do Carmo Jasmins Dias; Ó RAMOS, Maria de Fátima Dentinho. *Núcleo Antigo*: inventário [Datilografado]. 1995. Acessível no ANTT. (L 574).

_____. Obras várias impressas e manuscritas. In: *Núcleo Antigo*: Inventário. Lisboa: Arquivos Nacionais/Torre do Tombo – Divisão de Publicações, 1996. p. 178-183.

- **Papéis do Brasil**
(cf. «digitarq.dgarq.gov.pt?id=4251567»)
Coleção de 15 livros e 7 maços, cuja formação também se desconhece. São documentos com diversificada tipologia e versando sobre variados assuntos, com datação entre 1515 e 1818 (predominantemente entre 1750 e 1796). Destaque para os escritos que têm Marcelino Pereira Cleto e João Pereira Caldas como personagens referenciais.

Instrumentos de pesquisa
Guias e Roteiros
PORTUGAL. Instituto dos Arquivos Nacionais/Torre do Tombo. Direcção de Serviços de Arquivística. Papéis do Brasil. In: *Guia Geral dos Fundos da Torre do Tombo*: volume VI – Colecções, Arquivos de Pessoas Singulares, de Famílias, de Empresas, de Associações, de Comissões e de Congressos. Lisboa: Instituto dos Arquivos Nacionais/Torre do Tombo, 2005. p. 35-39.

Catálogo
PORTUGAL, Instituto dos Arquivos Nacionais/Torre do Tombo. *Papéis do Brasil*. [Datilografado]. [s.d.]. Acessível no ANTT. (C. 531).

Catálogo alfabético de autores e assuntos; Algumas das descrições são referentes a obras da Série Preta.

- **Real Extracção dos Diamantes das Minas do Brasil**

As informações sobre este fundo ainda não se encontram disponíveis no DIGITARQ, prevendo-se que o sejam brevemente. Trata-se de um conjunto de 13 livros, cujos registros são balizados cronologicamente entre 1764 e 1807, e, como o nome evidencia, se referem ao sistema de exploração diamantífera na Capitania de Minas Gerais no período em que a mesma se realizou diretamente pela Coroa. Para detalhes, recorra-se ao texto da referência abaixo.

Instrumento de pesquisa
PORTUGAL. Instituto dos Arquivos Nacionais/Torre do Tombo – Direcção de Serviços de Arquivística. Real Extracção dos Diamantes das Minas do Brasil. *Guia Geral dos Fundos da Torre do Tombo:* Primeira Parte: Instituições do Antigo Regime; Volume III: Administração Central (3). Lisboa: Arquivos Nacionais/Torre do Tombo, 2000. p. 227-237.

- **Real Fábrica das Sedas e Fábricas Anexas**
(cf. «digitarq.dgarq.gov.pt?ID=4381206»)

Este fundo, composto por mais de mil e cem livros e um maço, abriga documentação quer do importante estabelecimento setecentista que lhe dá nome, quer sobre a História da Indústria em Portugal, até 1835, inclusive no que respeita ao ensino ministrado na referida área de atividades.

Instrumentos de pesquisa
Guias e roteiros
PORTUGAL. Instituto dos Arquivos Nacionais/Torre do Tombo. Direcção de Serviços de Arquivística. Real Fábrica das Sedas e Fábricas Anexas. In: *Guia Geral dos Fundos da Torre do Tombo:* Primeira Parte – Instituições do Antigo Regime; Volume III: Administração Central (3). Lisboa: Instituto dos Arquivos Nacionais/Torre do Tombo, 2000. p. 51-90.

SERRÃO, Joel; LEAL, Maria José da Silva; PEREIRA, Miriam Halpern. Real Fábrica das Sedas. In: *Roteiro de Fontes da História Portuguesa Contemporânea:* Arquivos de Lisboa – Arquivo Nacional da Torre do Tombo. Lisboa: Instituto Nacional de Investigação Científica, 1984, v. 1, p. 276-330.

Inventários
PORTUGAL. Instituto dos Arquivos Nacionais/Torre do Tombo. CALM: *Descrições Arquivísticas.* Lisboa: Instituto dos Arquivos Nacionais/Torre do Tombo, 2004. Real Fábrica das Sedas e Fábricas Anexas.

sousa, Joana Braga de. Real *Fábrica das Sedas:* Inventário. [Datilografado]. 1993. Acessível no antt (L.567)

sousa, Maria Joana Braga Rodrigues de. *Real Fábrica das Sedas e Fábricas Anexas*; Inventário. Lisboa: Arquivos Nacionais/Torre do Tombo – Divisão de Publicações, 1995. 115 p.

- **Real Mesa Censória** (cf. «digitarq.dgarq.gov.pt?ID=4311313»)
Tendo em vista a proibição de impressão gráfica na América portuguesa, o interesse na consulta às 550 caixas e aos 24 livros deste fundo se dirige, predominantemente, para os dados sobre a divulgação, o controle da circulação e a comercialização de livros e outros gêneros de publicações entre o Reino e a Colônia. Não obstante o órgão ter sido criado em abril de 1768, o fundo documental abrange o período de 1687 a 1831.

Instrumentos de pesquisa
Guias e Roteiros

azevedo, Pedro a. d'; baião, António. Mesa Censoria. In: *O Archivo da Torre do Tombo:* sua história, corpos que o compõem e organização. 2 ed. Lisboa: Arquivo Nacional da Torre do Tombo; Livros Horizonte, 1989. p. 161-163.

portugal. Instituto dos Arquivos Nacionais/Torre do Tombo. Real Mesa Censória. In: *Guia de Fontes Portuguesas para a História de África.* Lisboa: Comissão Nacional para as Comemorações dos Descobrimentos Portugueses; Fundação Oriente; Imprensa Nacional – Casa da Moeda, 2000, v. 3, p. 56-57.

portugal. Instituto dos Arquivos Nacionais/Torre do Tombo. Real Mesa Censória. In: *Guia de Fontes Portuguesas para a História da América Latina* Lisboa: Comissão Nacional para as Comemorações dos Descobrimentos Portugueses; Fundação Oriente; Imprensa Nacional – Casa da Moeda, 2001, v. 2, p. 186-188.

PORTUGAL. Instituto dos Arquivos Nacionais/Torre do Tombo. Real Mesa Censória. In: *Guia de Fontes Portuguesas para a História da Ásia*. Lisboa: Comissão Nacional para as Comemorações dos Descobrimentos Portugueses; Fundação Oriente; Imprensa Nacional – Casa da Moeda, 1998, v. 1, p. 91-92.

PORTUGAL. Instituto dos Arquivos Nacionais/Torre do Tombo. Direcção de Serviços de Arquivística. Real Mesa Censória. In: *Guia Geral dos Fundos da Torre do Tombo*: Primeira Parte – Instituições do Antigo Regime; Volume III: Administração Central (3). Lisboa: Instituto dos Arquivos Nacionais/Torre do Tombo, 1999. p.195-221.

SERRÃO, Joel; LEAL, Maria José da Silva; PEREIRA, Miriam Halpern. Real Mesa Censória In: *Roteiro de Fontes da História Portuguesa Contemporânea:* Arquivos de Lisboa – Arquivo Nacional da Torre do Tombo. Lisboa: Instituto Nacional de Investigação Científica, 1984, v. 2, p. 325-333.

Inventários

PORTUGAL. Secretaria de Estado dos Negócios do Reino. *Real Mesa Censória:* Inventário Geral. [Manuscrito]. [1841]. Acessível no ANTT. (L. 376).

Tem, em anexo, as várias relações da documentação enviada ao ANTT, em 1841.

PENTEADO, Pedro. *Inventário Preliminar da Real Mesa Censória.* [Impresso]. 1994. Acessível no ANTT. (L.572)

Catálogos

PORTUGAL. Instituto dos Arquivos Nacionais/Torre do Tombo. *Real Mesa Censória:* catálogos topográficos de monografias. [Manuscritos]. [195-?]. Acessível no ANTT. (L.513-516).

Abrange as obras numeradas de 2182 a 6591.

PORTUGAL. Instituto dos Arquivos Nacionais/Torre do Tombo. *Censuras*: catálogo alfabético das obras censuradas. [Manuscrito]. [195-?]. Acessível no ANTT. (RMC. F.1 e 2).

    Cada ficha indica o título da obra, o autor, a data da censura, o nome do requerente, a licença que pede, o nome dos censores e a natureza do parecer.

PORTUGAL. Instituto dos Arquivos Nacionais/Torre do Tombo. *Requerimentos de pedidos de impressão e censura*. [Manuscrito]. [195-?]. Acessível no ANTT. (RMC. F.3 a 8).

    Catálogo alfabético dos títulos das obras. Na ficha consta o título da obra, o nome do requerente, a licença pedida, o nome dos censores, a natureza do parecer e a indicação da existência do original.

PORTUGAL. Instituto dos Arquivos Nacionais/Torre do Tombo. *Processos para privilégios de impressão*. [Manuscrito e datilografado]. [195-?]. Acessível ANTT. (RMC. F. 9).

    Catálogo com várias séries de processos: livreiros e impressores; consultas; nomeação de funcionários.

PORTUGAL. Instituto dos Arquivos Nacionais/Torre do Tombo. *Publicações periódicas*. [Manuscritos e impressos].[195-?]. Acessível no ANTT. (RMC. F. 10).

    Catálogo integrado pela descrição de: jornais portugueses e estrangeiros (originais manuscritos e impressos); publicações de carácter científico ou literário; almanaques; prognósticos.

PORTUGAL. Instituto dos Arquivos Nacionais/Torre do Tombo. *Catálogo dos livros que entraram no Reino*. [Manuscrito]. [195-?]. Acessível no ANTT. (RMC. F. 11 e 12).

PORTUGAL. Instituto dos Arquivos Nacionais/Torre do Tombo. *Requerimentos para entrega de livros retidos na Alfândega, na Casa da*

Revisão e na Secretaria da Mesa. [Datilografado]. [195-?]. Acessível no ANTT. (RMC. F. 15).

Catálogo ordenado pelo nome do país de onde vieram os livros que se pede para a Mesa entregar. Na ficha, constam os seguintes elementos de informação: nome do país e requerente; natureza do requerimento; despacho da Mesa; data do último despacho; indicação se o processo contém junto alguma relação de livros entrados no país.

PORTUGAL. Instituto dos Arquivos Nacionais/Torre do Tombo. *Catálogo dos livros proibidos no Reino.* [Manuscrito]. [195-?]. Acessível no ANTT. (RMC. F. 16).

Catálogo ordenado pelo nome do autor da obra visada, contemplando indicações relativas à mesma.

PORTUGAL. Instituto dos Arquivos Nacionais/Torre do Tombo. *Real Mesa Censória:* catálogo onomástico de autores.[Manuscrito]. [189-?]. Acessível no ANTT. (C.613-620).

Inclui todas as obras numeradas de 1 a 2179. Além do sobrenome e nome do autor, regista ainda outros elementos como o título da obra, dimensão, tipo de licença concedida, data e observações complementares.

PORTUGAL. Instituto dos Arquivos Nacionais/Torre do Tombo. *Catálogo das genealogias existentes na Biblioteca da Real Mesa Censória.* [Datilografado]. 1968. Acessível no ANTT. (L. 484A).

Índices

FERREIRA, Carlos Alberto. *Índice abreviado das Genealogias Manuscritas do Arquivo Nacional da Torre do Tombo.* Lisboa: [s.n.]. 1937. Acessível no ANTT, IDD (L. 484).

Índice utilizado apenas para as genealogias existentes junto da Biblioteca da Real Mesa Censória.

PORTUGAL. Instituto dos Arquivos Nacionais/Torre do Tombo. *Real Mesa Censória*: índice onomástico. [Manuscrito]. 195-?]. Acessível no ANTT. (RMC. F.13).

Índice onomástico pelo nome do autor da obra.

PORTUGAL. Instituto dos Arquivos Nacionais/Torre do Tombo. *Real Mesa Censória:* índice de títulos de obras. Manuscrito]. 195-?]. Acessível no ANTT. (RMC. F.14).

Os livros indexados correspondem apenas aos livros compreendidos entre os números 2180 e 6592.

- **Registro Geral de Mercês** (cf. «digitarq.dgarq.gov.pt?ID=1817689»)

"O Registo das Mercês foi instituído por alvará de 31 de Dezembro de 1547 para que ficassem assentes em livros todas as 'doações de terras, alcaidarias-mores, rendas, jurisdições, cartas e provisoes de comendas, capitanias, ofícios e cargos da justiça e da fazenda, tenças, privilégios, licenças para se venderem e trespassarem ofícios e tenças a outras pessoas, filhamentos de filhos, parentes e criados, acrescentamentos de foros e moradias, ajudas de casamento, quitas e mercês de dinheiro'. (...) Da documentação referente ao ultramar resume-se quase exclusivamente a nomeações ou mercês concedidas a particulares relacionados com as possessões ultramarinas como portarias relativas à concessão de mercês, quase sempre, atribuição de capitanias e cargos diversos, em feitorias e fortalezas, por serviços prestados". (cf. «digitarq.dgarq.gov.pt?ID=1817689»)

Instrumentos de pesquisa
Guias e Roteiros

AZEVEDO, Pedro A. D'; BAIÃO, António. Registo Geral de Mercês. In: *O Archivo da Torre do Tombo:* sua história, corpos que o compõem e organização. 2 ed. Lisboa: Arquivo Nacional da Torre do Tombo; Livros Horizonte, 1989. p. 36-39.

PORTUGAL. Instituto Português de Arquivos. Secretaria das Mercês/ Registo Geral de Mercês. In: *Guia de Fontes Portuguesas para a História de África*. Lisboa: Comissão Nacional para as Comemorações dos Descobrimentos Portugueses; Fundação Oriente; Imprensa Nacional – Casa da Moeda, 2000, v. 3, p. 33-36.

PORTUGAL. Instituto dos Arquivos Nacionais/Torre do Tombo. Secretaria das Mercês/Registo Geral de Mercês. In: *Guia de Fontes Portuguesas para a História da América Latina*. Lisboa: Comissão Nacional para as Comemorações dos Descobrimentos Portugueses; Fundação Oriente; Imprensa Nacional – Casa da Moeda, 2001, v. 2, p. 188-189.

PORTUGAL. Instituto dos Arquivos Nacionais/Torre do Tombo. Secretaria das Mercês/Registo Geral de Mercês. In: *Guia de Fontes Portuguesas para a História da Ásia*. Lisboa: Comissão Nacional para as Comemorações dos Descobrimentos Portugueses; Fundação Oriente; Imprensa Nacional – Casa da Moeda, 1998, v. 1, p. 92-94..

PORTUGAL. Instituto dos Arquivos Nacionais/Torre do Tombo. Direcção de Serviços de Arquivística. Registo Geral de Mercês. In: *Guia Geral dos Fundos da Torre do Tombo*: Primeira Parte – Instituições do Antigo Regime; Volume II: Administração Central (2). Lisboa: Instituto dos Arquivos Nacionais/Torre do Tombo, 1999. p. 153-162.

SERRÃO, Joel; LEAL, Maria José da Silva; PEREIRA, Miriam Halpern. Registo Geral de Mercês. In: *Roteiro de Fontes da História Portuguesa Contemporânea*: Arquivos de Lisboa – Arquivo Nacional da Torre do Tombo. Lisboa: Instituto Nacional de Investigação Científica, 1984, v. 2, p. 335-338.

Inventários

portugal. Arquivo Nacional da Torre do Tombo. *Inventário dos Livros de Matrícula dos Moradores da Casa Real.* Lisboa: Imprensa Nacional, 1911, v. 1. 432 p.
   Abrange os anos de 1641-1681.

portugal. Arquivo Nacional da Torre do Tombo. *Inventário dos Livros de Matrícula dos Moradores da Casa Real.* Lisboa: Imprensa Nacional, 1917, v. 2. 412 p.
   Abrange os anos de 1640-1744.

portugal. Real Arquivo da Torre do Tombo. *Inventário das Portarias do Reino.* Lisboa: Imprensa Nacional, 1909, v. 1. 522 p.

portugal. Arquivo Nacional da Torre do Tombo. *Inventário das Portarias do Reino.* Lisboa: Imprensa Nacional, 1912, v. 2. 522 p.

Catálogos

portugal. Instituto dos Arquivos Nacionais/Torre do Tombo. *Registo Geral de Mercês:* catálogo das Ordens Militares e condecorações estrangeiras. [Manuscrito]. 1956. Acessível no antt (C. 612/1-33).
   Referente aos livros 1 a 8.

portugal. Instituto dos Arquivos Nacionais/Torre do Tombo. *Registo Geral de Mercês:* catálogo das Ordens Militares e condecorações estrangeiras. [Manuscrito]. 1956. Acessível no antt. (C. 611/1-8).
   Referente aos livros 12 e 13.

portugal. Instituto dos Arquivos Nacionais/Torre do Tombo. TT Online [em linha]. Lisboa: ian/tt, 2005. Atualização diária. *Registo Geral de Mercês.* Disponível em: «ttonline.iantt.pt»

Índices

PORTUGAL. Instituto dos Arquivos Nacionais/Torre do Tombo. *Registo Geral de Mercês*: índice das doações de D. Afonso VI. [Manuscrito]. [18--?]. Acessível no ANTT (F. 32, F. 73 a 76). Índice incompleto.

PORTUGAL. Instituto dos Arquivos Nacionais/Torre do Tombo. *Registo Geral de Mercês*: índice dos ofícios e mercês de D. Afonso VI. [Manuscrito]. [18--?]. Acessível no ANTT (F32, F 73 a 76). Índice incompleto.

PORTUGAL. Instituto dos Arquivos Nacionais/Torre do Tombo. *Registo Geral de Mercês*: índice das mercês do reinado de D. Pedro II. [Manuscrito]. [18--?]. Acessível no ANTT (F. 1-3).

PORTUGAL. Instituto dos Arquivos Nacionais/Torre do Tombo. *Registo Geral de Mercês*: índice das mercês do reinado de D. João V. [Manuscrito]. [18--?]. Acessível no ANTT (F. 4-9).

PORTUGAL. Instituto dos Arquivos Nacionais/Torre do Tombo. *Registo Geral de Mercês*: índice das mercês do reinado de D. José. [Manuscrito]. [18--?]. Acessível no ANTT (F. 10-12).

PORTUGAL. Instituto dos Arquivos Nacionais/Torre do Tombo. *Registo Geral de Mercês*: índice das mercês do reinado de D. Maria I. [Manuscrito]. [18--?]. Acessível no ANTT (F. 13-19).

PORTUGAL. Instituto dos Arquivos Nacionais/Torre do Tombo. *Registo Geral de Mercês*: índice das mercês do reinado de D. João VI. [Manuscrito]. [18--?]. Acessível no ANTT (F. 20-22).
.

PORTUGAL. Instituto dos Arquivos Nacionais/Torre do Tombo. *Registo Geral de Mercês*: índice das mercês do reinado de D. Pedro IV e D. Miguel. [Manuscrito].[18--?]. Acessível no ANTT (F.23).

PORTUGAL. Instituto dos Arquivos Nacionais/Torre do Tombo. *Registo Geral de Mercês*: índice das mercês do reinado de D. Maria II. [Manuscrito].[18--?]. Acessível no ANTT (F.24-25).

PORTUGAL. Instituto dos Arquivos Nacionais/Torre do Tombo. *Registo Geral de Mercês*: índice das mercês do reinado de D. Maria II. [Manuscrito].[18--?]. Acessível no ANTT (L. 335 a 343). Próprios.

PORTUGAL. Instituto dos Arquivos Nacionais/Torre do Tombo. *Registo Geral de Mercês*: índice das mercês do reinado de D. Maria II. [Manuscrito].[18--?]. Acessível no ANTT (L. 344 a 347). Comuns, até à letra L.

PORTUGAL. Instituto dos Arquivos Nacionais/Torre do Tombo. *Registo Geral de Mercês*: índice das mercês do reinado de D. Pedro V. [Manuscrito].[18--?]. Acessível no (L. 348-351). Próprios.

PORTUGAL. Instituto dos Arquivos Nacionais/Torre do Tombo. *Registo Geral de Mercês*: índice das mercês do reinado de D. Pedro V. [Manuscrito].[18--?]. Acessível no ANTT (F. 25). Comuns.

PORTUGAL. Instituto dos Arquivos Nacionais/Torre do Tombo. *Registo Geral de Mercês*: índice das mercês do reinado de D. Luís. [Manuscrito].[18--?]. Acessível no ANTT (L 353). Próprios, letra A.

PORTUGAL. Instituto dos Arquivos Nacionais/Torre do Tombo. *Registo Geral de Mercês*: índice das mercês do reinado de D. Luís. [Manuscrito]. [18--?]. Acessível no ANTT (F. 26 a 31). Próprios, (continuação).

PORTUGAL. Instituto dos Arquivos Nacionais/Torre do Tombo. *Registo Geral de Mercês*: índice das mercês do reinado de D. Carlos. [Manuscrito].[18--?]. Acessível no ANTT (L. 355-358). Próprios.

PORTUGAL. Instituto dos Arquivos Nacionais/Torre do Tombo. *Registo Geral de Mercês*: índice das mercês do reinado de D. Carlos. [Manuscrito].[18--?]. Acessível no ANTT (L 359 a 366). Comuns.

PORTUGAL. Instituto dos Arquivos Nacionais/Torre do Tombo. *Registo Geral de Mercês*: índice das mercês do reinado de D. Manuel II. [Manuscrito].[18--?]. Acessível no ANTT (F 31).

PORTUGAL. Instituto dos Arquivos Nacionais/Torre do Tombo. *Registo Geral de Mercês*: índice das mercês de reinados de vários reis. [Manuscrito]. [18--?]. Acessível no ANTT (F. 35).

PORTUGAL. Instituto dos Arquivos Nacionais/Torre do Tombo. *Registo Geral de Mercês*: índice das mercês da República. [Manuscrito]. [18--?]. Acessível no ANTT (F. 32).

PORTUGAL. Instituto dos Arquivos Nacionais/Torre do Tombo. *Registo Geral de Mercês*: índice das certidões negativas. [Manuscrito]. [18--?]. Acessível no ANTT (F. 35).

PORTUGAL. Instituto dos Arquivos Nacionais/Torre do Tombo. *Registo Geral de Mercês*: índice das mercês das Ordens Militares e condecorações estrangeiras. [Manuscrito].[18--?]. Acessível no ANTT (F 34-35 e C. 612/1-33).

PORTUGAL. Instituto dos Arquivos Nacionais/Torre do Tombo. *Registo Geral de Mercês*: índice das doações da Torre do Tombo. [Manuscrito].[18--?]. Acessível no ANTT (F. 32).

PORTUGAL. Instituto dos Arquivos Nacionais/Torre do Tombo. *Registo Geral de Mercês*: índice dos ofícios e mercês da Torre do Tombo. [Manuscrito].[18--?]. Acessível no ANTT (F. 32 e F 33).

Nota/Observação:
Os livros de registro das mercês de 1808 a 1821 (relativos ao período da estadia da Corte no Rio de Janeiro) permaneceram no Brasil, encontrando-se atualmente no Arquivo Nacional do Rio de Janeiro.

• **Tratados** (cf. «digitarq.dgarq.gov.pt?ID=4336013»)
Esta coleção foi formada, nos finais do século XIX, ao reunir tratados, convenções e outros documentos de natureza diplomática que, predominantemente, provieram do acervo do Ministério dos Negócios Estrangeiros. A considerar, assim, documentos dessa especialidade atinentes ao período pós-independente do Brasil.

Instrumentos de pesquisa
Relações
PORTUGAL. Secretaria de Estado dos Negócios do Reino. *Tratados*: relação cronológica. [Manuscrita]. [1880]. Acessível no ANTT. (L. 481).

Guias e Roteiros
AZEVEDO, Pedro A. D'; BAIÃO, António. Tratados e convenções de Portugal com as nações estrangeiras. In: *O Archivo da Torre do Tombo*: sua história, corpos que o compõem e organização. 2 ed. Lisboa: Arquivo Nacional da Torre do Tombo; Livros Horizonte, 1989. p. 126-130.

AZEVEDO, Pedro A. D'; BAIÃO, António. Tratados Casamento. In: *O Archivo da Torre do Tombo*: sua história, corpos que o compõem e organização. 2 ed. Lisboa: Arquivo Nacional da Torre do Tombo; Livros Horizonte, 1989. p. 130-131.

PORTUGAL. Instituto Português de Arquivos. Colecção de Tratados. In: *Guia de Fontes Portuguesas para a História de África*. Lisboa: Comissão Nacional para as Comemorações dos Descobrimentos Portugueses; Fundação Oriente; Imprensa Nacional – Casa da Moeda, 1993, v. 2, p. 58.

PORTUGAL. Instituto dos Arquivos Nacionais/Torre do Tombo. Colecção de Tratados. In: *Guia de Fontes Portuguesas para a História da América Latina*. Lisboa: Comissão Nacional para as Comemorações dos Descobrimentos Portugueses; Fundação Oriente; Imprensa Nacional – Casa da Moeda, 1997, v. 1, p. 64.

PORTUGAL. Instituto dos Arquivos Nacionais/Torre do Tombo. Colecção de Tratados. In: *Guia de Fontes Portuguesas para a História da Ásia*. Lisboa: Comissão Nacional para as Comemorações dos Descobrimentos Portugueses; Fundação Oriente; Imprensa Nacional – Casa da Moeda, 1998, v. 1, p. 98-99.

PORTUGAL. Instituto dos Arquivos Nacionais/Torre do Tombo. Direcção de Serviços de Arquivística. Tratados. In: *Guia Geral dos Fundos da Torre do Tombo*: Primeira Parte -Instituições do Antigo Regime; Volume I: Administração Central (1). Lisboa: Instituto dos Arquivos Nacionais/Torre do Tombo, 1998. p. 79-81.

PORTUGAL. Instituto dos Arquivos Nacionais/Torre do Tombo. Direcção de Serviços de Arquivística. Tratados. In: *Guia Geral dos Fundos da Torre do Tombo*: Primeira Parte -Instituições do Antigo Regime; Volume II: Administração Central (2). Lisboa: Instituto dos Arquivos Nacionais/Torre do Tombo, 1999. p. 421-423.

SERRÃO, Joel; LEAL, Maria José da Silva; PEREIRA, Miriam Halpern. Tratados. In: *Roteiro de Fontes da História Portuguesa Contemporânea*:

Arquivos de Lisboa – Arquivo Nacional da Torre do Tombo. Lisboa: Instituto Nacional de Investigação Científica, 1984, v. 2, p. 353.

Catálogos

PORTUGAL. Secretaria de Estado dos Negócios Estrangeiros. *Tratados*: catálogos sumários das ratificações de tratados e convenções com as potências estrangeiras enviados para a Torre do Tombo. [Manuscritos]. 1880. Acessível no ANTT. (C. 1061 e 1062).

- **Tribunal do Santo Ofício** (cf. «digitarq.dgarq.gov.pt?ID=2299;)3»)
Este fundo contempla os cartórios do Conselho Geral do Santo Ofício em Portugal e dos tribunais inquisitoriais de Lisboa, Coimbra, Évora, Porto e Lamego. Recorde-se que a documentação relativa à atuação do Santo Ofício na América portuguesa está acolhida no subfundo *Inquisição de Lisboa*, acima referenciado.

Instrumentos de pesquisa
Guias e roteiros

AZEVEDO, Pedro A. D'; BAIÃO, António. Cartórios do Santo Ofício. In: *O Archivo da Torre do Tombo: sua história, corpos que o compõem e organização*. 2 ed. Lisboa: Arquivos Nacionais/Torre do Tombo; Livros Horizonte, 1989. p. 62-71.

PORTUGAL. Instituto dos Arquivos Nacionais/Torre do Tombo. Tribunal do Santo Ofício da Inquisição. In: *Guia de Fontes Portuguesas para a História de África*. Lisboa: Comissão Nacional para as Comemorações dos Descobrimentos Portugueses; Fundação Oriente; Imprensa Nacional – Casa da Moeda, 2000, v. 3, p. 73-79.

PORTUGAL. Instituto dos Arquivos Nacionais/Torre do Tombo. Tribunal do Santo Ofício da Inquisição. In: *Guia de Fontes Portuguesas para a História da América Latina*. Lisboa: Comissão Nacional para as Comemorações dos Descobrimentos Portugueses; Fundação Oriente; Imprensa Nacional – Casa da Moeda, 2001, v. 2, p. 211-217.

PORTUGAL. Instituto dos Arquivos Nacionais/Torre do Tombo. Tribunal do Santo Ofício da Inquisição. In: *Guia de Fontes Portuguesas para a História da Ásia*. Lisboa: Comissão Nacional para as Comemorações dos Descobrimentos Portugueses; Fundação Oriente; Imprensa Nacional – Casa da Moeda, 1998, v. 1, p. 119-124.

PORTUGAL. Instituto dos Arquivos Nacionais/Torre do Tombo. Direcção de Serviços de Arquivística. Tribunal do Santo Ofício. In: *Guia Geral dos Fundos da Torre do Tombo*: Primeira Parte: Instituições do Antigo Regime; Volume I: Administração Central (1). Lisboa: Instituto dos Arquivos Nacionais/Torre do Tombo, 1998. p. 341-364.

SERRÃO, Joel; LEAL, Maria José da Silva; PEREIRA, Miriam Halpern. Tribunal do Santo Ofício. In: *Roteiro de Fontes da História Portuguesa Contemporânea*: Arquivos de Lisboa – Arquivo Nacional da Torre do Tombo. Lisboa: Instituto Nacional de Investigação Cientifica, 1984, v. 2, p. 341-345.

Inventários

AMARAL, Luís; GIL, Rui; TAVARES, Hugo Sousa. *Índices dos Processos de Habilitação para Familiar do Santo Ofício da Inquisição*. Lisboa: Guarda-Mor, Edição de Publ. Multimédia, 2008. 711 p. (Edição patrocinada pela Biblioteca Genealógica de Lisboa).

AMARAL, Luís. *Índice dos processos do Tribunal do Santo Ofício da Inquisição de Lisboa*. Lisboa: Guarda-Mor, 2009. 414 p. (Edição patrocinada pela Biblioteca Genealógica de Lisboa)

FARINHA, Maria do Carmo Jasmins Dias. *Os Arquivos da Inquisição*. Lisboa: Arquivo Nacional da Torre do Tombo/Serviços de Publicações e Divulgação, 1990. 348 p.

PORTUGAL. Instituto dos Arquivos Nacionais/Torre do Tombo. TTOnline [em linha]. Lisboa: Instituto dos Arquivos Nacionais/

Torre do Tombo, 2005. Atualização diária. *Tribunal do Santo Ofício.* Disponível em: «ttonline.iantt.pt»

aRQUIVOS PESSOAIS E FAMILIARES

- **Casa de Aveiras e Vagos** (cf. «digitarq.dgarq.gov.pt?ID=3908351»)
Contém documentação, sobretudo certidões e requerimentos relacionados com o Brasil, entre 1811 e 1814, quando D. Nuno da Silva Telo e Meneses, 2º Marquês de Vagos e 7º Conde de Aveiras, desempenhu as funções de gentil-homem da Câmara de D. Maria I e governador das Armas da Corte e Província do Rio de Janeiro.

Instrumentos de pesquisa
Guias e Roteiros

PORTUGAL. Instituto dos Arquivos Nacionais/Torre do Tombo. Direcção de Serviços de Arquivística. Casa de Aveiras e Vagos. In: *Guia Geral dos Fundos da Torre do Tombo:* volume VI – Colecções, Arquivos de Pessoas Singulares, de Famílias, de Empresas, de Associações, de Comissões e de Congressos. Lisboa: Instituto dos Arquivos Nacionais/Torre do Tombo, 2005. p. 187-189.

PORTUGAL. Instituto dos Arquivos Nacionais/Torre do Tombo. *Arquivo da Casa dos Senhores e Condes de Aveiras e dos Marqueses Vagos:* Listagem do conteúdo dos maços e das respectivas datas extremas. [datilografado]. Acessível no ANTT. (L 518).

No mesmo IDD encontram-se as descrições relativas às casas de Povolide e de Valadares.

PORTUGAL. Instituto dos Arquivos Nacionais/Torre do Tombo. *Guia de Fontes Portuguesas para a História da América Latina.* Lisboa: Comissão Nacional para as Comemorações dos Descobrimentos Portugueses; Fundação Oriente; Imprensa Nacional – Casa da Moeda, 1997, v. 1, p. 118-119.

- **Casa (dos Condes) de Valadares**
 (cf. «digitarq.dgarq.gov.pt?ID=4167290»)
 O maior interesse deste acervo para a História do Brasil está na documentação produzida pelo 6° Conde de Valadares, D. José Luís de Meneses Castelo Branco e Abranches, em especial durante sua atuação como governador e capitão-general da Capitania de Minas Gerais, entre 1768 e 1773. Há também documentos relativos à esta família no período joanino no Rio de Janeiro (1808-1821).

Instrumentos de pesquisa
Guias e Roteiros

PORTUGAL. Instituto dos Arquivos Nacionais/Torre do Tombo. Direcção de Serviços de Arquivística. Casa de Valadares. In: *Guia Geral dos Fundos da Torre do Tombo:* volume VI – Colecções, Arquivos de Pessoas Singulares, de Famílias, de Empresas, de Associações, de Comissões e de Congressos. Lisboa: Instituto dos Arquivos Nacionais/Torre do Tombo, 2005. p. 221-223.

PORTUGAL. Instituto dos Arquivos Nacionais/Torre do Tombo. *Arquivo da Casa dos Senhores e Condes de Aveiras e dos Marqueses de Vagos.* [datilografado]. Acessível no ANTT. Listagem do conteúdo dos maços e das respectivas datas extremas (L 518).

PORTUGAL. Instituto dos Arquivos Nacionais/Torre do Tombo. *Guia de Fontes Portuguesas para a História da América Latina.* Lisboa: Comissão Nacional para as Comemorações dos Descobrimentos Portugueses: Fundação Oriente; Imprensa Nacional – Casa da Moeda, 1997, v. 1, p. 119-120.

- **Casa dos Condes de Linhares**
 (cf. «digitarq.dgarq.gov.pt?ID=3910474»)
 Conjunto substancioso que contém fontes escritas dos séculos XVI a XX, com ênfase para o XVIII e o XIX, tendo como epicentro a multifacetada

figura histórica do 1º Conde, D. Rodrigo de Sousa Coutinho (1745-1812). O fundo é constituído por documentação de caráter familiar e pessoal, quer de âmbito privado, quer resultante dos cargos e funções em que vários membros da família foram investidos . Há ainda documentos sobre D. Luís da Cunha.

Instrumentos de pesquisa
Guias e Roteiros
PORTUGAL. Instituto dos Arquivos Nacionais/Torre do Tombo. Direcção de Serviços de Arquivística. Condes de Linhares. In: *Guia Geral dos Fundos da Torre do Tombo:* volume VI – Colecções, Arquivos de Pessoas Singulares, de Famílias, de Empresas, de Associações, de Comissões e de Congressos. Lisboa: Instituto dos Arquivos Nacionais/ Torre do Tombo, 2005. p. 235-241.

Relação
PORTUGAL. Instituto dos Arquivos Nacionais/Torre do Tombo. *Archivo da Família Linhares:* Relação feita por D. Carlos de Souza Coutinho [6º Conde de Linhares]. [Datilografado]. Acessível no ANTT (L 678-1)

Catálogos
PORTUGAL. Instituto dos Arquivos Nacionais/Torre do Tombo. *Catálogo do Arquivo dos Condes de Linhares* (cópia das cadernetas 1a 11 que acompanhavam a documentação). Acessível no ANTT. (L 678-2 e L 678-3)

PORTUGAL. Instituto dos Arquivos Nacionais/Torre do Tombo. CALM: *Descrições Arquivísticas*. Lisboa: Instituto dos Arquivos Nacionais/ Torre do Tombo, 2006. Condes de Linhares: catálogo (cópia integral das descrições catalográficas constantes das 17 cadernetas que acompanhavam a documentação). Acessível, em intranet, no ANTT.

Nota/Observação
Consultar acervo documental sobre a Família Linhares na Seção de Manuscritos da Biblioteca Nacional do Brasil, no Rio de Janeiro. Cf. MORENO, Carmen Tereza Coelho, (coord.) *Colecção Linhares* (Catálogo). Lisboa: Comissão Nacional para as Comemorações dos Descobrimentos Portugueses/Centro de Estudos Damião de Góis, 2001.

- **Casa Fronteira e Alorna** (cf. «digitarq.dgarq.gov.pt?ID=3909726»)

Composto por 2 livros, 11 pastas e 112 caixas de documentos referentes, sobretudo, às famílias Mascarenhas, Almeida (e Almeida Portugal) e Oyenhausen e aos Marqueses da Fronteira e de Alorna e aos Condes da Torre e de Assumar, às quais pertenceram importantes membros da administração ultramarina portuguesa. A Casa mantém uma Fundação em seu magnífico palácio, situado no Largo de São Domingos de Benfica, em Lisboa (cf. «www.fronteira-alorna.pt/»)

Instrumentos de pesquisa

ANDRADE, Ernesto Campos de. O Palácio dos Marqueses da Fronteira e seus manuscriptos. *Revista de História*, Lisboa, v. 12, n° 241-268, 1923.

Guias e Roteiros

PORTUGAL. Instituto dos Arquivos Nacionais/Torre do Tombo. Direcção de Serviços de Arquivística. Casa Fronteira e Alorna. In: *Guia Geral dos Fundos da Torre do Tombo:* volume VI – Colecções, Arquivos de Pessoas Singulares, de Famílias, de Empresas, de Associações, de Comissões e de Congressos. Lisboa: Instituto dos Arquivos Nacionais/Torre do Tombo, 2005. p. 195-200.

Índice

PORTUGAL. Instituto dos Arquivos Nacionais/Torre do Tombo. *Inventário dos documentos manuscritos existentes na Casa de Fronteira*. [datilografado]. Acessível no ANTT. (L 505)

NEVES, José Cassiano. *Jardins e Palácios dos Marqueses da Fronteira*. 2 ed. Lisboa: Câmara Municipal de Lisboa, 1954. 121 p.

PORTUGAL. Instituto dos Arquivos Nacionais/Torre do Tombo. *Guia de Fontes Portuguesas para a História da América Latina*. Lisboa: Comissão Nacional para as Comemorações dos Descobrimentos Portugueses: Fundação Oriente; Imprensa Nacional – Casa da Moeda, 1997, v. 1, p. 117-118.

PORTUGAL. Instituto dos Arquivos Nacionais/Torre do Tombo. *Guia de Fontes Portuguesas para a História da Ásia*. Lisboa: Comissão Nacional para as Comemorações dos Descobrimentos Portugueses: Fundação Oriente; Imprensa Nacional – Casa da Moeda, 1998, v. 1, p. 125.

PORTUGAL. Instituto Português de Arquivos. *Guia de Fontes Portuguesas para a História de África*. Lisboa: Comissão Nacional para as Comemorações dos Descobrimentos Portugueses: Fundação Oriente; Imprensa Nacional – Casa da Moeda, 1993, v. 2, p. 88.

SERRÃO, Joel; LEAL, Maria José da Silva; PEREIRA, Miriam Halpern. *Roteiro de Fontes da História Portuguesa Contemporânea*: Arquivos de Lisboa – Arquivo Nacional da Torre do Tombo. Lisboa: Instituto Nacional de Investigação Científica, 1984, v. 1, p. 94-97.

SOUSA, D. António Caetano de. *História Genealógica da Casa Real Portugueza*. 2 ed. Coimbra: Atlântida Liv. Edit., 1949. T. VII, 1949; t. IX, 1951; t. X, 1953; v. XII, Parte I, 1953.

• **Casa Galveias** (cf. «digitarq.dgarq.gov.pt?ID=3910101»)
Fundo documental acondicionado em 24 caixas, tendo como balizas cronológicas os anos de 1440 e 1915, e compreendendo fontes históricas referentes às Famílias Melo e Castro, das quais são oriundos vários importantes membros da administração do Brasil-Colônia, mormente

para o século XVIII. Deles eles, André de Melo e Castro (1668-1753), Manuel Bernardo de Melo e Castro (1754-1778), João de Almeida de Melo e Castro (1756-1814), Francisco de Almeida de Melo e Castro (1758-1819), Martim Lopes Lobo de Saldanha (1730-1788), e o ministro de Estado e diplomata Martinho de Melo e Castro (1716-1795)

Instrumentos de pesquisa
ANSELMO, António. Os manuscriptos da Livraria Galveias. *Anais das Bibliotecas e Arquivos*. Lisboa, v. 1, n° 2, p. 135-137, abr.-jun. 1920.

Guias e Roteiros
PORTUGAL. Instituto dos Arquivos Nacionais/Torre do Tombo. Direcção de Serviços de Arquivística. Casa Galveias. In: *Guia Geral dos Fundos da Torre do Tombo*: volume VI – Colecções, Arquivos de Pessoas Singulares, de Famílias, de Empresas, de Associações, de Comissões e de Congressos. Lisboa: Instituto dos Arquivos Nacionais/Torre do Tombo, 2005. p. 200-206.

Índice
[ALCOCHETE, Nuno Daupiás d']. *Arquivo da Casa dos Condes de Galveias*. [Datilografado]. [1985]. Acessível no ANTT. (L 517).

Guias e roteiros
PINTO, António Albuquerque. *Inventário do Arquivo da Casa Galveias existente no Arquivo Nacional da Torre do Tombo*. Trabalho de seminário de Arquivística, preparado sob orientação do Dr. Nuno Daupiás d' Alcochete e apresentado à Universidade Autónoma de Lisboa "Luís de Camões", em 1989.

• **Casa de Povolide** (cf. «digitarq.dgarq.gov.pt?ID=4162272»)
 No caso particular, o interesse converge para os documentos produzidos e/ou referentes ao 3° Conde de Povolide, D. José da Cunha Grã de

Ataíde e Melo, governador e capitão-general da Bahia e de Pernambuco e governador do Brasil (1769-1774).

Instrumentos de pesquisa
Guias e Roteiros

PORTUGAL. Instituto dos Arquivos Nacionais/Torre do Tombo. Direcção de Serviços de Arquivística. Casa de Povolide. In: *Guia Geral dos Fundos da Torre do Tombo:* volume VI – Colecções, Arquivos de Pessoas Singulares, de Famílias, de Empresas, de Associações, de Comissões e de Congressos. Lisboa: Instituto dos Arquivos Nacionais/Torre do Tombo, 2005. p. 214-217.

PORTUGAL. Instituto Português de Arquivos. *Guia de Fontes Portuguesas para a História de África.* Lisboa: Comissão Nacional para as Comemorações dos Descobrimentos Portugueses: Fundação Oriente; Imprensa Nacional – Casa da Moeda, 1993, v. 2, p. 89.

PORTUGAL. Instituto dos Arquivos Nacionais/Torre do Tombo. *Guia de Fontes Portuguesas para a História da América Latina.* Lisboa: Comissão Nacional para as Comemorações dos Descobrimentos Portugueses: Fundação Oriente; Imprensa Nacional – Casa da Moeda, 1997, v. 1, p. 118-119.

Índice

PORTUGAL. Instituto dos Arquivos Nacionais/Torre do Tombo. *Arquivo da Casa dos Senhores e Condes de Aveiras e dos Marqueses de Vagos.* [datilografado]. Acessível no ANTT. (L 518).

Listagem do conteúdo dos maços e das respectivas datas extremas. No mesmo IDD encontram-se as descrições relativas às Casas de Aveiras e Vagos e de Valadares.

• **Casa Palmela** (cf. «digitarq.dgarq.gov.pt?ID=4161662»)
Fundo constituído, predominantemente, por documentação de caráter pessoal e patrimonial. A destacar a que se refere ao primeiro titular

da Casa, o Conde, depois Marquês e, finalmente, Duque de Palmela, nela incluindo a parte respeitante à atuação diplomática de D. Pedro de Sousa Holstein, no plano geral e, em particular, no período de permanência da corte portuguesa no Brasil e posteriormente. Além disso, há documentos pessoais respeitantes ao Brasil, como, por exemplo, os recolhidos por Manuel Inácio de Sampaio e Pina, quando no exercício de postos administrativos na Colônia, nos primórdios do Dezenove.

Instrumentos de pesquisa
Guias e Roteiros
PORTUGAL. Instituto dos Arquivos Nacionais/Torre do Tombo. Direcção de Serviços de Arquivística. Casa Palmela. In: *Guia Geral dos Fundos da Torre do Tombo:* Volume VI – Colecções, Arquivos de Pessoas Singulares, de Famílias, de Empresas, de Associações, de Comissões e de Congressos. Lisboa: Instituto dos Arquivos Nacionais/Torre do Tombo, 2005. p. 210-214.

PORTUGAL. Instituto Português de Arquivos. Direcção de Serviços de Arquivística – Divisão de Informática. *Arquivo da Casa de Palmela*: inventário. [datilografado]. Ago. 1990. Acessível no ANTT.

Nota/Observação
O acervo arquivístico da Casa Palmela esteve depositado na Torre do Tombo, entre 2000 e 2006, para organização e tratamento técnico. Em seguida, foi restituído ao seu proprietário, D. Pedro de Sousa Holstein, Marquês de Sousa Holstein, em cuja residência, mediante prévia autorização, pode ser diretamente consultado.

- **Espólio de Antônio de Saldanha da Gama**
  (cf. «digitarq.dgarq.gov.pt?ID=4411617»)
  Antônio de Saldanha da Gama, 1º conde de Porto Santo, foi oficial da Armada, diplomata, ministro de Estado dos Negócios Estrangeiros e governador e capitão-general de Angola e do Maranhão. Documentação

importante para a História brasileira, em especial no que tange à transmigração e a permanência da família real no Rio de Janeiro.

Instrumentos de pesquisa
Guias e Roteiros
PORTUGAL. Instituto dos Arquivos Nacionais/Torre do Tombo. Direcção de Serviços de Arquivística. António de Saldanha da Gama . In: *Guia Geral dos Fundos da Torre do Tombo:* Volume VI – Colecções, Arquivos de Pessoas Singulares, de Famílias, de Empresas, de Associações, de Comissões e de Congressos. Lisboa: Instituto dos Arquivos Nacionais/Torre do Tombo, 2005. p. 75-77.

Inventário
PORTUGAL. Instituto dos Arquivos Nacionais/Torre do Tombo. *Saldanha da Gama*. Acessível no ANTT.(L 499)

Guias e roteiros
PORTUGAL. Instituto dos Arquivos Nacionais/Torre do Tombo. *Guia de Fontes Portuguesas para a História da América Latina*. Lisboa: Comissão Nacional para as Comemorações dos Descobrimentos Portugueses; Fundação Oriente; Imprensa Nacional – Casa da Moeda, 1997, v. 1, p.127.

PORTUGAL. Instituto Português de Arquivos. *Guia de Fontes Portuguesas para a História de África*. Lisboa: Comissão Nacional para as Comemorações dos Descobrimentos Portugueses; Fundação Oriente; Imprensa Nacional – Casa da Moeda, 1993, v. 2, p. 94.

SERRÃO, Joel; LEAL, Maria José da Silva; PEREIRA, Miriam Halpern. *Roteiro de Fontes da História Portuguesa contemporânea:* Arquivos de Lisboa – Arquivo Nacional da Torre do Tombo.. Lisboa: Instituto Nacional de Investigação Científica, 1984, v. 1, p. 60.

Por fim, mencionem-se alguns poucos trabalhos, pontuais e restritivos nas informações, com eventual utilidade na exploração do rico acervo do Arquivo Nacional da Torre do Tombo respeitante à história brasileira.

ALBUQUERQUE, Joaquim José Campos da Costa de Medeiros e. Índice cronológico das bulas e outros documentos semelhantes (sic), existentes no Real Arquivo da Torre do Tombo, que interessam ao governo do Brasil e à Igreja brasileira. *Revista do Instituto Histórico e Geográfico Brasileiro*. Rio de Janeiro, v. 62, n.° 2, p. 158-180, 1900.

CÂMARA, João de Sousa da. *Índice onomástico relativo ao Brasil*: 2.ª metade do século XVI – segundo os livros das Chancelarias Reais existentes no Arquivo Nacional da Torre do Tombo. Coimbra: Tip. Atlântica, 1964. 29 p.

GUERRA, Flávio. *Alguns documentos de arquivos portugueses de interesse para a História de Pernambuco*: Arquivo Nacional da Torre do Tombo e Arquivo Histórico Ultramarino. Recife: Arquivo Público Estadual, 1969. 309 p.

LEITE, Berta. O Brasil no índice do Bulário Romano. In: CONGRESSO DE HISTÓRIA NACIONAL, 4, 1949, *Anais...* Salvador, v. 2, p. 329-370, 1949.

OLIVEIRA NETO, Luís Camilo de. Correspondência do governador D. Diogo de Meneses (1608-1612). *Anais da Biblioteca Nacional*. Rio de Janeiro, n.° 57, p. 29-81, 1935.

SILVEIRA, Luís. Fontes arquivísticas para o estudo da História do Brasil: Arquivo Nacional da Torre do Tombo. Livros das Chancelarias dos reis de Portugal. *Bibliotecas e Arquivos de Portugal*. Lisboa, n.° 20, p. 7-130, 1970.

"Compreende a relação, ordenada cronologicamente, das doações, privilégios, contratos, perdões, legitimações etc." (p.14), abrangendo apenas o período compreendido pelos reinados de D. João III, D. Sebastião e Cardeal D. Henrique.

5.15 Biblioteca da Ajuda

Dados Institucionais
Endereço: Palácio Nacional da Ajuda
1349-021 Lisboa
Telefone: (351) 213.638.592
Fax: (351) 213.638.592
Sítio eletrônico: (em construção)
E-mail: «bib_ajuda@bnportugal.pt» e/ou «ba@bnportugal.pt»

Horário de funcionamento: De segunda a sexta-feira, das 10:30 às 17:15 horas (Requisições: até as 15:30 horas).

A Instituição: breve descrição

A Biblioteca é parte indissociável do Palácio Nacional da Ajuda, a qual absorveu e armazena, desde 1880, rico e diversificado acervo não apenas de incunábulos, cimélios, livros raros, manuscritos e impressos de Música, como espécies cartográficas e iconográficas, tudo proveniente da Biblioteca Real, à qual se somaram livrarias de particulares e de ordens religiosas extintas. A partir de 2007, integrou-se à Biblioteca Nacional de Portugal, na condição de serviço dependente.

Recomenda-se a leitura de: BIBLIOTECA DA AJUDA – REVISTA DE DIVULGAÇÃO, Lisboa, n. 1, 1980. Neste número, em artigo assinado por MMF (sic), entre as páginas 7 e 39, pode-se conhecer tanto a evolução histórica da instituição, uma biografia de seus guardas, encarregados, prefeitos e diretores, como também uma boa referência ao seu acervo documental e aos variados instrumentos de trabalho.

Principais núcleos documentais:
No que tange aos *manuscritos* da Biblioteca da Ajuda, estes estão organizados em três grandes conjuntos: *Códices, Documentos Avulsos* e *Pastas-Papéis Avulsos.* Relativamente à História Brasileira, há documentos, dentre outros, nos núcleos documentais do *Conselho de Estado, Conselho da Fazenda, Chancelaria Filipina, Conselho da Índia, Mesa da Consciência e Ordens,* nos *"Avulsos",* nas *Coleções "Embaixadas", "Governos", "Do Governo Próximo de Portugal", "Miscelâneas"* e *"Rerum Lusitanicarum",* bem como nos arquivos particulares dos arcebispos D. Diogo de Sousa e D. João de Sousa; da duquesa de Mântua, D. Margarida; do bispo e vice-rei D. Pedro de Castilho; do conde D. Antônio de Ataíde; dos viscondes de Vila Nova da Cerveira; do almotacé-mor D. Luís de Mendonça Furtado; do governador e capitão-geral D. Luís Antônio Gonçalves da Câmara Coutinho; e do governador D. Francisco de Sá e Meneses.

Instrumentos de acesso à informação
PORTUGAL. Instituto dos Arquivos Nacionais/Torre do Tombo. In: *Guia de Fontes Portuguesas para a História de África.* Lisboa: Comissão Nacional para as Comemorações dos Descobrimentos Portugueses; Fundação Oriente; Imprensa Nacional – Casa da Moeda, 1991, v. 1, p. 111-123.

PORTUGAL. Instituto dos Arquivos Nacionais/Torre do Tombo. *Guia de Fontes Portuguesas para a História da América Latina.* Lisboa: Comissão Nacional para as Comemorações dos Descobrimentos Portugueses; Fundação Oriente; Imprensa Nacional – Casa da Moeda, 2001, v. 2, p. 121-134.

Para o primeiro grupo supra citado, o dos *Códices,* propõe-se a consulta ao *Inventário da Biblioteca da Ajuda,* instrumento manuscrito e incompleto, depositado na Sala E da Biblioteca (Estantes 44 a 51) e às numerosas gavetas de diversos tipos de catálogos (onomásticos, temáticos, genealógicos e topográficos), sob a forma de *ficheiros*, também aí existentes e disponíveis.

Para o segundo conjunto, reporte-se aos três volumes manuscritos do Inventário dos Códices (cf. Estante 51 da Biblioteca) e aos *Manuscritos da Ajuda* (Guia), trabalho realizado pelo Centro de Estudos Históricos Ultramarinos, de Lisboa, sob a direção do Pe. António da SILVA REGO e dos quais foram publicados apenas dois volumes (1966 e 1973). Neles consta somente pequena parte de acervo da Biblioteca.

Quanto aos *documentos avulsos,* anote-se que vem sendo elaborado por aquela instituição exaustivos inventários. Destes, foram franqueados aos consulentes 46 volumes relativos à Estante 54 e 18 volumes da Estante 51, compreendendo cada referência, a indicação da quota e da natureza do documento, um sumário do mesmo e os seus "intervenientes". Pouca coisa, e mesmo assim de forma dispersa, se encontra sobre o Brasil.

Em se tratando do objeto-tema deste roteiro, anote-se que a consulta dos manuscritos da Biblioteca da Ajuda relacionados com a História do Brasil é bastante facilitada pelo alentado trabalho de Carlos Alberto FERREIRA, *Inventário dos manuscritos da Biblioteca da Ajuda referentes à América do Sul* (Coimbra: Faculdade de Letras – Instituto de Estudos Brasileiros, 1946. 682 p). Nele estão identificadas e sumariadas 2310 espécies documentais, acompanhadas das respectivas cotas de sua localização nas estantes. Infelizmente, as quotas mencionadas pelo autor estão, de há muito, completamente alteradas. Assim, faz-se necessário proceder à correspondência com as cotas atuais, a partir de tabelas próprias existentes na sala de leitura da referida biblioteca, a mais completa das quais deve-se a Natália ROCHA, e que se intitula *Lista de equivalências*: quota antiga – quota moderna. (Lisboa, 1973. 68 p. exemplar datilografado)

De toda forma, mesmo mantendo as referências antigas, a consulta ao mencionado inventário fica enormemente suavizada devido à existência de dois outros instrumentos de trabalho, a saber:

BIBLIOTECA DA AJUDA. *Índice do "Inventário dos Manuscritos da Biblioteca da Ajuda referentes à América do Sul".* Por Carlos Alberto Ferreira. Lisboa, 1976. 192 p. (datilo).

FERREIRA, Carlos Alberto. *Índice dos documentos relativos à América do Sul existentes na Biblioteca da Ajuda.* Pref. de Pedro Moniz de Aragão. Rio de Janeiro: Arquivo Nacional, 1968. 153 p.

Esses dois índices não são excludentes entre si. São complementares, diferenciando-se pelos critérios tomados para a indexação. Acrescente-se a eles um *Apêndice* ao Inventário intitulado *Documentos sobre a América do Sul,* composto de 15 folhas digitadas e existente para consulta na Sala de Leitura de manuscritos.

Por fim, e para que se conheça o núcleo de manuscritos da Casa Real portuguesa que foi remetido para o Rio de Janeiro entre 1810 e 1811 e de lá retornou em 1823, veja-se o *Catálogo dos Manuscritos da Coroa,* elaborado à época pelo conhecido bibliotecário da Corte, Luís Joaquim dos Santos Marrocos.

5.16 Biblioteca Nacional (Divisão dos Reservados)

Dados Institucionais
Endereço: Campo Grande, nº 83 – Piso 3
1749-081 Lisboa
Telefone: (351) 217.982.054/ 9
Fax: (351) 217.982.140
Sítio eletrônico: «www.bnportugal.pt»
E-mail: «reservados@bnportugal.pt»
Horário de funcionamento: De segunda a sexta-feira, das 9:30 às 17:30 horas (Requisições: até as 16:30 horas).

A Instituição: breve descrição

Sua origem é a Real Biblioteca Pública da Corte, criada por alvará de 1796. Para além do inerente acervo bibliográfico, da sua condição de depósito legal das publicações que se fazem no País, a BNP possui ricas e alentadas coleções de manuscritos (códices e avulsos), de impressos raros, de peças musicais, de espécies cartográficas e iconográficas, dentre outras.

Principais núcleos documentais:

A Divisão dos Reservados da Biblioteca Nacional de Portugal é constituída por três áreas distintas: as coleções de *Manuscritos*, de *Impressos*, e o *Arquivo de Cultura Portuguesa Contemporânea*.

Nos parâmetros fixados para este trabalho, serão consideradas apenas as Colecções de *Manuscritos*, incluindo a numerosa documentação dos arquivos. Na primeira, abarcando espécies de diferentes gêneros, tipologia e proveniência, totaliza, atualmente, 14.425 códices e mais de 36.000 manuscritos avulsos. Quanto ao Arquivo Histórico, a referência se justifica relativamente a alguns dos cerca de 200 arquivos pessoais e de família que, no caso, se relacionam com a História do Brasil.

Para o pesquisador da História do Brasil interessam particularmente três coleções: a *Pombalina*, a dos *Códices* e a de *Manuscritos Avulsos*.

A *Pombalina* é constituída pela documentação anteriormente pertencente ao Marquês de Pombal e à sua família e que foi vendida ao Estado em 1887. "Consta de 758 códices de manuscritos, cópias e originais, cujas datas extremas vão desde o século XVI até aos séculos XIII e XIX e referentes aos mais variados assuntos históricos, políticos, literários, administrativos, econômicos, financeiros, jurídicos, teológicos etc. Para dar uma ideia do seu valor, citaremos apenas alguns dos assuntos referentes ao Brasil e que se encontram em códices desta coleção: Aldeões de Maripi fugidos; Aldeamentos; Aldeias retiradas aos padres; Bahia (almoxarifados, navios aprezados, navios franceses etc.); Bandos, Ordens, Portarias e Editais; Bichos da seda; Canela cultivada; Capitanias; Casa da Moeda; Ceará (jesuítas); Cochonilhas; Colônia do Sacramento;

Colonização; Companhia de Comércio; Contratos do Sal (Tabaco, do ouro de Minas, do Pau-Brasil); Correspondência oficial; Corte de D. João VI; Cubatão e Cuiabá (notícias); Derrota do Rio de Janeiro e Santos por mar; descobertas do Pará e Amazonas; Doações de terras; Documentos militares de São Paulo e Minas; Igrejas; Empréstimos; Engenhos; Escravos; Exército; Expedição no Amazonas; Expedições militares; Fazenda Pública; Ferro em Sorocaba; Governadores; Guerra na fronteira Sul; índios; Indústrias; Jesuítas; Justiças; Legislação; Limites (de Minas Gerais, de São Paulo, Mato Grosso com o Paraguai); Loterias no Rio de Janeiro e São Paulo; Macapá (índios); Maracanã (petição dos índios, principalmente contra jesuítas) Marajó (mapa); Maranhão (baixa de soldados, bispo recusado, câmara, cochonilha; desordens, expedição, governo, impostos, índios,obras do Boqueiraço, relatórios, riqueza e comércio, roubos a fazendas etc.); Mato Grosso (correspondência, notícias de Cuiabá, descrição; expedições, fundação de vilas, regimento de cavalaria, rifas, viagens desde o Rio de Janeiro etc.); Minas; Minas Gerais (administração eclesiástica, caminho de São Paulo, correio, delimitação, estatísticas, exército, instruções de governadores, junta da fazenda, padres expulsos, prisões, rebelião, relatório do século XVII, sentenças, soldos, tumultos etc.); Missões; Motins; Mulheres; Navegação; Navios; Notícias várias; Orçamentos; Ouro; Pará (colônias, descobertas, expedição, limites, conventos, desordens, escolas, fortificações, governos etc.); Paraíba (autos, processos, prisões etc.); Pernambuco (abusos, crimes, escravos, desordens, epidemias, governos e governadores, guerras, com os índios, papeis vários, regimento das fronteiras etc.); Petições de índios; Piauí (correspondência, governador); Presídios; Processos vários; Queixas várias; Quintos do ouro e diamantes; regimentos vários; Religiosos; Rio de Janeiro (revoltas, abusos do senado, notícias etc.)'; Rio Grande do Sul (descrição, guerras, invasão etc.); Rio Negro (registro de correspondência, sublevação militar, roteiros vários etc.); Santa Catarina; São Paulo (cidade, dissertação sobre a capitania, explorações, governo, observações astronômicas, ouro, posição geográfica, recenseamento etc.); Santos (história do porto, derrotas e roteiros,' etc.); Seminários; Sesmarias; Viagens; Vilas criadas e povoadas; Vice-Reis etc.". (Virgínia RAU, *op. cit*, p. 212).

Esta coleção dispõe de excelente *Inventário dos Manuscritos*, elaborado por José Antônio MONIZ e publicado em Lisboa no ano de 1889. Lamentavelmente, não se tem notícia de outras edições e, com isso, na atualidade, essa obra, tornou-se raridade bibliográfica. No Brasil, poucas instituições dispõem de exemplares do mesmo, uma das quais é a Biblioteca do Instituto Histórico e Geográfico Brasileiro, no Rio de Janeiro (Ref. 99, 6, 7). O mencionado inventário é constituido por índice de assuntos (p. 1-122), índice onomástico (p. 123-43), complementando a descrição do conteúdo dos 758 códices do acervo.

Além dos documentos reunidos pelo próprio Marquês e por seus familiares, integra a *Pombalina* uma enorme quantidade de leis, decretos, alvarás, ofícios e ordens régias, especialmente do século XVIII, e que são englobados sob os títulos de *Colecção Josephina* e *Colecção de D. Maria I*, compiladas e anotadas por Alberto Rodrigues LAGE e que correspondem, a primeira, aos volumes de números 453 e 460, a segunda, aos de números 461 a 468.[8]

A *Colecção de Códices* e a *Colecção de Manuscritos Avulsos* têm a maior representação na Base de Dados da Biblioteca Nacional de Portugal. A despeito disso, existe ainda quantidade significativa desses dois conjuntos que têm como principal meio de pesquisa um Inventário em Fichas, que se encontra na Sala de Leitura dos Reservados da BNP, e que permite a recuperação por assuntos, títulos e autores. Este Inventário reúne fichas manuscritas e datilografadas.

---

8   Em 1993, a Biblioteca Nacional recebeu, por doação da Fundação Calouste Gulbenkian, o acervo arquivístico proveniente do Palácio/Casa Pombal, em Oeiras. Eventual e pontualmente, tal documentação poderá complementar dados do acervo da Coleção Pombalina. Cf. SENA, Maria Teresa. O Arquivo de uma casa senhorial: sua possível utilização historiográfica; critérios de organização e de classificação dos documentos. In: LEAL, Maria José da Silva; PEREIRA, Miriam Halpern, (coord). *Arquivo e Historiografia*: Colóquio sobre as Fontes de História Contemporânea Portuguesa. Lisboa: Imprensa Nacional – Casa da Moeda, 1988. p. 365-377.

O núcleo de *Códices* (anteriormente designado: *Fundo Geral de Manuscritos – Códices* ou *Fundo Geral – Códices*) é menos conhecido e consultado pelos pesquisadores da História Brasileira, mas nem por isso deixa de ser importante para esses estudiosos. É constituído por documentos com uma gama extremamente variada de assuntos. Entre os de interesse para o Brasil, citam-se:

"Administração (papeis vários, apontamentos); Agricultura; Amazonas (expedição de missionários jesuítas, expulsão dos franceses, notícias dos gentios, descobrimentos e conquistas, governo etc.); Bahia (arcebispado, descrição, fazenda real, capitania, regimento da Relação, Restauração etc.); Capitanias (das ilhas de Itamaracá e Itamandariba, de São Paulo, de São Vicente, de Pernambuco, do Sul etc.); Ceará; Breves pontifícios e leis sobre os índios; Colônias do Sacramento; Colônias de São Gabriel; Colônias estrangeiras; Comércio (Maranhão, Rio Grande, São Paulo); Conquista do Rio Paraíba; Correntes marítimas nas costas; Decretos (relativos a contos, terças, embaixadas etc.); Descrições (de capitanias, rios, montes, costas, povoações, flora, fauna etc.); Despesas; Donatários e capitães; Explorações; Escravos; Fortificações; Governadores e Capitães-Mores; Grão Pará (contratos de colonização, separação das duas capitanias do Grão Pará e Maranhão etc.); Holandeses (na Bahia, guerra de Pernambuco etc.); índios; Jesuítas; Legislação (regimentos, provisões, cartas régias etc.); Memórias várias; Minas de ouro e diamantes; Notícias (do Maranhão etc.); Navegação; Navios; Notícias diversas; Ouvidores, Pará (exploração do Pará ao Piauí); Pernambuco (documentos diversos, descrições, igrejas etc.); Plantas; Raças (de índios, de animais); Registros de cartas; Religiosos; Rio Grande do Sul, Rio Negro; Roteiro, Salitre; Tratados; viagens e explorações etc." (Virgínia RAU, *op cit.*, p. 211).

Para a consulta deve-se recorrer ao catálogo geral da coleção, existente, sob a forma de fichas manuscritas, em gavetas de madeira localizadas na Sala de Leitura da Divisão dos Reservados. Pequena parte do acervo dessa coleção foi catalogada e publicada sob o título: BIBLIOTECA NACIONAL DE LISBOA. Inventário; Secção XIII. *Manuscritos* (José

António MUNIZ): Lisboa, 1896; e compreende os códices de números l a 739, sendo o seu manuseio dificultado pela inexistência de índices. Para os demais códices, reporte-se ao catálogo-ficheiro existente na aludida Sala de Leitura.

Consulte-se, ainda:

MARTINS, Lígia de Azevedo, et al. *Guia preliminar dos fundos de arquivo da Biblioteca Nacional*. Lisboa: Instituto da Biblioteca Nacional e do Livro, 1994. 352 p. (Fundos da Biblioteca Nacional; Arquivos, 1).

PORTUGAL. Instituto dos Arquivos Nacionais/Torre do Tombo. *Guia de Fontes Portuguesas para a História da América Latina*. Lisboa: Comissão Nacional para as Comemorações dos Descobrimentos Portugueses; Fundação Oriente; Imprensa Nacional – Casa da Moeda, 2001, v. 2, p. 135-139.

PORTUGAL. Instituto Português de Arquivos. In: *Guia de Fontes Portuguesas para a História de África*. Lisboa: Comissão Nacional para as Comemorações dos Descobrimentos Portugueses; Fundação Oriente; Imprensa Nacional – Casa da Moeda, 1991, v. 1, p. 124-139.

RIBEIRO, Fernanda. Cartórios incorporados em arquivos especializados e em outras instituições públicas: Biblioteca Nacional de Lisboa. In:_____. *O acesso à informação nos arquivos*. Lisboa: Fundação Calouste Gulbenkian/Fundação para a Ciência e a Tecnologia, 2003, v. 1, p. 196-199.

SOUSA, Teresa Andrade e. Guia das coleções de manuscritos da Divisão dos Reservados. *Revista da Biblioteca Nacional:* 2ª série, Lisboa, v. 3, n.° L, p. 95-129, jan.- abr. 1988.

A assinalar, ainda, a existência nos, Reservados da Biblioteca Nacional, de pequena, mas significativa *Coleção do Ministério da Marinha e Ultramar*, que está sendo objeto de tratamento técnico e inventariação. Outros instrumentos de acesso à informação dentro apenas dos propósitos deste roteiro:

BOSCHI, Caio César. Documentos para a História de Minas Gerais existentes nos *Reservados* da Biblioteca Nacional de Lisboa. In: SIMPÓSIO NACIONAL DOS PROFESSORES UNIVERSITÁRIOS DE HISTÓRIA; VII, 1973, Belo Horizonte. *Anais*... São Paulo: Revista de História, 1974, v. 3, p. 1345-1370.

OLIVEIRA NETO, Luís Camilo de. Verbetes para a História do Brasil pertencentes ao Fundo Geral da Biblioteca Nacional de Lisboa. *Anais da Biblioteca Nacional*. Rio de Janeiro, n.° 51, p. 391-452, 1929.

PAULA, Eurípedes Simões de. Inventário de documentos inéditos de interesse para a História de São Paulo: Biblioteca Nacional de Lisboa; Fundo Geral. *Revista de História*, São Paulo, v. 4, n.° 9, p. 195-223, jan.-mar. 1952; v. 4, n.° 10, p. 477-506, abr.-jun. 1952; v. 5, n.° 11, p. 213-44, jul.-set. 1952; v. 5, n.° 12, p. 477-509, out.-dez. 1952.

PEREIRA, Carlota Gil. Inventário dos documentos relativos ao Brasil existentes na Biblioteca Nacional de Lisboa. *Anais da Biblioteca Nacional*, Rio de Janeiro, v. 75, p. 3-358, 1955; v. 93, p. 3-273, 1973; v. 97, p. 3-284, 1977; v. 98, p. 3-207, 1978.

Trata-se de trabalho contratado, em 1950, com a autora, então Chefe da Seção de Manuscritos da Biblioteca Nacional de Portugal, por José Honório Rodrigues, como Diretor da Divisão de Obras Raras e Publicações da Biblioteca Nacional do Rio de Janeiro. Contudo, salvo melhor juízo, o título do trabalho é enganoso, pois as suas duas primeiras partes (Grupo I – 1534/1692 e Grupo II – 1693/1702} publicadas, respectivamente, nos volumes 75 e 93 (p. 5-119) dos *Anais da Biblioteca Nacional* (do Rio de Janeiro), contém exclusivamente referências de documentos dos livros de

Chancelarias de D. Sebastião, Cardeal D. Henrique, Filipe I, Filipe II, Filipe III, D. João IV, D. Afonso VI, D. João II, D. João VI e D. Pedro II (de Portugal), assim como dos Livros de Mercês de D. Pedro II. Ora, como se sabe, tais livros integram o acervo do Arquivo Nacional da Torre do Tombo e não ao da Biblioteca Nacional de Portugal. A esta, mais especificamente à antiga coleção dita "Fundo Geral", pertencem os documentos fixados e relacionados nas outras três partes do referido inventário: Grupo III- 1723 – 1825, Grupo IV-1534 – 1805 e Grupo V- 1500 – 1883 e sem datas, publicadas nos volumes 93 (p. 121-237), 97 e 98 dos referidos Anais.

Ainda nos *Reservados* da BNP, para a História brasileira, devem ser consideradas outras coleções, a despeito de suas pequenas dimensões. Citem-se, por exemplo, a Colecção Jorge de Moser, por ele doada em 1971, e que dispõe de catálogo-inventário, publicado em 1974 (68 p.) pela Biblioteca. Entre os seus "códices avulsos", encontram-se três (os de números 676, 695 e 729) que se referem especificamente a assuntos brasileiros.

Para os arquivos adquiridos, em 1971, às famílias Almada e Lencastre Basto e Teles da Silva, esta última herdeira dos Condes de Tarouca. Quanto aos Tarouca, consulte-se: ARRIAGA, José de. *Catálogo dos manuscritos da antiga Livraria dos Marqueses de Alegrete, dos Condes de Tarouca e dos Marqueses de Penalva, e pertencentes à sua atual representante, a Condessa de Tarouca*. Lisboa, Imprensa de João Romano Torres, 1898; e o INVENTÁRIO do Arquivo da Casa Tarouca, que, na realidade, é uma lista datilografada, em 108 folhas, "organizada por assuntos, que acompanhou o Arquivo quando da sua compra pela Biblioteca Nacional", onde se encontra em fase de organização, mas disponível para consulta. Há, igualmente, um número crescente de manuscritos da Livraria Tarouca pesquisáveis na Base de Dados da BNP.

Neste arquivo, cabe mencionar, em especial para a História do Brasil, a documentação, em 15 unidades de instalação, relacionada ao 5º Marquês de Alegrete, Luís Teles da Silva Caminha e Meneses (1775-1728), governador, em duas ocasiões, das Capitanias de São Paulo e do Rio Grande de São Paulo. Outro destaque pode ser feito no que respeita à documentação relativa ao 4º Conde Tarouca, João Gomes da

Silva (1671-1738), sobretudo no referente à sua atuação diplomática nas questões platinas.

O Cartório de Almada e Lencastre Bastos é bastante heterogênea quanto à tipólogia documental e à proveniência. Para a História do Brasil, o interesse maior são os documentos produzidos e recebidos por D. Antônio de Lencastre e por D. Miguel Pereira Forjaz, 9º Conde da Feira.

Ainda nos *Arquivos Pessoais e de Família* dos Reservados da BNP, que guardam relação com a História do Brasil, aponte-se a existência de documentação respeitante ao 2º Marquês do Lavradio, D. Luís de Almeida Portugal Soares Mascarenhas (1727-1790), sob a forma de um copiador de ofícios, balizados entre 1767 e 1774, e de dois maços de documentos variados. A aludir, por fim, e igualmente em meio a acervos sob organização, de uma caixa de *Documentos relativos à Colónia do Sacramento*.

Assinale-se, também, a existência na BNP de ricas coleções de Cartografia, Iconografia e de Música. Sobre a primeira, para se ter simples amostra, no que concerne à História do Brasil, remeta-se a: GARCIA, João Carlos, (coord). *A Cartografia do Brasil nas colecções da Biblioteca Nacional, 1700-1822* (Documento electrónico). Lisboa: Biblioteca Nacional, [2005], em; purf.pt/103; e aos seguintes catálogos: GARCIA, João Carlos, (Coord). *A Nova Lusitânia*: imagens cartográficas do Brasil nas colecções da Biblioteca Nacional (1700-1822). Lisboa: Comissão Nacional para as Comemorações dos Descobrimentos Portugueses, 2001.412 p; COUTO, Jorge. *A América Portuguesa nas colecções da Biblioteca Nacional de Portugal e na Biblioteca da Ajuda*. Lisboa: Biblioteca Nacional de Portugal, 2008. 95 p.

5.17 Gabinete de Estudos Arqueológicos de Engenharia Militar

Dados institucionais
Endereço: Exército Português/Direcção de Infra-Estruturas (Palácio dos Marqueses do Lavradio)

Campo de Santa Clara
1149-056 Lisboa
Telefone: (351) 218.815.787
Fax: (351) 216.815.759
Sítio eletrônico: «www.exercito.pt/bibliopac/»
E-mail: «die.geaem@mail.exercito.pt»
Horário de funcionamento: Às segundas, terças, quintas e sextas-feiras, das 10:00 às 12:00 horas, e das 14:00 às 16:00 horas; às quartas-feiras, das 14:00 às 16:00 horas.

A Instituição: breve descrição
Como a denominação anuncia, o Gabinete, dentre outras atribuições, responsabiliza-se por guardar, tratar, arquivar e divulgar os documentos de interesse relativos ao Corpo de Engenharia Militar e da Arma de Engenharia Militar do Exército português, produzidos entre 1640 e 1980.

Principais núcleos documentais:
Este é um dos mais bem organizados arquivos de Lisboa e congrega a documentação proveniente da antiga Direcção dos Serviços de Fortificações e de Obras Militares do Exército português. O acervo é integrado por aproximadamente 600 livros de registros de correspondência, 190.000 documentos e 4.500 fotografias. Essencialmente, dada à própria natureza da instituição e à sua subordinação administrativa, o acervo está formado por cartas geográficas, mapas, desenhos e plantas relativas às atividades desenvolvidas pelo Corpo e pela Arma de Engenharia Militar.

A lamentar, porém, que este seja um repositório pouco conhecido e consultado pelos historiadores, apesar da riqueza informativa e da beleza de suas peças.

Instrumentos de acesso à informação:
Na Sala de Leitura estão à disposição dos consulentes cinco volumes datilografados, com circunstanciados índices por assunto da documentação, a saber: *Volume 1* – Fortificações; *Volume 2* – Carreiras de tiro;

edifícios, edifícios militares, estabelecimentos, hospitais, paióis, prédios militares, propriedades, propriedades militares, quartéis, servidões e tombação; *Volume 3* – Barras, cartografia, costas, hidrografia e triangulação; *Volume 4* – Divisão administrativa, divisão judicial, divisão militar, itinerários, reconhecimentos, operações militares e transmissões; *Volume 5* – Caminhos de ferro, canais, construção civil, estradas, hidráulica, pontes, portos e urbanização.

Esses índices, nos quais se incluem informações relativas à espécie documental, sua cota-referência e localização (topográfica) remetem à consulta de "ficheiros", nos quais os referidos dados são complementados e pormenorizados.

Informações gerais sobre a documentação do Gabinete podem ser obtidas em:

PORTUGAL. Instituto Português de Arquivos. In: *Guia de Fontes Portuguesas para a História de África*. Lisboa: Comissão Nacional para as Comemorações dos Descobrimentos Portugueses; Fundação Oriente; Imprensa Nacional – Casa da Moeda, 1991, v. 1, p. 140-141.

RIBEIRO, Fernanda. Arquivos que permaneceram no seu *habitat* de origem: Gabinete de Estudos Arqueológicos de Engenharia Miltar. In:_____.*O acesso à informação nos arquivos*. Lisboa: Fundação Calouste Gulbenkian/Fundação para a Ciência e a Tecnologia, 2003, v. 1, p. 218-220.

A documentação relativa ao Brasil abrange grande parte do acervo, diluindo-se por quase todas as coleções, nomeadamente naquela referente às fortificações, cartografia e hidrografia.

Para uma primeira visão deste acervo, se bem que imperfeita e incompleta, recorra-se a: FONSECA, Luísa da. Mapas e plantas do Brasil do Arquivo de Desenhos da Direcção da Arma da Engenharia. In: COLÓQUIO INTERNACIONAL DE ESTUDOS LUSO-BRASILEIROS, I. *Acta*... Washington: Library of Congress: Vanderbilt University, 1950. p. 224-234.

Uma segunda sugestão, tendo em vista a impossibilidade da consulta *in loco*, é a consulta do catálogo da exposição realizada pelo Estado Maior do Exército Português em 1960, como parte integrante das comemorações do Quinto Centenário Infante D. Henrique, sob o título: A ENGENHARIA MILITAR NO BRASIL E NO ULTRAMAR PORTUGUÊS ANTIGO E MODERNO. Lisboa, 1960. 226 p., com prefácio do Presidente da Comissão Organizadora, general Luís da Câmara PINA, nota preliminar de Luís Ferrand de ALMEIDA, nota cartográfica do Cap.–Ten. Avelino TEIXEIRA DA MOTA e nota explicativa do Cel. Francisco Eduardo BATISTA. Embora esta publicação não englobe toda a documentação sobre o Brasil, as espécies mais significativas estão nela catalogadas e referenciadas.

Farta em informações e em reproduções documentais é a obra de (José) Eduardo CAIXARIA, *O Real Archivo Militar;* cronologia histórica e documental, 1802-1821. Lisboa: Exército Português/Direcção de Infra-Estruturas/ Gabinete de Estudos Arqueológicos de Engenharia Militar, [2007], v. 1, 539 p.

Referência especial deve ser feita ao Projeto SIDCARTA (Sistema de Informação para Documentação Cartográfica: o Espólio da Engenharia Militar Portuguesa), desenvolvido a partir de abril de 2002, que permitiu a disponibilização digital (base de dados e imagens) de cerca de 12.000 documentos cartográficos (cf. «www.exercito.pt/bibliopac/»). Nesse universo, cerca de 350 mapas dizem respeito ao Brasil Colonial.

5.18 Instituto Nacional de Estatística (Biblioteca)

Dados Institucionais

Endereço: Av. António José de Almeida, nº 2 – Sala 203
1000-043 Lisboa
Telefone: (351) 218.426.100
Fax: (351) 218.426.380
Sítio eletrônico: «www.ine.pt»
E-mail: «ine@ine.pt»

Horário de funcionamento: De segunda a sexta-feira, de 9:00 às 17:30 horas.

A Instituição: breve descrição
Como o nome indica, este Instituto é o órgão maior do sistema nacional de estatísticas de Portugal.

Principais núcleos documentais
Recentemente, o Instituto Nacional de Estatística disponibilizou o acesso à *Biblioteca Digital de Estatísticas Oficiais* – BDEO (cf. «www.ine.pt:8080/biblioteca/»), que reúne todas as publicações editadas desde 1864 até 2000 relativas à Estatística em Portugal.

Com referência ao passado colonial brasileiro, este arquivo dispõe de relativamente pouca documentação. A destacar, fundo composto por códices e documentos manuscritos que compreendem a "Contadoria da Superintendência Geral dos Contrabandos de Descaminhos dos Reais Direitos (1796-1831)", no qual estão integradas "Balanças Gerais de Comércio do Reino de Portugal com os seus Domínios e Nações Estrangeiras", durante os seguintes anos e períodos: 1776-1777, 1783, 1796, 1797, 1798, 1799-1807, 1808, 1809-1821, 1822, 1823-1831 e 1826-1831.

Instrumentos de acesso à informação:
Encontra-se em vias de publicação catálogo bibliográfico do acervo da Biblioteca deste Instituto. Não há catálogo específico sobre os manuscritos ali depositados. De toda forma, além da disponibilidade para consulta *in loco*, o INE tem atendido solicitações para reprodução de documentos, principalmente no suporte PDF.

5.19 Museu Nacional de História Natural – Arquivo Histórico " Museu Bocage"

Dados Institucionais
Endereço: A/C da Sra. Dra. Maria Judite Alves
Rua da Escola Politécnica 58
1250 – 102 Lisboa
Telefone: (351) 213.921.886 – 213.921.808
Fax: (351) 213.969.784
Sítio eletrônico: «www.mnhn.ul.pt/»
E-mail: «geral@museus.ul.pt» e/ou «mjalves@fc.ul.pt»
Horário de funcionamento: Conforme marcação

A Instituição: breve descrição

O Museu Nacional de História Natural da Universidade de Lisboa tem a sua origem em 1858, com a criação dos Gabinetes de História Natural da Escola Politécnica, sendo o natural herdeiro do Real Museu de História Natural e Jardim Botânico da Ajuda (1772). O MNHN tem por missão promover o conhecimento sobre a diversidade do mundo natural, assegurando o estudo e documentação do património natural e a sua descoberta pela sociedade.

Principais núcleos documentais

Fundo Documental do Real Museu de História Natural e Jardim Botânico da Ajuda. Inclui registros manuscritos e iconográficos referentes às missões científicas ("viagens filosóficas") promovidas por aquele Museu aos territórios portugueses do Brasil, Moçambique, Índia, Angola e Cabo Verde nos finais do séc. XVIII. Compreende cerca de 1.000 manuscritos, incluindo memórias, roteiros de viagens, remessas de coleções, participações, correspondência dos naturalistas e seus colaboradores, além de dois conjuntos iconográficos.

Fundo Documental Museu Bocage. Cerca de 2000 documentos. Inclui manuscritos referentes à vida da instituição desde a sua fundação até à primeira metade do séc. XX. Abrange também correspondência diversa dos naturalistas da instituição, em particular de Barbosa du Bocage.

Fundo Documental Laboratório Marítimo da Guia. Compreende 46 documentos sobre a formação do laboratório marítimo. Inclui também fotografias.

Fundo Documental XII Congresso Internacional de Zoologia, Lisboa 1935. Compõe-se de 400 pastas de arquivo referentes ao vários congressistas e correspondência e de 186 fotografias

Instrumentos de acesso à informação

O arquivo está catalogado, apresentando-se o inventário em suporte papel (manuscrito), para consulta *in loco*.

5.20 Sociedade de Geografia de Lisboa (Biblioteca)

Dados Institucionais:

Endereço: Rua das Portas de Santo Antão, 100

1150-269 Lisboa

Telefone: (351) 213.425.068 e/ou 213.425.401

Fax: (351) 213.464.552/3

Sítio eletrônico: «www.socgeografia-lisboa.planetaclix.pt»

E-mail: «biblioteca@socgeografialisboa.mail.pt»

Horário de funcionamento: de segunda a sexta-feira, das 10:00 às 13:00 horas, e das 14:00 às 17:00 horas.

A Instituição: breve descrição

A Sociedade de Geografia de Lisboa é uma entidade privada, de caráter científico, fundada em 1875, no âmbito do movimento europeu de exploração e colonização. Assim, dentre outros objetivos, desenvolve estudos geográficos e correlatos, sobre Portugal como relativamente às suas antigas possessões ultramarinas, com forte destaque para aqueles relacionados ao continente africano.

Principais núcleos documentais
Secção dos *Reservados* e Secção de *Cartografia*.

Instrumentos de acesso à informação
A Sociedade de Geografia de Lisboa possui bons e bem organizados "ficheiros" de índices onomástico, ideográfico e didascálico da sua documentação manuscrita e cartográfica. Todavia, esses índices e catálogos não foram publicados integralmente, anunciando-se que o serão, em suporte digital. O que já se editou sobre o seu acervo diz respeito a coleções ou a certas partes dos fundos.

Relativamente à Secção dos *Reservados*, consulte-se:

CATÁLOGO-AMOSTRA evocativo do Primeiro Centenário da Sociedade de Geografia de Lisboa (1875-1975). Lisboa: Sociedade de Geografia de Lisboa, 1977. 175 p.
Contém descrições dos diversos acervos e fundos de biblioteca, da Secção dos Reservados e da Cartografia.

CUNHA, Rosalina Silva. Catálogo dos manuscritos referentes ao Ultramar existentes na Biblioteca da Sociedade de Geografia de Lisboa. *Boletim da Filmoteca Ultramarina Portuguesa*, Lisboa, v. 17, p. 19-38, 1961.

_____. Manuscritos sobre ultramar português: Sociedade de Geografia de Lisboa. *Boletim Internacional de Bibliografia Luso-Brasileira*. Lisboa, v. 3. n. 1, p. 119-170, jan.-mar. 1962.

_____. Sociedade de Geografia de Lisboa: Coleção Vidigueira. *Boletim Internacional de Bibliografia Luso-Brasileira*, Lisboa, v. 1, n. 1, p. 65-99, jan.-mar. 1960.

PORTUGAL. Instituto dos Arquivos Nacionais/Torre do Tombo. *Guia de Fontes Portuguesas para a História da América Latina*. Lisboa: Comissão Nacional para as Comemorações dos Descobrimentos Portugueses; Fundação Oriente; Imprensa Nacional – Casa da Moeda, 2001, v. 2, p. 221-222.

PORTUGAL. Instituto Português de Arquivos. In: *Guia de Fontes Portuguesas para a História de África*. Lisboa: Comissão Nacional para as Comemorações dos Descobrimentos Portugueses; Fundação Oriente; Imprensa Nacional – Casa da Moeda, 1991, v. 1, p. 142-143.

Quanto à Secção de *Cartografia*, além do Catálogo-amostra supra mencionado, é indispensável reportar-se a:

VASCONCELOS, Ernesto de (dir.). *Sociedade de Geografia de Lisboa: Exposição de Cartografia Nacional (1903-1904)* – Catálogo. Lisboa: A Liberal, 1904.

As informações contidas neste valioso Catálogo devem ser complementadas pela consulta *in loco*, dos "ficheiros" pertinentes.

Todos os instrumentos de trabalhos apontados, tanto de uma como de outra Secção, testemunham a presença de numerosos e variados códices, maços, documentos avulsos, plantas hidrográficas e espécies cartográficas no acervo desta instituição.

Para pesquisa no local, é indispensável a consulta ao *Catálogo dos Manuscritos da Biblioteca da Sociedade de Geografia de Lisboa*, instrumento que, em dois volumes, totalizando 364 páginas, inventaria 5.800 documentos do heterogêneo acervo desta entidade. Sua elaboração foi iniciada em 1997, mas, infelizmente, interrompida no ano 2000.

Respeitantes ao Brasil, dentre outras referências, identificam-se seis códices – *Livro da Fazenda da Capitania de Cayete*, na realidade, conjunto de 52 documentos, em 136 folhas, de variados assuntos (Cota: Res. 2-E –Cód. 1); cópias, em 91 folhas, de *Instruções régias acerca dos índios do Brasil, 1606-1694* (Cota: 2-4- Doc. 63); *Memórias sobre as produções nativas*, de Joaquim José Pereira, manuscrito em 86 folhas, com um mapa anexo (Cota: Res. 3-D-17) e três cópias de exemplares de Códices Alcobacenses conservados na Biblioteca Nacional de Portugal, a saber: *Dissertação da Guerra Brasílica*, de Inácio Barbosa Machado, manuscrito em 123 folhas (Cota: Res.-3-D-5); *Dissertação de História Eclesiástica do Brasil que recitou na Academia Brasílica dos Esquecidos* o padre Gonçalo Soares da França, manuscrito datado de 1724, com 103 folhas (Cota: Res. 3-D-6); e as *Dissertações Académicas e Históricas nas quais trata da História Natural das cousas do Brasil (...)*, de Caetano de Brito Figueiredo, datadas do mesmo ano e apresentadas em 104 folhas manuscritas (Cota: Res. 3-D-7).

Além desses, na consulta ao supra citado *Catálogo de Manuscritos* há cerca de vinte *entradas* referentes a documentação, marcadamente dispersa e heterogênea, respeitante à História do Brasil-Colônia, seja sob a forma de originais, seja sob a de cópias, sem esquecer 55 documentos concernentes à Sociedade Real Marítima, Militar e Geográfica, que teve relevante atuação nas pesquisa e estudos cartográficos, na virada do século XVIII para o XIX.

6. MUGE
(MARINHAIS – BENFICA DO RIBATEJO)

6.1. Arquivo da Casa de Cadaval

Dados Institucionais
Endereço: Casa de Cadaval – Administração
2125-317 Muge
Telefone: (351) 243.588.040
Fax: (351) 243.581.105
Sítio eletrônico: «www.casacadaval.pt/»
E-mail: «teresa@casacadaval.pt»

A Instituição: breve descrição
Este arquivo, hoje instalado na morada senhorial de Muge, no Ribatejo, constitui-se da documentação reunida pelo 1.º Duque de Cadaval, D. Nuno Álvares Pereira de Melo (1638-1725), que, dentre outras funções públicas, exerceu as presidências do Conselho Ultramarino, do Desembargo do Paço e da Junta do Tabaco.

O acervo basicamente se compõe de documentos datados de meados do século XVII ao final do primeiro quartel do século seguinte.

Para os interessados na História Brasileira, o conhecimento do acervo e o trabalho de pesquisa ficam facilitados com a consulta ao alentado inventário a seguir referenciado, onde de cada documento as autoras elaboraram breve sumário do conteúdo, indicando o núcleo e a respectiva cota:

RAU, Virgínia; SILVA, Maria Fernanda Gomes da. *Os manuscritos do Arquivo da Casa de Cadaval respeitantes ao Brasil*. Coimbra: Imprensa da Universidade, 1956/1958. 2 v.

Há, no entanto, documentos não incluídos neste trabalho. Para acesso a este Arquivo, torna-se indispensável contato prévio com a atual herdeira e administradora da Casa, a Sra. Teresa Schönborn, condessa Schönborn-Wiensenteid e marquesa de Cadaval (cf. telefone e *e-mail* acima declarados).

7. PENALVA DO CASTELO

7.1. Arquivo da Casa da Ínsua

Dados Institucionais:
Endereço: Casa da Ínsua – Solar dos Albuquerques
Lugar da Ínsua – Rua Eira
3550-126 Penalva do Castelo
Telefone: (351) 232.642.222 ou 226.091.285
Fax: (351) 232.642.150 ou 226.092.648
Sítio eletrônico: «www.casadainsua.pt»

A Instituição: breve descrição
Embora um incêndio tenha destruído, em 1970, a maior parte de seu acervo, ainda hoje se guarda na Casa da Ínsua considerável massa documental de interesse para a História do Brasil, tendo em vista a figura de D. Luís de Albuquerque de Melo Pereira e Cáceres, célebre governador da capitania de Mato Grosso, entre 1771 e 1791.

Do acervo anterior ao incêndio, sem esquecer valiosas iconografia e cartografia, constavam numerosos volumes das correspondências oficiais de D. Luís de Albuquerque, com datas-limite entre 1772 e 1789, e de João de Albuquerque, entre 1790-1795, além de outros documentos públicos, especialmente concernentes à demarcação dos domínios portugueses na América (14 volumes, compreendendo o período de 1780 a 1789), apontamentos de viagem e de explorações. Salvaram-se uma coleção de mapas, de plantas de povoações e de desenhos de edificações brasileiras, assim como uma coleção de desenhos relativos à fauna e à flora do Brasil e numerosas cartas dirigidas a D. Luís de Albuquerque.

Uma ideia do universo documental do Arquivo da Casa, bem como perfil de D. Luís de Albuquerque se encontra na obra de: FREYRE, Gilberto. *Contribuição para uma sociologia da biografia*; o exemplo de Luiz de Albuquerque, governador de Mato Grosso no fim do século XVIII. Lisboa: Academia Internacional de Cultura Portuguesa, 1968. 2 v.

Instrumentos de acesso à informação
CARDOSO, Anabela Ramos; ASSUNÇÃO, Maria Teresa. *Casa da Ínsua; Inventário do Património Cultural Móvel.* S.l.: s.n., 1996.

O trabalho mais completo, farta e belamente ilustrado, sobre tal acervo é: GARCIA, João Carlos (coord). *A mais dilatada vista do mundo*; Inventário da Colecção Cartográfica da Casa da Ínsua. Lisboa: Comissão Nacional para as Comemorações dos Descobrimentos Portugueses, [2002]. 479 p. 1[1]

---

[1] Para algumas ideias sobre a Cartografia como fonte histórica e aquela produzida no século XVIII referente ao Brasil e depositada em instituições portuguesas, leia-se: GARCIA, João Carlos. Nos contrafortes dos Andes: reflexões geográficas sobre a cartografia do Brasil setecentista. *Mercator,* Fortaleza, n° 6, 2004. Disponível em: «www.mercator.ufc.br/index.php/mercator/article/view/121/92».

8. PORTO

8.1. Biblioteca Pública Municipal do Porto (Sala de Reservados)

Dados Institucionais
Endereço: Rua D. João IV (Ao Jardim de São Lázaro)
4049-017 Porto
Telefone: (351) 225.193.480
Fax: (351) 225.193.488
Sítio eletrônico: «www.cm-porto.pt/gen.pl?p=»
E-mail: «bpmp@cm-porto.pt»
Horário de funcionamento: De segunda a sexta-feira, das 10:00 às 18:00 horas (Requisição de documentos: de 10:00 às 12:00 horas e das 14:00 às 17:00 horas).

A Instituição: breve descrição
A Biblioteca foi criada por decreto régio de julho de 1833, estando a formação de seu acervo estreitamente associada à incorporação, nos anos seguintes, de *livrarias* provenientes de conventos e outras casas religiosas, então secularizadas, bem como de particulares combatidos pela nova ordem liberal, como o 2º Visconde de Balsemão, Luís Máximo Alfredo Pinto de Sousa Coutinho, cujo pai, primeiro titular da mercê, foi importante governador e capitão-general da Capitania do Mato Grosso.

Principais núcleos documentais
Não há agrupamento e organização dos manuscritos por núcleos. Eles permanecem englobados como fundo único. Em parte, essa deficiência é sanada pelo *Índice Preparatório* abaixo indicado.

Instrumentos de acesso à informação

Face à inexistência de divisão do acervo em núcleos, instrumento de trabalho básico é o *Índice Preparatório do Catálogo dos Manuscriptos da Biblioteca Pública do Porto*, publicado em 10 fascículos, entre 1880 e 1896, com nomenclatura e critérios de divisão bastante discutíveis: *1.º fascículo* – Manuscriptos Membráceos. Porto: Tip. de Manuel José Pereira, 1880. 99 p.; *2.º fascículo* – Manuscriptos Cartáceos. Porto: Tip. Universal, 1886, 276 p.; *3.º fascículo* – Manuscriptos Mobiliários. 2. ed. Porto: Tip. de A. F. Vasconcelos, 1900. 174 p.; *4.º fascículo* – Manuscriptos Históricos. Porto: Imprensa Civilização, 1892/1893. 177 p.; *5.º fascículo* – Manuscriptos Militares. Porto: Imprensa Civilização, 1893. 27 p.; *6.º fascículo* – Manuscriptos de Literatura. Porto: Imprensa Civilização, 1893. 75 p.; *7.º fascículo* – Manuscriptos Monásticos e Religiosos. Porto: Imprensa Civilização, 1896. 82 p.; *8.º fascículo* – Manuscriptos Jurídicos. Porto: Imprensa Civilização, 1896. 19 p.; *9.º fascículo* – Manuscriptos de Filosofia. Porto: Imprensa Civilização, 1896. 16 p.; *10.º fascículo* – Manuscriptos Científicos e Industriais. Porto: Imprensa Civilização, 1896. 36 p.

Reporte-se também a:
CRUZ, António. *Catálogo dos manuscritos da Biblioteca Municipal do Porto*; códices 1225 a 1364. Porto: Empresa de Publicidade do Norte, 1952. 205 p.

Este trabalho dá continuidade ao *Índice Preparatório* acima referido, ou seja, enquanto aquele, de cunho essencialmente temático, compreende os códices de números 1 a 1224, este, de caráter geral, se inicia no códice seguinte (1225) indo até ao de número 1364. A consulta aos demais códices (a partir do de número 1365), pode ser feita por intermédio de base de dados existente na Sala de Leitura de Reservados desta Biblioteca.

Outros instrumentos de trabalho, mais dirigidos ao nosso interesse, são:

BASTO, A. de Magalhães. *Catálogo dos manuscritos ultramarinos da Biblioteca Pública Municipal do Porto*: Primeiro Congresso da História da Expansão Portuguesa no Mundo. Publicações da 5.ª Secção – secção III. Estudos Grais. Lisboa: [s.n.], 1938. 307 p.

> Este catálogo, se bem que específico, como anuncia o próprio título, pretende suprir determinadas lacunas e corrigir erros encontrados no *Índice Preparatório* anteriormente citado, o qual se mostrava bastante incompleto e deficiente. Bem elaborado, e pormenorizado nas referências e nos sumários dos documentos listados. Sobre o Brasil, vejam-se documentos avulsos e códices relacionados na série III (p. 101-304), totalizando 43 códices e 3 pastas com maços de documentos. Sua consulta é, pois, fundamental. Há nova versão desta obra, sob a forma de "reprodução facsimilada da primeira edição", acrescida de "nota introdutória" da autoria de Luís António de Oliveira Ramos. (Porto, 1988)

_____. *Alguns documentos de interesse para a História do Brasil*: Apostila ao Catálogo dos Manuscritos Ultramarinos da Biblioteca Pública Municipal do Porto. Coimbra: Universidade de Coimbra, 1953. 41 p.

CRUZ, António. Documentos que interessam à História do Brasil. *Biblioteca Portucalensis*, Porto, v. 3, p. 23-35, 1959.

> Trata-se de novos aditamentos aos dois trabalhos elaborados por A. de Magalhães Bastos.

GARCIA, João Carlos; ALMEIDA, André Ferrand de. A América Portuguesa nos manuscritos da Biblioteca Pública Municipal do Porto. In: COSTA, Jorge, (coord). *A Terra de Vera Cruz*; viagens, descrições e mapas do século XVIII. Porto: Biblioteca Pública Municipal do Porto, 2000. p. 10-65.

É importante assinalar, porém, que todos esses instrumentos, inclusive o *Índice Preparatório*, não chegam a abranger sequer a metade do acervo de manuscritos desta Biblioteca, cujo total ultrapassa 3.000 espécies, entre códices e maços de documentos. Assim, o conhecimento completo do acervo fica condicionado à consulta à base de dados supra mencionada.

Para uma visão inicial e genérica das fontes relacionadas à História brasileira, leia-se:

MEIRELES, Maria Adelaide; CABRAL, Luís. Documentos relativos ao Brasil existentes na Biblioteca Pública Municipal do Porto. *Acervo*, Rio de Janeiro, v. 10, nº 1, p. 29-46, p. 29-46, jan.-jun. 1997.

9. VILA REAL

9.1. Arquivo da Casa de Mateus

Dados Institucionais
Endereço: a 2 quilômetros de Vila Real
Telefone: (351) 259.323.121
Fax: (351) 259.326.553
Sítio eletrônico: «www.casademateus.com»
E-mail: «arquivo@casademateus.pt»
Horário de funcionamento: De segunda a sexta-feira, das 9:00 às 13:00 horas, e das 14:00 às 18:00 horas, sendo imprescindível que se faça marcação prévia.

A Instituição: breve descrição
Este Arquivo é mantido por Fundação homóloga, instituída em 1970. A Casa de Mateus foi edificada, na primeira metade do século XVIII, pelo 3º Morgado de Mateus, Antônio José Botelho Mourão (1688-1746). Seu filho, (o Brigadeiro) D. Luís Antônio de Sousa Botelho Mourão (1722-1798), que terminou a construção da capela, foi figura expressiva da administração colonial portuguesa, nomeadamente na governança da Capitania de São Paulo, após sua reativação, a partir de 1765.

Para conhecimento da História da família, da Casa e do Arquivo, consulte-se, dentre outras obras:

BELLOTTO, Heloísa Liberalli. *Nem o tempo nem a distância*; correspondência entre o Morgado de Mateus e sua mulher, D. Leonor de Portugal (1757-1798). Lisboa: Aletheia Edit., 2007.

MOURA, Vasco Graça. *Figuras em Mateus*. Lisboa: Quetzal, 2002.

Principais núcleos documentais

O governo brasileiro adquiriu à Casa de Mateus e incorporou ao acervo da Secção de Manuscritos da Biblioteca Nacional do Brasil, no Rio de Janeiro, grande parte da documentação relativa a tal administrador (Cf. DAMASCENO, Darci. (coord.) *Catálogo do Arquivo de Mateus.* Rio de Janeiro: Fundação Biblioteca Nacional/Departamento Nacional do Livro, 2000. 431 p.)

No entanto, outra parte, aquela que diz respeito mais diretamente aos documentos pessoais de Botelho Mourão é encontrável em Portugal, no Solar de Mateus, em Vila Real. Este Arquivo foi tratado, microfilmado e digitalizado, gerando um sistema de informação orgânico-funcional próprio, o SICM (Cf. FUNDAÇÃO DA CASA DE MATEUS. *Casa de Mateus*: catálogo do arquivo. Vila Real: Fundação da Casa de Mateus, 2005. 344 p. Também disponível em CD).

10. VILA VIÇOSA

10.1. Arquivo Histórico da Casa de Bragança

Dados Institucionais:
Endereço: Paço do Bispo-Deão (Terreiro do Paço)
7160-251 Vila Viçosa
Telefone: (351) 268.980.659
Fax: (351) 268.989.808
Sítio eletrônico: «www.fcbraganca.pt/contatctos/fcb.htm»
E-mail: «palácio.vilavicosa@clix.pt»
Horário de funcionamento: De segunda a sexta-feira, das 10:00 às 13:00 horas, e das 15:00 às 18:00 horas.

A Instituição: breve descrição
Este arquivo, instalado, desde 1945, em Vila Viçosa, no Alentejo, é o mais rico dos arquivos particulares de Portugal, sendo mantido pela Fundação Casa de Bragança, entidade criada em 1933, em atendimento a vontade testamentária do último rei português, D. Manuel II. Contém documentos, predominantemente de natureza administrativa, datados de fins do século XVI até fins do XIX.

Principais núcleos documentais:
Este arquivo foi criado no século XV e compreende basicamente documentos da Antiga Chancelaria da Casa de Bragança, aforamentos, direitos extintos, assentamentos, autos cíveis e da Administração Geral da Casa.

Apesar de contar com um acervo de 5.500 volumes, abrangendo códices, caixas e maços, num total aproximado de 65.000 processos e documentos avulsos, e conquanto seu nome, à primeira vista, possa (a) trair o pesquisador da História do Brasil, na verdade poucos documentos dizem respeito a este país, quase sempre tratando de assuntos de interesses pessoais de indivíduos que ocuparam cargos administrativos na Colônia.

Instrumentos de acesso à informação

Há catálogos para pesquisa no local. De todo modo, apontem-se alguns outros meios para conhecimento do acervo arquivístico da Casa, a saber:

BORRÕES, Gualdino. *Inventário da Biblioteca de D. Manuel II*: manuscritos e impressos. Lisboa: Fundação da Casa de Bragança, 1982, 421 p.

PESTANA, Manuel Inácio. *A reforma setecentista do Cartório da Casa de Bragança;* documentos apógrafos e originais do século XIII ao século XVIII, Lisboa: Fundação da Casa de Bragança, 1985. 398 p.

_____. *O Arquivo da Sereníssima Casa de Bragança*; informação documental. [s.n.t.]. 3 v. 814 p. (ex. datilo)

_____. *O Arquivo Histórico da Casa de Bragança*: história sumária de um notável acervo documental. Lisboa: Academia Portuguesa de História, 1996. (Subsídios para a História portuguesa, 29)

Anexo – Arquivos Distritais

Arquivo Distrital de Lisboa
Alameda da Universidade
1649-010 Lisboa
Tel. 217 811 500 Fax. 217 937 230
«mail@adlsb.dgarq.gov.pt»

Arquivo Distrital de Portalegre
Palácio Barahona – Largo de Serpa Pinto
7300-102 Portalegre
Tel. 245 609 250 Fax. 245 609 253
«mail@adptg.dgarq.gov.pt»

Arquivo Distrital do Porto
Mosteiro de São Bento da Vitória
Rua das Taipas, 90
4050-598 Porto
Tel. 223 395 170 Fax. 223 395 179
«mail@adstr.dgarq.gov.pt»
«www.adporto.org»

Arquivo Distrital de Santarém
Rua Passos Manuel
2000-118 Santarém
Tel. 243 332 707 Fax. 243 332 707
«mail@adstr.dgarq.gov.pt»

Arquivo Distrital de Setúbal
R. Prof. Borges de Macedo
Manteigadas
2910-001 Setúbal
Tel. 265 709 900 Fax. 265 709 935
«mail@adstb.dgarq.gov.pt»

Arquivo Distrital de Viana do Castelo
R. Manuel Espregueira, 140
4900-318 Viana do Castelo
Tel. 258 800 620 Fax. 258 800 629
«mail@advct.dgarq.gov.pt»

Arquivo Distrital de Aveiro
Rua Dr. Alberto Souto
3800-417 Aveiro
Tel. 234 377 990 Fax. 234 377 999
«mail@adavr.dgarq.gov.pt»

Arquivo Distrital de Beja
Av. Vasco da Gama
7800-397 Beja
Tel. 284 310 670 Fax. 284 310 671
«mail@adbja.dgarq.gov.pt»

Arquivo Distrital de Braga
Universidade de Braga
Largo do Paço
4704-553 Braga
Tel. 253 601 178 Fax. 252 601 177
«adb@uminho.pt»
«www.adb.uminho.pt»

Arquivo Distrital de Bragança
Convento de S. Francisco
5301-902 Bragança
Tel. 273 300 270 Fax. 273 300 279
«mail@adbgc.dgarq.gov.pt»
«www.adbragança.org»

Arquivo Distrital de Castelo Branco
Casa dos Mota
Praça de Camões
6000-116 Castelo Branco
Tel. 272 339 120 Fax. 272 330 129
«mail@adctb.dgarq.gov.pt»

Arquivo Distrital de Évora
Largo dos Colegiais, 3
7000-803 Évora
Tel. 266 758 730 Fax. 266 705 602
«mail@adevr.dgarq.gov.pt»

Arquivo Distrital de Vila Real Av. Almeida Lucena, 5 5000-660 Vila Real Tel. 259 330 820 Fax. 259 325 712 «mail@advrl.dgarq.gov.pt» «www.advrl.org.pt»	**Arquivo Distrital de Faro** R.Coronel António dos Santos Fonseca 8000-275 Faro Tel. 289 810 640 Fax. 289 801 525 «mail@adfro.dgarq.gov.pt»
Arquivo Distrital de Viseu Largo de Santa Cristina 3504-515 Viseu Tel. 232 430 380 Fax. 232 421 800 «advis@ad-viseu.com» «www.ad-viseu.com»	**Arquivo Distrital da Guarda** Largo General Humberto Delgado 6300-712 Guarda Tel. 271 200 770 Fax. 271 121 488 «mail@adgrd.dgarq.gov.pt»
Arquivo Geral da Universidade de Coimbra Universidade de Coimbra R. de São Pedro, 2 3000-370 Coimbra Tel. 239 859 800 Fax. 239 820 987 «auc@ci.uc.pt» «www.uc.pt/auc»	**Arquivo Distrital de Leiria** Rua Marcos de Portugal, 4 Apartado 1145 2401-801 Leiria Tel. 244 820 050 Fax. 244 820 059 «mail@adlra.dgarq.gov.pt» «www.adlra.netfirms.com»

Índice

A

Abade Correia da Serra - 116
Alagoas – 81-82, 90
Alfândegas - 22, 49, 64, 113, 120, 122, 133, 184
Almada – 216-217
André de Melo e Castro - 201
Animais – 95, 213
Antônio Álvares da Cunha – 36, 38
António de Araújo e Azevedo – 32-33
Antônio de Ataíde - 207
Antônio de Lencastre - 217
António de Saldanha da Gama – 116, 203-204
António, prior do Crato – 112, 116
Apelações e Agravos - 112, 158
Armário Jesuítico e Cartório dos Jesuítas – 114, 123-124
Arquivo Histórico Colonial – 77, 82, 94-95, 99, 103-104
Arquivos distritais – 19, 239
Arquivos eclesiásticos – 20, 24, 32, 109, 171
Arquivos municipais – 19-20, 23
Arquivos paroquiais – 26-27, 32, 36, 43, 106
Arquivos particulares – 26, 35-36, 54, 56, 71, 115, 133, 206-207, 231, 237
Arquivos pessoais e familiares – 32, 35, 109-110, 115, 196-204
Arquivos privados – 18, 33, 59
Avisos – 55, 64, 87, 90-91, 105, 122

B

Bahia – 15, 36, 48, 67, 73, 81-82, 87-88, 90, 92, 94, 98, 103, 131, 202, 210, 213
Balanças Gerais de Comércio – 64-65, 164, 221
Balanços contábeis – 67, 92
Barões de Arruda -56
Bens confiscados – 92-93
Buenos Aires - 84
Bulas – 114, 205

C

Cartas de Padrão e de Tenças, Mercês e Doações – 66, 68-69
Cartas Régias – 80, 87-88, 90, 213
Cartografia – 46, 54-55, 58, 80, 89, 96, 100, 206, 210-211, 217-220, 224-225, 229-230 (v. também: Colecção Cartográfica)
Casa Belmonte - 48
Casa da Coroa – 123, 145, 147, 151
Casa da Ínsua – 229-230
Casa da Moeda de Lisboa – 26-29, 47, 50-53
Casa da Suplicação – 111, 124-126, 158
Casa da Várzea de Abrunhais - 49
Casa das Rainhas – 111, 126-128
Casa de Abrantes -115
Casa de Aveiras e Vagos – 115, 196, 202
Casa de Bragança – 237-238
Casa de Cadaval – 115, 227-228
Casa de Castelo Melhor - 48-49
Casa de Mateus – 101, 235-236
Casa de Povolide – 115, 196, 201-202
Casa de Valadares – 115, 196-197, 202
Casa do Infantado – 111, 127-130
Casa dos Contos do Reino e Casa – 49, 68-69, 111, 120-121, 131-133, 145-146 (v. também: Contos de Lisboa)

Casa Fronteira e Alorna – 115, 199-200
Casa Galveias – 115, 200-201
Casa Pombal - 212
Casa Real – Matrícula de Moradores - 110
Casa Real – Mordomia-Mor - 110
Casas de Aveiro, Atouguia e Távora - 66, 69
Ceará – 81-82, 91, 98, 102, 210, 213
Centro de Memória Digital – 18, 78
Chancelaria-Mor da Corte -111, 133
Chancelarias -105, 110-112, 126, 133-136, 171, 205, 207, 216, 237
Cobre – 51, 173
Colecção Cartográfica – 114, 230 (v. também: Cartografia)
Colecção de D. Maria I – 212
Colecção de São Vicente – 115, 136
Colecção Especial -114
Colecção Jorge de Moser -216
Colecção Josephina - 212
Colecção Pombalina - 212
Colégio de São Pedro - 39
Colônia do Sacramento – 81, 83-84, 91, 99-100, 122, 210, 213, 217
COLUSO -17, 78
Companhia de Jesus – 36, 66, 123 (v. também: Jesuítas)
Companhia Geral de Pernambuco e Paraíba – 62, 65, 92-93, 112, 137-139, 163 (v. também: Junta de Liquidação dos Fundos das Extintas Companhias do Grão-Pará e Maranhão, Pernambuco e Paraíba)
Companhia Geral do Grão-Pará e Maranhão – 62, 65, 92, 112, 138-139, 162-163 (v. também: Junta de Liquidação dos Fundos das Extintas Companhias do Grão-Pará e Maranhão, Pernambuco e Paraíba)
Conde da Barca – 32-34
Conde de Penafiel - 63
Condes da Cunha -36, 38
Condes de Linhares – 115, 197-199 (v. também: Rodrigo de Sousa Coutinho)

Condes de Tarouca -216
Condes dos Arcos – 36-37
Conselho da Fazenda – 21, 104, 111, 131, 139-145, 161, 207
Conselho de Estado - 207
Conselho de Guerra – 63, 70, 111
Conselho Ultramarino – 13, 21, 78-79, 81-83, 87-93, 99, 104-105, 111, 143-145, 169, 227
Consultas – 13, 80, 87-88, 104-105, 184
Contadoria Geral – 67, 131
Contas do Serviço Real – 87-88
Contos de Lisboa/Contos do Reino e Casa – 111, 131, 145-146 (v. também: Casa dos Contos do Reino e Casa)
Contrabando e Descaminhos – 64, 114, 211
Contratos – 81, 87, 92, 206, 211
Corpo Cronológico – 110, 114, 147-149
Correios – 62-63
Cortes Constituintes – 73-76

D

Décima – 66, 69
Decretamento de Serviços - 110
Decretos – 87, 90, 122, 128, 213
Desembargo do Paço – 110, 112, 149-150, 227
Desenhos – 64, 79, 89, 176, 218-219, 229
Despachos – 55, 64, 87, 122, 185
Diamantes – 51-52, 180-181
Diogo de Sousa - 207
Directoria-Geral dos Estudos – 50, 121
Duque de Cadaval – 63, 227
Duque de Palmela – 202-203
Duquesa de Mântua - 207

E

Engenharia Militar – 217-220
Erário Régio – 22, 49, 66-67, 69-70, 111, 120-121, 131-133, 145
Espírito Santo – 81, 83, 91
Estatística – 220-221
Exército – 55, 70-74, 217-221

F

Família Costa Cabral - 115
Família Moniz da Maia - 56
Família Sinel de Cordes - 115
Fazenda Real – 37, 92-93, 112-113, 145-146
Feitoria Portuguesa da Antuérpia - 112
Figurinos Militares- 92, 95
Folhas de assentamento - 52
Forais - 114
Fortaleza e Fortificações – 95, 97, 186, 218-219
Francisco de Almeida de Melo e Castro – 201
Francisco de Sá e Meneses - 207
Francisco Manuel Trigoso de Aragão Morato - 46
Fundo Geral – Códices – 213, 215-216
Fundo Geral de Manuscritos – 213, 215-216

G

Garcez Madureira - 73
Gavetas – 34, 114, 150-152
Genealogias Manuscritas – 110, 114, 185
Goiás – 36, 68, 81, 83, 91-92, 98, 103
Grão-Priorado do Crato / Ordem de Malta - 112
Gravuras – 89 (v. também: Desenhos)

H

Habilitações – 110, 159, 195
História Natural – 222-223, 226
Hospital Real de Todos os Santos / Hospital de São José e Anexos – 112, 153-154

I

Iconografia – 46, 89, 217, 229
Igreja Patriarcal de Lisboa - 64
Igrejas – 16, 24, 64, 95, 205, 211, 213
Impressão Régia – 50, 182-186
Índia – 64, 71, 90, 98, 112, 121-122, 131, 140, 158-159, 167, 207, 222
Inquisição de Lisboa – 114, 154-156, 194-196
Instituto Histórico e Geográfico Brasileiro – 10-13, 97, 212
Intendência Geral de Polícia – 112, 156-158
Irmandades -35, 92, 95, 99

J

Jesuítas – 67, 92-93, 114, 123-124, 210, 213
João de Albuquerque - 229
João de Almeida de Melo e Castro - 201
João de Sousa - 207
João Rodrigues de Vasconcellos - 48
José da Cunha Grã de Ataíde e Melo – 201-202
José de Vasconcellos e Souza – 48-49
José Luís de Meneses Castelo Branco e Abranches - 197
Juízo da Chancelaria - 112
Juízo da Inconfidência – 112, 158
Juízo da Índia e Mina – 112, 158-159
Juízo das Apelações Crime – 112-113, 158
Juízo das Justificações Ultramarinas – 112, 158-160

Juízo dos Feitos da Coroa - 113
Juízo dos Feitos da Fazenda - 113
Juízo dos Órfãos - 113
Junta da Administração do Tabaco – 113, 160-162
Junta da Administração dos Fundos da Companhia Geral de Pernambuco e Paraíba – v. Junta de Liquidação dos Fundos das Extintas Companhias do Grão-Pará e Maranhão, Pernambuco e Paraíba
Junta da Inconfidência – 65-70
Junta de Liquidação dos Fundos das Extintas Companhias do Grão-Pará e Maranhão, Pernambuco e Paraíba – 62, 64, 137-139, 162-163
Junta do Comércio – 62, 65, 110, 113, 163-165
Junta do Depósito Público de Lisboa – 113, 165-167
Junta dos Três Estados – 62-64, 113

L

Leis e Ordenações – 114, 213
Leitura de Bacharéis – 110, 112, 149-150
Leitura Nova - 114
Lencastre Bastos – 216-217
Limites territoriais – 84, 91, 177, 211
Livros de Vereação - 106
Luís Antônio de Sousa Botelho Mourão – 37, 101, 235-236
Luís Antônio Gonçalves da Câmara Coutinho - 207
Luís da Cunha – 38, 198
Luís de Albuquerque de Melo Pereira e Cáceres -229-230
Luís de Almeida Portugal Soares Mascarenhas - 217
Luís de Mendonça Furtado - 207
Luís de Vasconcelos e Sousa – 48-49
Luís Paulino de Oliveira Pinto da França – 72-73

M

Mandados - 87
Manifestos das naus – 51-52, 92
Manifestos do Ouro – 51-52, 92
Manuel Bernardo de Melo e Castro – 201
Manuel do Cenáculo - 43
Manuel Inácio de Sampaio e Pina – 98, 203
Manuscritos da Coroa - 209
Manuscritos da Livraria – 115, 167-168
Manuscritos do Brasil – 115, 168-170
Maranhão – 36, 62, 65, 67, 81, 83, 88, 91-92, 95, 103-104, 112, 131, 138-139, 162-163, 203, 211, 213
Marco dos Navios – 106-107
Marcos de Noronha e Brito - 36
Marcos José de Noronha e Brito - 36
Marquês de Pombal – 210-212
Marquês do Lavradio - 217
Marqueses da Fronteira – 199-200
Marqueses de Alegrete - 216
Marqueses de Penalva – 216
Martim Lopes Lobo de Saldanha -200-201
Martinho de Melo e Castro – 200-201
Mato Grosso – 68, 81, 83, 91, 103, 211, 229-231
Mazagão – 38, 92
Memórias Paroquiais – 110, 114
Mercês régias – 66, 68-69, 87, 104, 110, 114, 133-136, 186-192
Mesa da Consciência e Ordens – 113, 135-136, 170-172, 207
Mesa do Bem Comum – 62, 113, 140
Miguel Pereira Forjaz - 217
Minas Gerais – 15, 37, 68, 81, 83, 88, 91-92, 102-103, 180, 197, 211, 215
Ministério da Instrução Pública – 115, 169-170
Ministério da Marinha e Ultramar – 54-56, 77-105, 215
Ministério das Finanças – 113, 137, 176

Ministério do Reino – 62, 65, 79, 110, 113, 158, 163-165, 170, 173-176 (v. também: Reino)
Ministério dos Negócios Eclesiásticos e da Justiça – 113, 171, 176-177
Ministério dos Negócios Estrangeiros -58-61, 112, 114, 164, 177-179, 192, 194, 203
Monções - 112
Montaria-Mor do Reino - 64
Montevidéu - 84
Morgado de Mateus – 101, 235-236
Morgados e Capelas – 115, 170
Mosteiros e conventos – 32, 34, 36, 46-47, 167, 231
Música – 39, 41, 206, 210, 217

N

Naturalistas – 222-223
Navios – 52, 54-55, 64, 87, 106-107, 158, 210, 211-213
Notariais – 19, 31-32, 36, 43, 109, 111
Núcleo Antigo – 115, 135, 146, 152, 179
Nuno Álvares Pereira de Melo - 227
Nuno da Silva Telo e Meneses - 196

O

Obras Militares – 217-220
Obras Públicas – 22, 61-65, 106, 121
Obras Várias impressas e manuscritas – 115, 179
Ofícios – 87, 90, 103, 133, 135, 212, 217
Ordem de Cristo – 110, 113, 136, 171
Ordem de Santiago – 110, 113, 171
Ordem de São Bento de Avis – 110, 113, 171
Ordens Régias – 66, 90-91, 212
Ouro – 50-53, 81, 92, 211, 213
Ouvidoria da Alfândega - 113

P

Papéis do Brasil – 115, 180
Pará – 36, 62, 65, 80, 84, 88, 91-92, 112, 138-139, 162-163, 211, 213
Paraguai – 84, 211
Paraíba – 62, 65, 81, 84, 90-93, 102-103, 112, 137-139, 162-163, 211, 213
Patentes – 55, 87
Pedro de Castilho – 207
Pernambuco – 36, 62, 65, 81, 84, 88, 91-93, 98, 101-102, 112, 137-139, 162-163, 202, 205, 211, 213
Piauí – 16, 81, 85, 91, 93, 211, 213
Plantas – 58, 80, 213
Pombalina – 21, 66, 210-212
Portarias – 186, 188, 210
Prata – 51-52
Projeto Resgate – 17-18, 78-79, 81
Provedoria da Fazenda Real - 92
Provedoria dos Resíduos e Cativos - 112
Provedoria e Junta da Real Fazenda do Funchal – 113-114
Provisões – 80, 87-88, 122, 186, 213

R

Reais Pinhais de Leiria - 63
Real Fábrica das Sedas – 181-182
Real Mesa Censória – 114, 121, 141, 167, 182-186
Receita do 1% - 52
Regimentos – 13, 80, 87, 122, 168, 179, 211, 213
Registro Geral de Mercês – 114, 186-192
Registro Geral de Testamentos – 110, 112
Reino (fundo arquivístico) - 79
Relação da Bahia – 67, 131
Relação do Rio de Janeiro - 131
Restauração – 40, 42, 213

Rio de Janeiro – 67, 81-82, 84-86, 88-91, 93, 96-97, 101-104, 114, 124, 131, 179, 192, 196-197, 204, 209, 211
Rio Grande do Norte – 15, 81, 85
Rio Grande do Sul – 81, 85, 88, 91, 211, 213
Rio Negro – 81, 85-86, 91, 103, 211, 213
Rodrigo de Sousa Coutinho – 198 (v. também Condes de Linhares)

S

Santa Catarina – 16, 81, 86, 91, 96, 211
São Paulo – 37, 42, 82, 86, 88, 91, 93, 97-98, 211, 213, 215-216, 235-236
Secção Ultramarina – 77, 89
Secretaria das Mercês – 114, 187 (v. também: Registro Geral de Mercês)
Secretaria de Estado da Marinha e Ultramar – 54, 79, 90-93
Sergipe – 82, 86
Serviço de Partes - 81
Sesmarias – 87, 96, 212
Sisas – 66, 70
Sociedade Real Marítima, Militar e Geográfica - 226
Subsídio Literário - 92
Superintendência Geral dos Contrabandos – 64, 114, 221

T

Teles da Silva - 216
Tesouro Público – 66, 69, 128-129, 140-141
Testamentos – 106, 110, 112
Tratados – 58, 81, 91, 115, 177, 192-194, 213
Tribunal de Contas – 65-70, 77, 123, 127, 145
Tribunal do Santo Ofício – 110, 114, 154-156, 194-196

U

Universidade de Coimbra – 35-41, 240

V

Vasco Manuel de Figueiredo Cabral da Câmara - 48
Viagens Filosóficas – 222-223, 233
Visconde da Trindade – 39, 41-42
Visconde de Balsemão - 231
Viscondes de Estremoz - 56
Viscondes de Vila Nova da Cerveira - 207
Visita do Ouro – 52-53, 81

Esta obra foi impressa em Santa Catarina no outono de 2011 pela Nova Letra Gráfica & Editora. No texto foi utilizada a fonte Minion, em corpo 10,5 e entrelinha de 14,5 pontos.